rororo film + tv
Herausgegeben von Ludwig Moos

Film unter der Lupe: Hinter den Leinwandphantasien, die uns mit spielerischer Selbstverständlichkeit gefangennehmen, stecken akribische Vorbereitung, vielfältige Erfahrung und aufwendige Technik. *Making of ...* erlaubt mit sorgfältig recherchierten Texten und rund 1700 ausgesuchten Farbbildern einen faszinierenden Blick ins Innere der Filmindustrie. Wer immer schon wissen wollte, was genau ein Produzent oder Regisseur macht, wie Schauspieler zu ihren Rollen kommen, welche Aufgaben Gaffer oder Best boy haben, wie Tricks und Spezialeffekte funktionieren, ob Stuntmen gefährlich leben oder wie das Kino der Zukunft aussehen wird, der findet auf diese und andere Fragen anschaulich Antwort.

Band 1

* Idee
* Produktion
* Drehbuch
* Storyboard & Konzept
* Regie
* Kamera
* Schauspieler
* Kostüm & Design
* Marketing
* Kinos der Zukunft

Band 2

* Set-Team
* Effekte & Tricks
* Maske
* Stop motion/Animation
* Digitale Effekte
* Schnitt
* Ton & Musik
* Synchronisation
* Zukunft des Kinos

Making of...

Making of......

Wie ein Film entsteht

1
Idee • Produktion • Drehbuch •
Storyboard & Konzept • Regie • Kamera •
Schauspieler • Kostüm & Design •
Marketing • Kinos der Zukunft

Rowohlt

Herausgeber	Dirk Manthey
Chefredakteur	Helmut Fiebig
stellv. Chefredakteur	Artur Jung Heib
Redaktion	Andreas Kern, Nikolaus v. Uthmann
Autoren	Hans-Christoph Blumenberg, Dr. Malwine Blunck, Michael Friderici, Gernot Gricksch, Andreas Kern, Silke Schütze, Inka Thelen, Nikolaus v. Uthmann
Mitarbeiter	Arno Dierks, Dagmar Magens
Art Direction	Carola H. Schmitt
Art Consultant	Helmut Kruse
Infografik	Daniel Dytert
Archiv	Hans-Werner Asmus/Egbert Scheunemann (Ltg.), Iris Bültmann, Maren Hänel, Roger Höde, Ralph Leopold, Carsten Schmoll, Oliver Siebert
Fotos	Academy of Motion Pictures Arts and Sciences, Los Angeles; P. Adamik; Bertelsmann, Gütersloh; Cinema Archiv, Hamburg; Deutsche Kinemathek, Berlin; Inter Topics, Hamburg; Thomas Kniebe; The Kobal Collection, London; Patrick La Buca; Jonas Mohr; Sabine Oppenländer Associates/Ronald Grant, London; Senator-Film, Berlin; Stephan Persch; Warner Bros., Hamburg
Umschlag	Factor Design
Umschlagfoto	Kinoarchiv Peter W. Engelmeier
Layout	Das Layout der Taschenbuchausgabe richtete Stefan Kopanski ein
Verlag	Die Originalausgabe erschien 1996 in der Verlagsgruppe Milchstraße, Kino Verlag GmbH, Hamburg Veröffentlicht im Rowohlt Taschenbuch Verlag GmbH, Reinbek bei Hamburg, September 1998
Copyright	© 1996 by Kino Verlag GmbH, Hamburg Alle Rechte vorbehalten Satz Minion und Univers PostScript, QuarkXPress 4 Gesamtherstellung Clausen & Bosse, Leck Printed in Germany ISBN 3 499 60574 0

Making of...

Intro

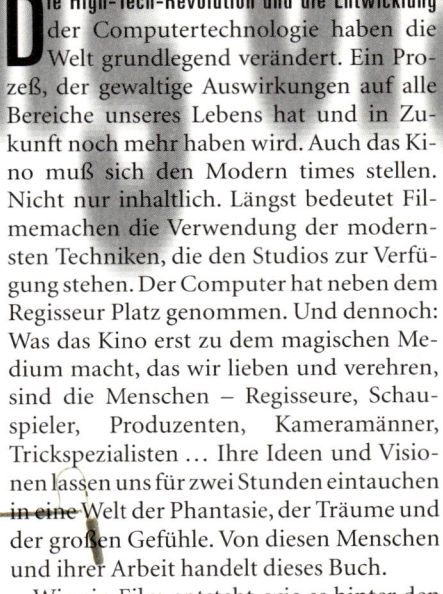

Die High-Tech-Revolution und die Entwicklung der Computertechnologie haben die Welt grundlegend verändert. Ein Prozeß, der gewaltige Auswirkungen auf alle Bereiche unseres Lebens hat und in Zukunft noch mehr haben wird. Auch das Kino muß sich den Modern times stellen. Nicht nur inhaltlich. Längst bedeutet Filmemachen die Verwendung der modernsten Techniken, die den Studios zur Verfügung stehen. Der Computer hat neben dem Regisseur Platz genommen. Und dennoch: Was das Kino erst zu dem magischen Medium macht, das wir lieben und verehren, sind die Menschen – Regisseure, Schauspieler, Produzenten, Kameramänner, Trickspezialisten ... Ihre Ideen und Visionen lassen uns für zwei Stunden eintauchen in eine Welt der Phantasie, der Träume und der großen Gefühle. Von diesen Menschen und ihrer Arbeit handelt dieses Buch.

Wie ein Film entsteht, wie es hinter den Kulissen der Traumfabrik zugeht und welcher Tricks sich die Filmemacher bedienen, um uns, die Kinoliebhaber, immer aufs neue zu faszinieren, das können Sie in diesem Band und in Band 2 nachlesen. Von den Kindertagen Hollywoods bis zur Zukunft des Kinos.

Mein besonderer Dank gilt all denen, die am Gelingen dieses Projektes mitgewirkt haben: Filmjournalisten, die ihr fundiertes Insider-Wissen in dieses Buch einbrachten.

Viel Spaß beim Lesen, Studieren, Entdecken und Verstehen von vielem, was Sie bisher noch nicht kannten oder nicht gesehen haben (und das werden Sie ganz bestimmt ...).

Helmut Fiebig
Chefredakteur Cinema

Inhalt

CLOSE-UP

Die Macht der Magie

Faszination Film für
mehr als hundert Jahre
Ein Essay von
Hans-Christoph Blumenberg

mer noch nicht, woher diese Sucht eigentlich kommt. Aber ich erinnere mich genau, wie sie angefangen hat.

Rückblende. Bremen, 1959. Die ersten pubertären Leiden des Schülers B. Im Apollo-Kino im Ostertor-Viertel laufen meistens Western. Meine Lieblingshelden sind Randolph Scott und Audie Murphy. Die reden nicht viel, behalten ihr Pokerface, doch wenn es darauf ankommt, ziehen sie schneller als der Blitz. Aber jetzt läuft im Apollo ein anderer Film, ab 18, streng verboten. Die freundliche Kassiererin drückt ein Auge zu. So erlebe ich Elizabeth Taylor in «Die Katze auf dem heißen Blechdach». Diese unerreichbaren, wogenden Formen, gewagt drapiert in schwarzer Seide, verheißungsvoll glänzend in der Glut des Südens. Natürlich habe ich mich rettungslos verliebt in diese Erscheinung, aber nur ein paar Wochen, bis ich Kim Novak verfiel und, wenig später, Gina Lollobrigida, die mich so sehr in ihren Bann schlug, daß ich «Salomon und die Königin von Saba» mindestens sieben Mal anschaute. Und niemand beneidete ich mehr als Yul Brynner, der nach schier endlosen Schlachtszenen Ginas Gunst gewinnt.

In Hollywood, viele Jahre später, erzählte ich dem Regisseur dieses Films, dem großen King Vidor, von meiner frühen Leidenschaft. Er hat gelacht und gesagt: «There is nothing wrong with a guilty pleasure.»

Was könnte das sein, ein «guilty pleasure»? Welcher Vergnügungen darf man sich schuldig machen?

Vielleicht liegt ja da die wirkliche Macht des Kinos: daß es uns oft abbringt von den sicheren Pfaden des guten Geschmacks, daß es uns treibt in die paradiesischen Wonnen des Gewöhnlichen, daß die «schlechten» Filme länger im Gedächtnis bleiben als die besonders wertvollen. Müssen wir deshalb ein schlechtes Gewissen haben?

Schon zu Stummfilmzeiten haben Poeten den gewaltigen Sog des neuen Mediums gefeiert. Lange bevor er mit seinem Roman «Berlin Alexanderplatz» weltberühmt wurde, befand Alfred Döblin 1911: «Man nehme dem Volk und der Jugend nicht die Schundliteratur noch den Kintopp; sie brauchen die sehr blutige Kost ohne die

Die erste Liebe – Elizabeth Taylor mit Paul Newman in «Die Katze auf dem heißen Blechdach» (1958): «Diese unerreichbaren, wogenden Formen, gewagt drapiert in Seide, verheißungsvoll glänzend in der Glut des Südens»

Warum gehen wir ins Kino, immer noch und immer wieder? Warum können wir uns nicht satt sehen an fremden Schicksalen? Warum treibt es uns zwanghaft in dieses seltsame Schattenreich? Seit über dreißig Jahren läßt mich das Kino nicht mehr los. Es hört nicht auf, mich zu überraschen, zu verzaubern, zu verstören, bisweilen auch zu ärgern. Lange habe ich über Filme geschrieben, seit zwölf Jahren drehe ich selber welche, und ich weiß im-

Erlebte Leideschaft im Kinosessel – Gina Lollobrigida in «Salomon und die Königin von Saba» (1959): «Niemand beneidete ich mehr als Yul Brunner, der nach schier endlosen Schlachtszenen Ginas Gunst gewinnt»

breite Mehlpampe der volkstümlichen Literatur und die wässerigen Aufgüsse der Moral.»

Kollege Carlo Mierendorff forderte etwas später mit expressionistischem Elan: «Hätte ich das Kino! Wir müssen das Kino haben. Seit das Kino, aufgewachsen zu einem ungeheuren Vieh, über Europa lagert, schmarotzt es aus allen Taschen. Es schlug alle in den Bann. Niemand entgeht ihm. Da es für alle lebt, lebt es von allen.» Mierendorff kam 1920 zu dem rigorosen Schluß:

schon im Ersten Weltkrieg. Am 4. Juli 1917 schrieb der Generalquartiermeister Erich Ludendorff an das kaiserliche Kriegsministerium in Berlin: «Der Krieg hat die überragende Macht des Bildes und Films als Aufklärungs- und Beeinflussungsmittel gezeigt. Gerade aus diesem Grund ist es für einen glücklichen Abschluß des Krieges unbedingt erforderlich, daß der Film überall da, wo die deutsche Einwirkung noch möglich ist, mit dem höchsten Nachdruck wirkt.»

Diese Überlegungen führten ein paar Monate später, am 18. Dezember 1917, zur Gründung der Universum Film Aktiengesellschaft, kurz Ufa, einer Gemeinschaftsproduktion der Deutschen Bank, der Großindustrie und der Obersten Heeresleitung. So sollte das Kino an die Kette kommen, aber der Krieg ging bekanntlich doch verloren. Doch die «überragende Macht des Bildes und des Films als Aufklärungs- und Beeinflussungsmittel» blieb den Diktatoren aller Länder nicht verborgen. Lenin dekretierte schon kurz nach der siegreichen Oktoberrevolution: «Die Filmkunst ist für uns die wichtigste aller Künste.» Auch Adolf Hitler und sein Propagandaminister Joseph Goebbels gingen nicht nur gern ins Kino, sondern erkannten schon früh die Macht des Mediums.

Dabei ist es nicht ohne eine gewisse schwarze Komik, daß selbst der «Führer» seine Guilty pleasures pflegte. Joachim C. Fest schreibt: «Hitler liebte vor allem Gesellschaftskomödien mit plattem Witz und sentimentalem Ausgang. Heinz Rühmanns ‹Quax, der Bruchpilot› oder dessen ‹Feuerzangenbowle›, Weiß-Ferdls Dienstmannkomödie ‹Die beiden Seehunde›, Willi Forsts Unterhaltungsrevuen, aber auch zahlreiche ausländische Produktionen, die teilweise in den öffentlichen Filmtheatern nicht gezeigt werden durften, gehörten zum Vorzugsrepertoire und wurden bis zu zehnmal und häufiger vorgeführt.»

«Wer das Kino hat, wird die Welt aushebeln.»

Doch die, die das Kino, dieses «ungeheure Vieh», in die Finger bekamen, wollten es stets domestizieren, als ideologische Waffe für sich nutzbar machen. Das begann

So war dem Diktator, der heftig von der blonden Filmschauspielerin Renate Müller («Liebling der Götter») schwärmte und der sich auch Walt Disneys «Schneewittchen» vorführen ließ, das Kino mehr ein

Ort des trivialen Vergnügens als der ideologischen Erbauung. Minister Goebbels, der selbsternannte oberste Schirmherr des deutschen Films, bewunderte zwar den genialen Agitprop von Eisensteins bolschewistischem Meisterwerk «Panzerkreuzer Potemkin», entspannte sich im privaten Kreis aber lieber bei «Vom Winde verweht».

Wahrscheinlich wohnt in uns allen ein ungestillter Hunger nach dem Überlebensgroßen, den in seinen magischen Momenten nur das Kino zu befriedigen mag. Eine der schönsten Beschreibungen dieser Sehnsucht stammt ausgerechnet von Thomas Mann, der in seinen Romanen subtilsten Seelenregungen nachspürte, der aber vielleicht deshalb den Fluchtort Kino so zu schätzen wußte: «Ich besuche häufig Filmhäuser und werde des musikalisch gewürzten Schauvergnügens stundenlang nicht müde; weder dann, wenn es sich um Reisebilder und wilde Welt handelt … noch wenn irgendein trickhafter Spaß, eine packende Schurkerei, eine rührende Liebesgeschichte vorüberzieht, besetzt mit Schauspielern, die ausdrucksvoll, hübsch und angenehm sein müssen und eitel sein dürfen, aber niemals unnatürlich. Was die Geschichte betrifft, so darf sie sogar weitgehend albern sein, falls, wie heute fast immer der Fall, die Albernheit oder Sentimentalität ihres Erfindungsgerüsts eingebettet ist in ein lebenswahres und wirklichkeitsechtes Erfindungsdetail, durch welches das Menschliche in hundert Einzelmomenten über die primitive Unwahrhaftigkeit der Gesamtveranstaltung triumphiert.»

Klingt ziemlich akademisch, wie der konservative Bildungsbürger Thomas Mann da 1929 um den heißen Brei des holden Kitsches herumstreicht. Die Frage bleibt: «Sagen Sie mir doch, warum man im Cinema jeden Augenblick weint oder vielmehr heult wie ein Dienstmädchen!» Und dann endlich gibt sich der Dichter als Dienstmädchen zu erkennen, schwärmt von einem «Liebespaar der Leinwand, zwei bildhübsche junge Leute, die in einem wirklichen Garten mit wehenden Gräsern auf ewig voneinander Abschied nehmen, zu einer Musikbegleitung, die aus dem Schmeichelhaftesten kompiliert ist, was aufzutreiben war: wer wollte da widerste-

hen, wer ließe nicht wonnig rinnen, was quillt? Das ist Stoff, das ist durch nichts hindurchgegangen, das lebt aus erster, warmer, herzlicher Hand, das wirkt wie Zwiebel und Nieswurz, die Träne kitzelt im Dunkeln, in würdiger Heimlichkeit ver-

Auf der Suche nach einem Idol auf dem Weg zum Mannsein – Sergio Leones «Für eine Handvoll Dollar» (1964): «Mit 18 wollte ich Clint Eastwood sein, der Mann ohne Namen. Als ich aus dem Kino kam, steckte ich mir eine Zigarette an und wünschte mich in einen zerschlissenen Poncho, irgendwo auf einer staubigen Main Street, für eine Handvoll Dollar bereit zum Showdown»

reibe ich sie mit der Fingerspitze auf den Backenknochen.»

Und ewig rinnen die Tränen. So inbrünstig sind die Guilty pleasures des Kinos selten beschrieben worden. Dabei hatte Thomas Mann offenkundig noch ein schlechtes Gewissen. Wenn das «ungeheure Vieh» Film den Literaturnobelpreisträger ebenso ergreift wie das Dienstmädchen, dann sprengt seine Macht alle Grenzen von Herkunft, Bildung, Klasse.

Wer hätte das noch nicht erlebt, dieses

Meisterwerke gelingen manchmal auch eher zufällig – der unsterbliche Klassiker «Casablanca» (1942): «Wenn Rick und Ilsa auf dem nächtlichen Flughafen für immer auseinandergehen, mit einer Noblesse, die eben nur im Kino existiert, nehmen wir uns alle vor, bessere Menschen zu werden»

ganz und gar ungefilterte Miterleben, diese wunderbare Kapitulation vor der Kraft der Bilder, der Stärke der Gefühle? Man tritt ins Freie und ist ein anderer, bis einen der Alltag wieder verschluckt hat und man die nächste Kinodroge braucht. Mit 18 wollte ich Clint Eastwood sein, der Mann ohne Namen. Als ich aus dem Kino kam, steckte ich mir eine Zigarette an und wünschte mich in einen zerschlissenen Poncho, die Augen halb verdeckt von einer speckigen Hutkrempe, irgendwo auf einer staubigen Main Street, für eine Handvoll Dollar bereit zum Showdown.

Das Kino ist kein Medium für die gebildeten Stände. Dem Rummelplatz steht es näher als dem Kunstverein. Mit dem Kino dürfen wir Kinder bleiben, die sich im Dunkeln fürchten und freuen. Wahrscheinlich ist Steven Spielberg der erfolgreichste Regisseur aller Zeiten, weil er die Welt nicht nach den vernünftigen Regeln der Erwachsenen betrachtet.

Das Kino ist das demokratische Medium des 20. Jahrhunderts. Schon über Charlie Chaplin lachte die ganze Welt. Mit dem «Tramp» schuf er 1915 eine Gestalt von universeller Anziehungskraft: den Vagabunden ohne festen Wohnsitz, der mit List und Tücke einen permanenten Überlebenskampf zu bestehen hat. Für die gebeutelten Massen wurde der Tramp mit seinem anarchischen Elan zur geliebten Identifikationsfigur, in Chikago nicht anders als in Berlin oder in Kalkutta oder in Kapstadt. Der Komiker Chaplin spendete Hoffnung. Nicht umsonst nannte ihn Albert Einstein «zweifellos einen der größten Wohltäter dieser von Angst verfolgten Epoche».

Feine Herren waren es selten, die das Kino vorangebracht haben, eher verrückte Erfinder, die vom Unmöglichen träumten, und hemdsärmelige Unternehmer, die an nichts glaubten als an den schnellen Profit. Die legendären Hollywood-Pioniere vom Schlage eines Carl Laemmle, Louis B. Mayer, Harry Cohn oder Samuel Goldwyn waren bitterarme Immigranten aus Mittel- und Osteuropa, die eine Chance witterten, mit dem Kino zu Macht und Vermögen zu gelangen. Mit einem Wort wie «Kunst» wußten sie nichts anzufangen, im Gegen-

teil, es verhieß sinnlose Komplikationen und leere Kassen.

Und doch entstanden in ihren Studios bleibende Meisterwerke des amerikanischen Kinos, oft eher zufällig. Als Ingrid Bergman «Casablanca» drehte, dachte sie

nicht im Traum daran, dieses Melodram könnte einmal zu den beliebtesten Klassikern der Filmgeschichte gehören. «Wir waren alle sehr unglücklich mit dem Drehbuch, es gab kein vernünftiges Ende, Humphrey Bogart redete kaum mit mir, und ich hoffte jeden Tag, die Dreharbeiten würden bald zu Ende gehen.»

Dem Film «Casablanca» merkt man das nicht an. Sein Zauber wirkt von Generation zu Generation weiter, niemand scheint ge-

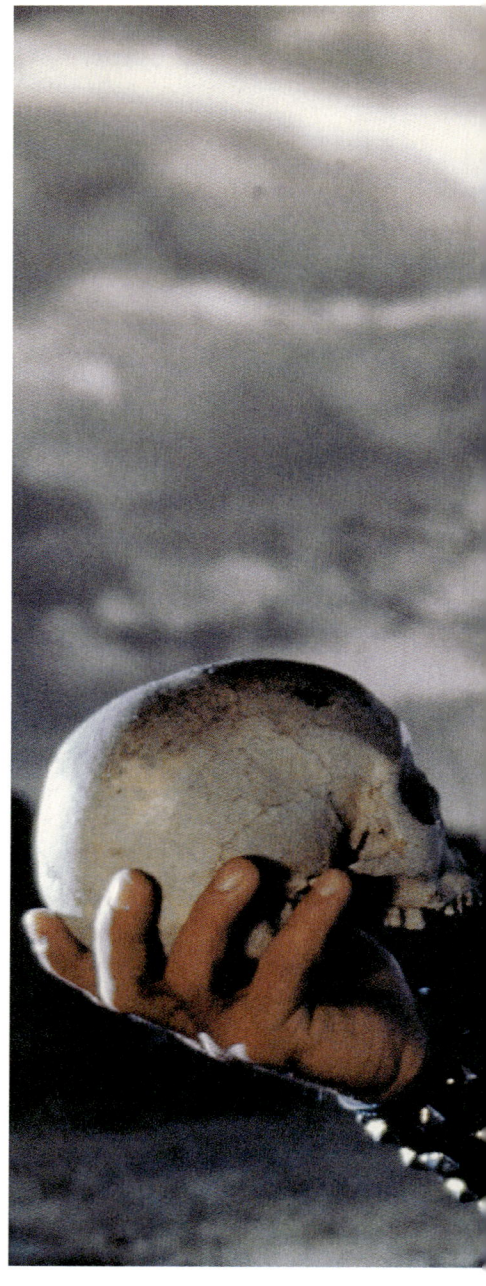

Ungebrochen bleibt die Faszination der Leinwandträume: «Wir werden älter mit dem Kino, aber es läßt uns nicht los. Wir wollen mitspielen, so wie der kleine Junge in ‹Last Action Hero›, der sich plötzlich auf der anderen Seite der Leinwand wiederfindet, der keinen Schwarzenegger-Film sieht, sondern einen erlebt»

gen ihn immun. Wenn Rick und Ilsa auf dem nächtlichen Flughafen für immer auseinandergehen, mit einer Noblesse, die eben nur im Kino existiert, nehmen wir uns alle vor, bessere Menschen zu werden.

Aber das Kino ist keine Besserungsanstalt. Das hat sehr früh schon einer der großen Visionäre des Films erkannt: der Produzent Erich Pommer, dem wir die Meisterwerke «Das Cabinett des Dr. Caligari» von Robert Wiene, «Der letzte Mann» von Friedrich Wilhelm Murnau und «Metropolis» von Fritz Lang verdanken. Seit 1923 leitete er die Produktion der Ufa in Neubabelsberg und träumte von einem Kino, in dem Kunst und Kommerz keine Widersprüche mehr sind: «Man hat dem Kino vorgeworfen, daß es den niedrigen Instinkten der Masse schmeichelt, und in einer Zeit, die noch gar nicht so lange hinter uns liegt, ist das auch redlich geschehen. Aber wir wollen uns nichts vormachen: Die Masse ist ein Komplex von abgearbeiteten Menschen, in denen ein starker Durst nach dem Abenteuer, der Romantik, nach Rührung lebt, und es wäre vollkommener Unfug, von dieser Masse zu verlangen, daß sie um des höheren Geschmackes willen auf ihre Abenteuer, ihre Romantik, ihre Rührseligkeit verzichten solle. Aufgabe des gepflegten Films – aber auch des Geschäftsfilms – ist es nur, nie unter ein gewisses Geschmacksniveau zu geraten …»

Womit wir wieder bei den Guilty pleasures wären. Da ist der «Durst nach dem Abenteuer, der Romantik, der Rührung» stärker als alle Geschmacksfragen. Über etliche Jahre erfreute die amerikanische Filmzeitschrift Film Comment ihre Leser mit einer Serie zu diesem unerschöpflichen Thema. Da schrieben so seriöse Cineasten wie Martin Scorsese, Jim Jarmusch, Neil Jordan, Wim Wenders oder Terry Gilliam ohne Rücksicht auf Verluste über ihre wahren Lieblingsfilme.

«Ich habe etwas gegen kulturelle Hierarchien. Für mich ist Beethoven nicht wertvoller als die Butthole Surfers, Shakespeare nicht wertvoller als Mickey Spillane. Wenn etwas gut ist, ist es gut, egal ob das nun ein Comic ist oder ein ‹großer› Roman.» Diese Sätze stammen von Jim Jarmusch. Sie stehen am Anfang eines Bekenntnisses zum

Kino als Stätte der lustvollen Schwärmerei. Der Meister des Minimalismus liebt Brigitte Bardot und den Cowboy-Schauspieler Lash LaRue, hat zudem eine Schwäche für Billig-Horrorfilme der Sorte «Invasion of the Bee Girls» oder «Spider Baby». Als Ort

des Guten, Wahren, Schönen ist Jim Jarmusch das Kino nie vorgekommen.

Die Kraft des Kinos liegt in seiner unendlichen Vielfalt. Irgendwie beruhigt mich, daß Terry Gilliam, der Regisseur von «Brazil» und «12 Monkeys», zwei apoka-lyptischen Satiren der schwärzesten Art, ein unerschütterlicher Fan von Doris Day und Rock Hudson ist. Und es ist gut zu wissen, daß Wim Wenders nicht vergessen hat, was ihm «Die Kanonen von Navarone» einmal bedeutet haben.

Wir werden älter mit dem Kino, aber es läßt uns nicht los. Die Bilder ändern sich, die Sehnsucht bleibt. Wir wollen mitspielen, so wie der kleine Junge in «Last Action Hero», der sich plötzlich auf der anderen Seite der Leinwand wiederfindet, der keinen Schwarzenegger-Film sieht, sondern einen erlebt.

Im Kino ist alles möglich, von der Reise zum Mond des Georges Méliès um die Jahrhundertwende bis zum Dino-Park des Steven Spielberg. So kann uns auch der Herr der Bilder höchstpersönlich begegnen. Nennen wir ihn einfach Monsieur Cinéma!

Ein bißchen wackelig auf den Beinen ist er schon, der alte Herr mit der schlohweißen Tolle, und sein Gedächtnis läßt auch allmählich nach. Aber Sorgen muß man sich gleichwohl nicht machen um Monsieur Simon Cinéma. Kurz vor seinem 100. Geburtstag zeigt sich der eigensinnige Greis in blendender Form: noch immer ein begnadeter Geschichtenerzähler, ein charmanter Despot, ein eleganter Verführer. Immerhin war Monsieur Cinéma in seinem langen Leben mal mit Jeanne Moreau, mal mit Hanna Schygulla verheiratet, und zu seinen besten Freunden gehören Marcello Mastroianni, Gerard Dépardieu und Jean-Paul Belmondo. Monsieur Cinéma lebt auf einem luxuriösen Schloß irgendwo in Frankreich. Wahrscheinlich ist er unsterblich.

Die französische Regisseurin Agnes Varda hat diesen «Herrn Kino» erfunden, für einen Film mit dem Titel «Les cent et une nuits» (Hundert und eine Nacht), der natürlich nicht zufällig 1995 das Licht der Leinwand erblickte. In dem Jahr hat das Kino seinen 100. Geburtstag gefeiert, und wenn man zuschaut, mit welch komödiantischem Elan Agnes Varda und der wunderbare Michel Piccoli als Monsieur Cinéma eine Expedition durch das Märchen- und Mythenland des Mediums unternehmen, freut man sich schon auf die nächsten hundert Jahre Film.

Hier werden keine Festreden gehalten, hier wird ein Kindergeburtstag gefeiert. Die Stimmung ist heiter-verspielt, beinahe übermütig, durchaus frivol. Bei den Berliner Filmfestspielen gab es herzlichen Applaus für den fidelen Greis Simon Cinéma. Den harten Weg in unsere Kinos hat er dann leider doch nicht geschafft.

Im Multiplex um die Ecke herrschen an-

dere Verhältnisse. Sentimentale Reminis-
zenzen an die glorreiche Geschichte des
Mediums finden kaum Interesse beim real
existierenden Verbraucher. Im robusten
Wettbewerb um die Gunst der Kundschaft

zählt nur der Augenblick. Und in gewisser
Weise ist das auch gut so: Wenn das Kino
überleben will in einer multimedial über-
sättigten Zukunftsgesellschaft, dann muß
es jung und aggressiv und maßlos bleiben.

Zwei Genies prägten besessen die Filmlandschaft: Clown, Musiker und Regisseur Charlie Chaplin (rechte Seite bei der Arbeit an «Goldrausch») forderte als erster Hollywood-Star eine Millionengage — und erhielt sie. Regisseur, Autor und Darsteller Orson Welles (links) schuf 1940 fast im Alleingang «Citizen Kane» und setzte sich damit ein filmisches Denkmal. An der Kinokasse floppte das komplexe Werk jedoch

Money Makes the World Go Round

Filmgeschichte ist
Produktionsgeschichte

Wenn es auf deutsch neutral heißt: «Er ist in der Branche tätig», so kommt man in Hollywood ehrlich und direkt auf den Punkt: «He's in the business.» Geldverdienen ist im Filmmekka nie eine Schande gewesen, sondern das erklärte Ziel aller, die dort arbeiten. Wenn bei den dort angefertigten Produkten zufällig auch einmal ein Kunstwerk abfällt – um so besser.

Der Film – häufig als die genuine Kunstform des 20. Jahrhunderts beschworen – hängt wie keine andere Kunst ab von dem wirtschaftlichen Umfeld, in dem er entsteht. Zugegeben, auch die Maler und Schriftsteller vergangener Jahrhunderte waren von Mäzenen abhängig, die ihnen den Freiraum zu ungestörter schöpferischer Tätigkeit gaben: Sie brauchten teures Pergament oder Leinwand, sie brauchten Farben, Tinte und Kerzen. Doch dann konnten sie allein loslegen.

Der Filmemacher, selbst wenn er in der Tradition des Autorenfilms sein Buch selbst schreibt, Regie führt, die Hauptrolle übernimmt und den Film schneidet, bleibt abhängig von einem Heer von Technikern und Darstellern, Kopierwerken und Marketing-Strategen. Er muß also sein eigener Lobbyist sein, der sein Projekt einem Produzenten verkauft, bevor der es der Welt verkaufen kann.

Das ist nie anders gewesen. Bezeichnenderweise feiern wir als Geburtsstunde des Films jene ersten Filmvorführungen in Berlin und Paris, die 1895 vor zahlendem Publikum stattfanden. Sofort nachdem Thomas Alva Edison das Patent für seinen Cinematographen angemeldet hatte, um damit bald sehr viel Geld zu verdienen, wurde er verklagt: Er habe die Erfindung gestohlen. Als das Kino zur Jahrmarktsattraktion wurde, zog das Geld sogar in seinen Namen ein: man nannte die Filmautomaten «Nickelodeon», weil sie Fünf-Cent-Stücke schluckten.

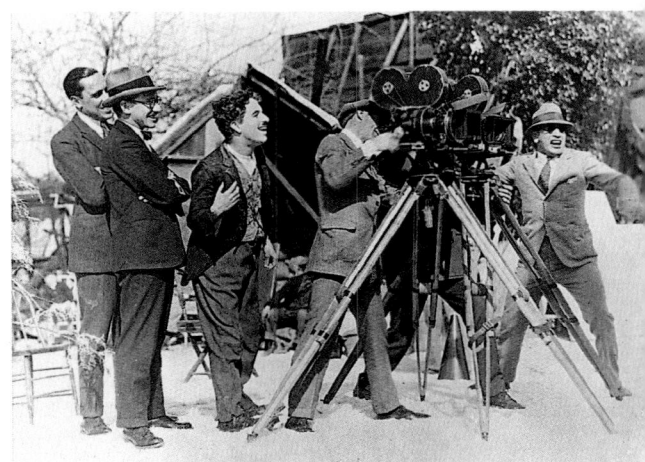

Drei Stars, drei Filme, ein Drehbuch: Nachdem sich der Tonfilm etabliert hatte, waren Filme nicht mehr international verständlich. So verfilmten Studios einen Stoff mit Crews verschiedener Nationen; hier: «F. P. 1 antwortet nicht» (1932). Im Fliegerdrama hob Hans Albers für Deutschland ab, Conrad Veidt für England und Charles Boyer für Frankreich (von links)

Der Regisseur David Wark Griffith begann im ersten Jahrzehnt dieses Jahrhunderts wie seine Kollegen mit schnell heruntergekurbelten Zweiaktern. Doch ähnlich wie die Italiener, die das Antikepos als Filmstoff entdeckten, wollte er Geschichten erzählen, die eine Aufmerksamkeitsspanne von mehr als 15 Minuten erforderten. «The Birth of a Nation» (Die Geburt einer Nation, 1915) und «Intolerance» (Intoleranz, 1916) setzten einen neuen künstlerischen Standard, der in vielen Filmemachern ungeahnte Ambitionen weckte: Jetzt ließen sich die Erzähltechniken des Theaters und des Romans visuell kombinieren. Weil das Publikum mitzog, ließen sich die teureren Produktionen realisieren. Und so entstand um 1920 die Kinokultur, wie wir sie noch heute kennen: «abendfüllende» Filme, die in eigens dafür errichteten Kinopalästen vorgeführt wurden.

Der Wiener Regisseur Erich von Stroheim, gemeinhin als Genie gefeiert, demonstrierte mit seiner Extravaganz und seinem Größenwahn anschaulich die Grenzen des Machbaren: Sein künstlerischer Erfolg machte ihn bei Universal zu einem mächtigen Mann, der 1922 auf dem Studiogelände mit gigantischem Aufwand das Casino von Monte Carlo und die umliegenden Gebäude exakt nachbauen ließ. Seine Detailbesessenheit ließ ihn die Ökonomie vergessen – der Film war ein großer Hit, doch der Gewinn für das Studio marginal, denn von Stroheim hatte die damals unerhörte Summe von fast einer Million Dollar verpulvert. Sein ambitionierter Plan, Frank Norris' Roman «Mc Teague» mit allen Einzelheiten auf die Leinwand zu bringen, kollidierte mit weiteren Grenzen des neuen Mediums: denen des Marketings und Vertriebs. Der Director's cut des daraus resultierenden Films «Greed» (Gier) dauerte sieben Stunden. Widerstrebend schnitt von Stroheim den Film auf die Hälfte zusammen, natürlich war schon diese immer noch unkommerziell lange Fassung nur ein Fragment. Fazit: Filmkünstler sind besser bedient, wenn sie sich kurze Romane aussuchen. Ein weiteres trauriges Beispiel ist die Karriere des italienischen Visionärs Luchino Visconti («Senso»/Senso, «Il gattopardo»/Der Leopard, «Morte a Venezia»/Der Tod in Venedig). Praktisch

Kostüme und Kulissen waren identisch – in der deutschen Version des Schwanks «Einbrecher» bandelte Heinz Rühmann mit Lilian Harvey an, während Charles Decharos in der französischen Fassung Blanche Montel betörte

keins der opulenten Epen, die er seit den frühen 50er Jahren drehte, kam ungeschnitten in die Kinos.

Wen wundert es, daß Charlie Chaplin, der am liebsten alle Rollen selbst gespielt hätte und sogar seine eigene Filmmusik schrieb, auch die Kontrolle über seine Produktionsbedingungen anstrebte. Zur Zeit seiner ersten Erfolge, um 1915, entstand das Phänomen des Filmstars: Das Publikum ließ sich nicht mehr nur von einem zugkräftigen Filmtitel animieren, sondern strömte ins Kino, wenn die Namen seiner Idole auf den Plakaten erschienen. Die Schauspieler wurden zum Wirtschaftsfaktor, und Großverdiener Chaplin tat sich mit anderen Stars zusammen, um nicht länger von den Studios abhängig zu sein: 1919 gründete er United Artists zusammen mit Goldlöckchen Mary Pickford, Haudegen Douglas Fairbanks sen. und Hit-Regisseur David Wark Griffith. Daß auch die jetzt unabhängigen Künstler weiterhin von der Kommerzialität ihrer Produktionen abhängig waren, belegt die wechselvolle Geschichte dieses Studios.

Neben den Produktionskosten forderte auch die schiere Schwerfälligkeit der komplizierten Filmtechnik ihren Tribut. Abgesehen von Steuergründen war das gleichmäßig sonnige Wetter in Kalifornien ein Hauptgrund dafür, daß die zunächst in New York entstandene Filmindustrie nach Los Angeles umsiedelte. Im zweiten Jahrzehnt diese Jahrhunderts war das noch nicht sonderlich empfindliche Filmmateri-

In «Das indische Grabmal» (1938) fallen Hans Stüwe und Kitty Jantzen in die Hände von Maharadscha Frits van Dongen. Für Frankreichs Starlett Claude May wurde das kleine Schwarze gegen ein weißes Wickelgewand ausgetauscht; auch Pierre Etchepares Hemd scheint kleidsamer zerrissen; allein Max Michel trägt dieselbe Robe – wenn auch höher geschlossen

al abhängig vom Sonnenlicht, das direkt ins Studio einfiel. Weiße Planen ließen das Licht durch, verhinderten aber die Schlagschatten des direkten Sonnenlichts – so wurde die Beleuchtung von Innenräumen improvisiert. Als man vor einigen Jahren nicht verwendete Takes aus Chaplins frühen Filmen wiederfand, entdeckte man Aufnahmen, in denen auf der Szenerie Sonnenreflexe zu sehen waren, die durch losgerissene und im Wind flatternde Abdeckplanen entstanden. Weil Chaplin vor und hinter der Kamera praktisch alles selbst machte, waren ihm solche Details beim Drehen offensichtlich entgangen.

In den 20er Jahren filmte man in geschlossenen Studios mit Kunstlicht, doch als der Tonfilm sich durchsetzte, lähmte er die Macher erneut durch seine Schwerfälligkeit: Jetzt mußten die Sound stages akustisch isoliert werden, die Kamera stand in einem schallisolierten Kasten, weil der Motor ein zu lautes Geräusch machte. Viele der internationalen Stummfilmstars wie zum Beispiel der Gewinner des ersten Oscars, Emil Jannings, wurden wegen ihrer unüberwindlichen Akzente arbeitslos. Als Hitchcock Anfang 1929 an «Blackmail» (Erpressung) arbeitete, war noch nicht klar, ob der Film mit Ton ins Kino kommen sollte. Tatsächlich wurden eine stumme und eine Tonfassung fertiggestellt. Hauptdarstellerin Anny Ondra war Tschechin und sprach kaum englisch. Tonschnitt und Synchronisation waren noch nicht erfunden. Also setzte Hitchcock die Schauspielerin Joan Barry im Studio in eine Kabine und ließ sie lippensynchron den Dialog sprechen, während die Ondra dazu die Lippenbewegungen machte.

Als man in Hollywood und Europa mit Schrecken feststellte, daß sich Spielfilme nun nicht mehr in alle Welt exportieren ließen, drehte man zunächst unter erheblichen Mehrkosten im selben Set mehrere Fassungen mit jeweils einer englischsprachigen, deutschen und französischen Darstellerriege. Erst nach dem Zweiten Weltkrieg, als die USA ungehinderten Zugang zu den europäischen Märkten bekamen, setzte sich das Synchronisieren zumindest in Deutschland, Frankreich, Spanien und Italien durch. In den kleineren Sprachräumen Benelux oder Skandinavien gewöhnte sich das Publikum ebenso schnell an untertitelte Kinofassungen – auch dies ein ökonomisches Phänomen: Untertitel kosten nur fünf bis zehn Prozent einer Synchronisation.

Hollywoods goldenes Jahrzehnt waren die 30er, die sogenannten Studiojahre, in denen die Major companies ihre Studios zu Filmfabriken perfektionierten. Wenn ein Künstler sich in diesem rigorosen System nicht als Handwerker verstand, konnte er nicht reüssieren. Die Kunstfertigkeit zum Beispiel eines Ernst Lubitsch bestand darin, den Sittenkodex des Hays Office, den detaillierten Katalog zur Selbstkontrolle der Produzenten, durch subtile Andeutungen des «Verbotenen» nicht zu übertreten, sondern bis an die Grenzen auszureizen.

Die Selbstzensur der Filmindustrie ist nichts anderes als wirtschaftliche Kalkulation: Wenn provokante Filme von moralistischen Interessenverbänden attackiert werden, ist das Geschäft gefährdet. Insofern ist Hollywoods Output immer ein subtiler Spiegel der Nation gewesen: Das Publikum bekommt, was es sehen will und ertragen kann. So ergibt sich auch der häufig erstaunliche Kontrast zwischen der europäischen und amerikanischen Akzeptanz von Sex einerseits und Crime andererseits: Die Amerikaner haben sich Pioniergeist und Waffenbesitz in die Verfassung geschrieben, finden daher Gewalt und blutige Auseinandersetzungen auch in jugendfreien Filmen akzeptabel. Das puritanische US-Erbe verbannt jedoch sexuelle Handlungen strikt in den privaten Bereich oder in die Bahnhofskinos. Die Freizügigkeit an europäischen Stränden und in europäischen Filmen ist im amerikanischen Mainstream-Kino auch heute noch undenkbar – hier sind konservative Kreise weiterhin einflußreich, die sogar den klassischen Sexualforscher Kinsey verunglimpfen. Daß Provokateure wie Regisseur Paul Verhoeven

(«Basic Instinct»/Basic Instinct, «Showgirls»/Showgirls) das System regelmäßig herausfordern, bringt zwar den Blätterwald der Medien zum Rauschen, fördert aber nicht unbedingt einen Wandel in der Einstellung des Amerikaners draußen im Lande.

Gedreht wird, was opportun ist. Deshalb stand auch Hollywood während des Zweiten Weltkriegs im Zeichen der Propaganda, selbst Laurel & Hardy und Donald Duck mußten gegen Adolf Hitler zu Felde ziehen. Die Fünfziger waren geprägt vom Neokonservativismus der Eisenhower-Ära, in der Familienkomödien und bezeichnenderweise der Western dominierten. Sex war erlaubt, wenn er so sauber verpackt war wie Marilyn Monroe, die Formen zeigen durfte, aber keine Inhalte (weder den ihres Badeanzugs noch den ihres Kopfes).

Die späten Sechziger brachten die Studentenrevolution und die Sexwelle. Geblieben sind aus dieser Zeit ein neues System zur Selbstkontrolle, nämlich die der FSK vergleichbaren Altersgruppen, in die die Filme bei ihrer Freigabe eingestuft werden. Zwischen Selbstzensur und kalkuliertem Risiko verändert sich wenig an Hollywoods Produktionsbedingungen.

Vor diesem Hintergrund war die Tragik im Fall eines Orson Welles eigentlich vorauszusehen: Als «Wunderkind» hatte er das Pech, mit seinem Erstling «Citizen Kane» (Citizen Kane) jenen Film zu schaffen, der auch noch 50 Jahre später von vielen Kritikern als bester Film aller Zeiten eingestuft

Ein Europäer testet Hollywoods moralische Belastbarkeit: Regisseur Paul Verhoevens (oben mit Hauptdarstellerin Elizabeth Berkley) sexüberfrachtetes Drama «Showgirls» wurde in den USA als erste Großproduktion wegen der Nacktszenen erst ab 17 freigegeben

wird. Von da an konnte es in Welles' Karriere nur bergab gehen: Er hätte sich mit seinem Ruhm der Industrie andienen können – damit hätte er sein künstlerisches Credo verspielt. Also blieb er sich selbst treu und verfolgte seine Visionen. «Citizen Kane» war kein kommerzieller Erfolg, und schon sein nächstes Projekt «The Magnificent Ambersons» (Der Glanz des Hauses Amberson) wurde vom Produzenten verstümmelt. Welles' Kompromiß bestand darin, als Schauspieler in Dutzenden von belanglosen Filmen das nötige Kleingeld zu verdienen. Doch für seine ambitionierten Regiearbeiten bekam er selten genug zusammen, um sie so zu realisieren, wie er sie erträumte.

Wer also als Filmemacher Erfolg haben will, paßt sich entweder dem System an und verzichtet auf eine eigene Handschrift (Regisseure wie Chris Columbus und Robert Zemeckis führen mit dieser Methode die Charts an). Oder er scharrt eine Crew von verdienten Mitarbeitern um sich, mit deren Hilfe man routiniert arbeiten kann. John Fords Stock company ist ein Paradebeispiel: Während seiner langen Karriere hat er am liebsten immer wieder auf dasselbe Team gesetzt und dadurch sehr wirtschaftlich gearbeitet. John Wayne hat in 19 Ford-Filmen mitgespielt, der Darsteller, Produktions- und Regieassistent Jack Pennick war gar an mindestens 34 Ford-Filmen vor und hinter der Kamera beteiligt. Je geölter die Produktionsmaschine, desto niedriger die Kosten und das Risiko für den allmächtigen Produzenten. Ford konnte sich also in Ruhe auf seine berühmten Stoffe konzentrieren.

Und viele Filmemacher haben ihn darin imitiert. Clint Eastwood und Martin Scorsese arbeiten seit Jahrzehnten mit denselben Mitarbeitern, James Ivory («A Room with a View»/Zimmer mit Aussicht, «The Remains of the Day»/Was vom Tage übrig blieb) inszeniert seit 25 Jahren nur Skripts seiner Drehbuchautorin Ruth Prawer Jhabvala für seinen Hausproduzenten Ismail Merchant. Ähnliches gilt in der Independent-Szene für Regisseure wie Woody Allen, Wim Wenders, Jim Jarmusch oder Aki Kaurismäki.

Mehr als alle anderen Künstler bleibt der Filmemacher abhängig von den Produktionsbedingungen, denen er ausgesetzt ist. Er muß die Chuzpe eines Ed Wood kombinieren mit dem nötigen Talent (das Wood allerdings fehlte): Filmen ist Diplomatie, erfordert politisches Geschick. Vielleicht am eindrucksvollsten belegt dies «Amator» (Der Filmamateur), mit dem Krzysztof Kieslowski 1979 eines der Meisterwerke des zeitgenössischen polnischen Kinos geschaffen hat: Sein Held Filip stürzt sich mit Engagement auf sein neu entdecktes Hobby als Filmemacher. Doch trotz der besten Vorsätze zerstört er seine Familie, die Karriere seines Freundes, das Vertrauen seiner Vorgesetzten, und er wird von der scheinheiligen Prominenz des Kulturbetriebs vereinnahmt. Ernüchtert zieht Filip die Konsequenzen, die in das beeindruckende Schlußbild münden: Er packt die Kamera und richtet sie auf das einzige Objekt, das ungefilterte Unmittelbarkeit und Unabhängigkeit garantiert – sich selbst.

The Bad and
the Beautiful

Wenn Hollywood selbst
zum Leinwandthema wird

Wilders Meisterwerk, eine sarkastisch-grimmige Analyse des Filmmekkas zu Ende der 40er Jahre, gilt nach wie vor als das Paradebeispiel für Hollywoods Auseinandersetzung mit sich selbst. Denn meist hat sich die Stadt der Illusionen mit dem Blick in den Spiegel schwergetan. Der naheliegende Ansatz ist die Selbstbeweihräucherung: Weil Hollywood Filme verkauft, verkauft es sich selbst in Filmen über das Filmemachen natürlich auch möglichst vorteilhaft. Schon in den 20er und 30er Jahren stellte sich Hollywood als Stadt am Ende des Regenbogens dar, in der der Amerikanische Traum Realität wird, zum Beispiel in «Hollywood Cavalcade» und «Hollywood Boulevard» (1936). Obwohl MGM meist etwas zurückhaltender in der eitlen Nabelschau der Studios war, durfte Judy Garland in «Broadway Melody of 1938» MGM-Superstar Clark Gable mit «Dear Mr. Gable» einen gesungenen Fanbrief zu Füßen legen. 1943 entstand im selben Studio mit dem Teenie-Film «The Youngest Profession» eine reichlich schamlose Anleitung zur Anbetung der eigenen Stars: Im Mittelpunkt steht eine Gruppe von Autogrammjägern, die Bahnhöfe und Hotels nach VIPs abklappert und laut Drehbuch bei Lana Turner, Robert Taylor etc. auch fündig wird.

Mindestens so auffällig ist jedoch in vielen anderen Filmen der scharfe, satirische Ton, den die Drehbuchautoren anschlagen, wenn sie sich auf dem Terrain austoben, das sie notgedrungen wie ihre Westentasche kennen. Immer wieder wird deutlich, wie das Individuum, der idealistische Künstler von der Maschinerie des Studiobetriebs zermahlen wird. Das Studio-Chaos im Kultklassiker «Hellzapoppin» (In der Hölle ist der Teufel los) ist noch harmlos. Aber bereits «The Last Command» (Der letzte Befehl), für den Emil Jannings den ersten Oscar als bester Darsteller gewann, schilderte zu Stummfilmzeiten das bewegende Schicksal eines europäischen Fürsten, der in die Emigration getrieben wird und miterleben muß, wie er schließlich im Filmstudio als Edelkomparse gezwungen ist, die Pappmaché-Version seines eigenen Lebens darzustellen.

Satiren wie «Stand-in» (Mr. Dodd geht

«I am ready for my close-up, Mr. DeMille!» Diese Dialogzeile gehört zu den meistzitierten der Filmgeschichte: Es ist der Schwanengesang der Stummfilmdiva Norma Desmond, dargestellt von Gloria Swanson, die am Ende von Billy Wilders «Sunset Boulevard» (Boulevard der Dämmerung, 1949) an der Tatsache zerbricht, daß die «Unsterblichkeit» eines Hollywood-Stars häufig nicht einmal so lange währt wie sein irdisches Leben.

Film im Film: Selten gelang ein Porträt der Glitzerwelt derart treffend, hart und brillant wie Billy Wilders «Boulevard der Dämmerung». Billy Wilder (hinter der Kamera) nimmt seinen Star Gloria Swanson ins Visier. Das rege – aber auch korrupte – Filmgeschäft inspiriert Autoren immer wieder zu Satiren, Farcen, Dramen und Thrillern

nach Hollywood) mit Leslie Howard und Humphrey Bogart und «Boy Meets Girl» (Der kleine Star) mit James Cagney und Ronald Reagan zeugen davon, wie genüßlich die Autoren den täglichen Wahnsinn der Filmfabrik auf die Leinwand malten. «A Star Is Born» (Ein Stern geht auf) geriet William Wellman zum inzwischen mehrfach neuverfilmten Klassiker, in dem er den Aufstieg eines Jungstars mit der Demontage eines etablierten Stars schicksalhaft kombinierte.

Erstaunlich, daß ein so systemkritisches Drehbuch wie «Sullivan's Travels» (Sullivans Reisen) des sozialbewegten Regisseurs Preston Sturges in einem großen Studio wie Paramount überhaupt produziert werden konnte. Aber neben den harten Bandagen, mit denen in Selbstanalysen wie «The Bad and the Beautiful» (Stadt der Illusionen) von Vincente Minnelli, «The Barefoot Contessa» (Die barfüßige Gräfin) von Joseph Mankiewicz und «The Big Knife» (Hollywood Story) von Robert Aldrich abgerechnet wurde, achteten die Studios immer auch darauf, reichlich Zuckerwatte auszuteilen. So wurden glamouröse Musicals über die «traumhafte» Traumfabrik produziert, in denen alle Stars des jeweiligen Studios Cameo-Auftritte absolvierten, von «Star Spangled Rhythm», «Thank Your Lucky Stars» und «It's a Great Feeling» (Judy erobert Hollywood) in den 40er bis zu «Singing in the Rain» (Du sollst mein Glücksstern sein) in den 50er Jahren. Letzterer stellt mit seiner aufwendigen Produktion und dem Nostalgie-Look eine Ausnahme dar, denn während Hollywood sich hier mit Grandeur selbst feiert, sind im Fanfarenchor durchaus kritische Töne bei der Schilderung authentischer Szenetypen zu vernehmen.

Der gallige Ansatz sollte jedenfalls auch in den folgenden Jahrzehnten die Abrechnung der Filmemacher mit dem Studiosystem bestimmen. «The Goddess» (Die Göttin), «Two Weeks in Another Town» (Zwei Wochen in einer anderen Stadt), «The Carpetbaggers» (Die Unersättlichen), «The Loved One» (Tod in Hollywood), «The Oscar» (… denn keiner ist ohne Schuld) und «Valley of the Dolls» (Das Tal der Puppen) legen davon Zeugnis ab.

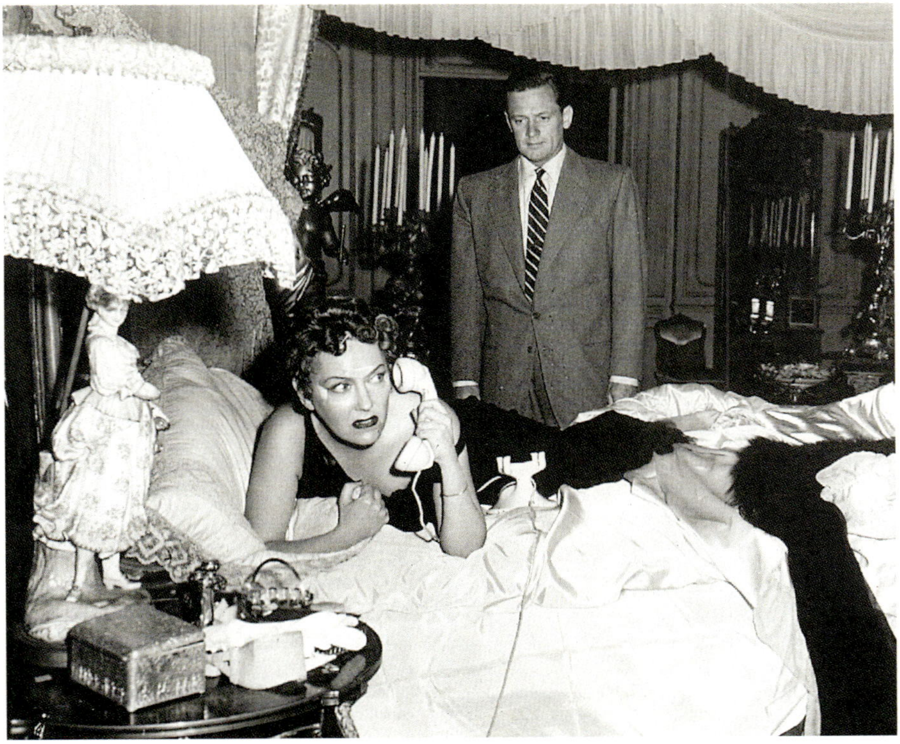

Mit oder ohne Nostalgie: «Boulevard der Dämmerung» (mit Gloria Swanson und William Holden) zeigt tragikomisch die Schattenseiten des Filmmekkas

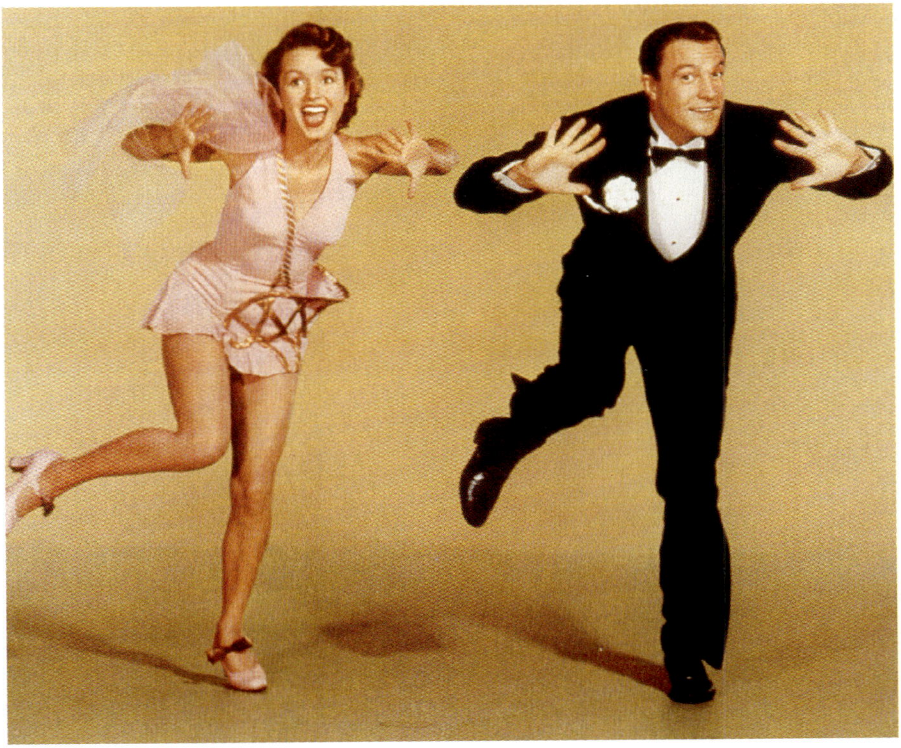

Liebevoll ironisch beleuchten Debbie Reynolds und Gene Kelly die Anfänge des Tonfilms in «Du sollst mein Glücksstern sein»

Auch in Europa gibt es eine Filmindustrie, die ihren Künstlern das Leben nicht gerade leichtmacht. Jean-Luc Godard kommentiert das kaltblütig in seiner faszinierenden Studie «Le mépris» (Die Verachtung). Luchino Visconti beschreibt in «Bellissima» (Bellissima) mit mahnendem Kopfschütteln den Wahn, den der Traum vom Ruhm in der ehrgeizigen Mutter eines kleinen Mädchens auslöst. Andrzej Wajda nahm seine Beschreibung von Filmdreharbeiten in «Wszystko na sprzedaz» (Alles zu verkaufen) zum Anlaß, über die künstlerische Existenz an sich zu sinnieren. Regisseur Nikita Michalkow verarbeitet seine Filmerfahrungen in der politischen Parabel «Raba ljubwi» (Sklavin der Liebe). Nabelbeschau-Spezialist Federico Fellini hat von «Lo sceicco bianco» (Der weiße Scheich) über «Otto e mezzo» (8 1/2) bis zu «L'inter-

Frustrierendes Zerpflücken: In «Mistress – Die Geliebten von Hollywood» zerstückeln die Produktionsinstanzen das Skript eines Autors (Robert Wuhl). Augen zu und durch – das ist das sarkastische Motto von Wuhl, Martin Landau und Jade Alexander (von links)

vista» (Fellini's Intervista) immer wieder allegorische Bilder für die Nöte des Filmemachers auf dem Weg zur letzten Klappe gefunden.

Im Nachkriegsdeutschland baute Drehbuchautor Helmut Käutner seine Idee für einen Film über den Zeitgeist und die Verarbeitung der braunen Vergangenheit in die ironische Reflexion dieser Idee im Film selbst ein: «Film ohne Titel» (Regie: Rudolf Jugert) erzählt von einem Paar (Hildegard Knef, Hans Söhnker), das die Geschichte seiner Beziehung zu einem Regisseur (Willy Fritsch) schildert. Gemeinsam mit dem Filmteam überlegen die drei, ob man daraus einen Film machen könnte, der die Zeitläufte realistisch spiegeln würde. Auf anderer Ebene nutzte Peer Raben in «Heute spielen wir den Boß – Wo geht's denn hier zum Film?» das Studiomilieu, das er aus Sicht der Statisten schildert und in eine Slapstick-Story einbaut.

Als reine Folie für einen Komödienstoff werden die Dreharbeiten eines Films auch in «L'animal» (Ein irrer Typ) verwendet: Jean-Paul Belmondo spielt einen eingebildeten Filmstar, der sein Double (auch Belmondo) für sich schwitzen läßt. Das

Meisterlich boshaft: Robert Altman schilderte in «The Player» den Alltag einer Denkfabrik in Hollywood. Etwa 30 Superstars absolvierten in dieser Satire Kurzauftritte. Tim Robbins (oben) spielt den eiskalten Produzenten, der Drehbuchideen in Kassenschlager verwandelt. So wird aus einer mutigen Kritik am Rechtssystem eine starüberfrachtete Romanze mit hanebüchenem Happy-End, in dem Bruce Willis die zum Tode verurteilte Julia Roberts (unten) in letzter Sekunde aus der Gaskammer rettet ...

Verwechslungs- und Doppelgänger-Motiv nahm 1994 Kollege Michel Blanc in seinem «Gross fatigue» wieder auf, um mit dem Starkult und der Regenbogenpresse abzurechnen.

Eine große Ausnahme in diesem Genre bildet «La nuit américaine» (Die amerikanische Nacht) von François Truffaut. Er selbst spielt in seinem Film den Regisseur, und der hat reichlich Probleme, seinen Film fertigzustellen. Doch trotz der Hürden, die er überwinden muß, herrscht eine alles bestimmende positive Grundstimmung – Truffauts Film ist eine einzige Liebeserklärung an das Filmemachen. Bezeichnenderweise ist die Musik von Georges Delerue immer nur zu hören, wenn die Kamera läuft, wenn im Film gearbeitet wird. Vielleicht war Truffaut als «auteur» einer der wenigen, die sich genügend Freiraum erarbeitet hatten, um die lähmende Abhängigkeit der Macher vom großen Team der Geldgeber und Mitarbeiter nicht als negativ zu empfinden.

Doch eine pessimistische Grundtendenz bleibt auch weiterhin der Tenor der aktuellen Darstellungen vom Leben und Arbeiten in der Branche. Davon zeugen «The Big Picture» (Big Picture), «Matinee» (Matinee), «The Player» (The Player), «The Buddy Factor» (Unter Haien in Hollywood) und «Postcards from the Edge» (Grüße aus Hollywood) ebenso wie «Ed Wood» (Ed Wood) und «Get Shorty» (Schnapp Shorty). Wenn man Regisseur Alan Alda auf die farcenhafte Überzeichnung von Stars und Produzenten in seinem «Sweet Liberty» (Sweet Liberty) anspricht, besteht er darauf, daß die Originaltypen, denen er seine Figuren nachempfunden hat, in Wirklichkeit noch viel abgedrehter sind.

Der von Robert De Niro (natürlich unabhängig) produzierte «Mistress» (Mistress – Die Geliebten von Hollywood) zieht aus Sicht eines Drehbuchautors/Regisseurs eine bittere Bilanz: Wir sind Zeugen, wie Robert Wuhl in der Hauptrolle fassungslos miterlebt, daß sein Filmprojekt auf dem Weg zur Finanzierung vor die Hunde geht. Der Untertitel könnte auch lauten: «Bildnis der vielen Köche beim Verderben des Breis». Angesichts dieser auf Zelluloid eingefrorenen Agonie staunt der Laie darüber, daß trotzdem immer wieder Filme zustande kommen, für die sich nicht nur das Publikum, sondern auch Macher und Kritiker begeistern können.

Konten
und
Konzepte

Preproduction

Viele Mütter gehen mit einem Filmprojekt schwanger, und gewöhnlich dauert es weit mehr als neun Monate, bis es das Licht des Projektors erblickt. In der Preproduction-Phase entscheidet der Produzent, ob die Idee eine Millioneninvestition wert ist. Die Autoren feilen am Skript, der Regisseur stellt seinen Stab zusammen. Je intensiver die Vorbereitungsphase, desto größer die Aussicht, daß die Dreharbeiten reibungslos verlaufen werden.

Idee

Dollars
oder Story –
was kommt zuerst?

Der gedankliche Start für einen Film läßt sich schwer zurückverfolgen. In Hollywood ist es meist so, daß der Produzent eine Idee kauft und sie von einem Drehbuchautor in eine verfilmbare Form bringen läßt. Dieser erste Impuls ist häufig bereits ein Drehbuch, das ein anderer Autor auf «Spec» (spekulativ, also auf gut Glück und ohne Vertrag) geschrieben hat.

Gefährlich ist es für den Autor, ein Buch anzubieten, das nicht vorher bei der Gewerkschaft der Drehbuchautoren (Writers Guild) hinterlegt und registriert worden ist. Wer sich auf diese Weise nicht sein Copyright sichert, erlebt möglicherweise ein böses Erwachen. Mel Brooks spricht aus leidvoller Erfahrung: «Redet in der Kaffeepause nie mit Leuten aus der Filmbranche über eure Ideen, bevor sie als Drehbuch vorliegen und copyrightmäßig registriert

sind. Dann dürft ihr darüber reden. Denn keiner hilft euch. Neid und Diebstahl regieren diese Welt. Seid lieber ein bißchen schizophren – redet mit euch selbst auf dem Papier: Eine gute Übung, die manchmal auch Geld einbringt.»

Häufig genug werden Filmkonzepte gestohlen. Der Autor hat das Nachsehen, wenn er vor Gericht nicht beweisen kann, daß sein Drehbuch bereits existierte, bevor die unautorisierte Kopie vermarktet wurde. In einem spektakulären Prozeß klärte Art Buchwald, daß er der (im Vorspann nicht genannte) Original-Autor von «Coming to America» (Der Prinz aus Zamunda) war – Paramount mußte Schadenersatz zahlen. Dies war selbst für einen etablierten Autor ein gewaltiger Kraftakt. Ahnungslose Neulinge haben gegen die Macht der Studios keine Chance.

«Look at me!»: Allzuschnell sehen die Studios rot, wenn sie einen Film produzieren sollen, denn in Hollywood hat jeder Kinonarr eine Idee für einen Film. Es hilft, wenn man einen Regisseur, Produzenten oder Schauspieler für sein Story-Gespinst begeistern kann. Wie so etwas abläuft, zeigt die ironische Gangsterkomödie «Schnappt Shorty»: Ein Geldeintreiber (John Travolta) sattelt um und wird eher zufällig Produzent. Er macht Hollywoods Superstar (Danny DeVito) ein Angebot, das er nicht ablehnen kann

Die Produzentin Cathleen Summers überzeugte den Regisseur John Badham (oben), Emilio Estevez und Richard Dreyfuss von den Hitchancen der Actionkomödie «Die Nacht hat viele Augen» – und hatte damit einen Deal mit Touchstone Pictures in der Tasche

Irgendwie findet das Drehbuch unter den Bergen der dem Studio unaufgefordert zugesandten Skripts einen Leser, der es dem Produzenten empfiehlt. Dieser manchmal festangestellte Reader liest für das Studio die Drehbücher und beurteilt sie in einem etwa vierseitigen Report, da niemand sonst die Zeit dazu hat.

Alle Produzenten, Regisseure und Drehbuchautoren sehnen sich naturgemäß danach, von der Studioleitung grünes Licht für ihr Lieblingsprojekt zu bekommen. Allerdings bedeutet das Grün, wenn es denn gegeben wird, in der Filmverkehrsordnung von Hollywood noch lange nicht den endgültigen Start. Tatsächlich sind vorher noch Verkehrsschilder wie «Stop», «Baustelle», «Mit Vorsicht weiterfahren» zu befolgen – und nur selten heißt es dann wirklich «Los!»

Gewöhnlich bedeutet grünes Licht natürlich, daß sich ein Filmprojekt auf dem Weg vom Drehbuch zum Endprodukt Film befindet. Für einige Projekte mag dieser Weg angenehm kurz verlaufen, doch für die meisten ist er lang und steinig, voll blinkender Ampeln, die jeden Moment auf Rot springen können. Wenn also jemand verkündet, er habe grünes Licht für ein Projekt, dann kann das alles bedeuten: von «Das Studio mag mein Drehbuch» über «Wir brauchen aber für die Finanzierung Demi Moore» bis zu «Morgen fangen wir an zu drehen». Weil die Filmproduktion erhebliche Finanzmittel verschlingt, geben die Studios ungern den endgültigen Startschuß, bevor jede Kleinigkeit genau abgewogen wurde. Deshalb gibt es das endgültige grüne Licht, sprich: den Vertrag, erst, wenn die Vorbereitungsphase eines Projektes schon weit fortgeschritten ist.

Produzent Art Linson («The Untouchables» / The Untouchables – Die Unbestechlichen, «Melvin and Howard» / Melvin und Howard) weiß davon ein Lied zu singen: «Grün heißt, daß das Studio sein Scheckbuch öffnet und mir erlaubt, Leute anzuheuern und Kulissen zu bauen.» Lawrence Turman («The Graduate»/Die Reifeprüfung, «Short Circuit»/Nummer 5 lebt!) formuliert es noch vorsichtiger: «Grünes Licht bedeutet, daß ich den Film machen

darf, doch ich persönlich glaube bis zum ersten Drehtag nicht daran.»

Ein erstes grünes Licht signalisiert zunächst, daß ein Projekt den Entwicklungsprozeß im Studio hinter sich hat: Das Studio kauft eine Idee und heuert einen Drehbuchautor an, damit er sie auf hundert Seiten ausarbeitet. Nach etlichen – oftmals sehr vielen – Drehbuchphasen (drafts) kommt der Punkt, an dem sich die verantwortlichen Studiomanager zwei Fragen stellen müssen: «Reicht das Ergebnis für einen guten Film?» und «Wollen wir ihn machen?» Bei einer positiven Entscheidung ist jene Phase eingeleitet, die auch «das blinkende grüne Licht» genannt wird.

Doch nicht jeder Manager kann das endgültige Okay geben. In den meisten Studios darf der Produktionschef die Entwicklung eines Projektes vorantreiben. Dabei ist er autorisiert, weit über 100 000 Dollar auszugeben. Eine Genehmigung des Drehstarts bedeutet eine Millioneninvestition, und diese Entscheidung erfordert immer die Genehmigung des Aufsichtsratsvorsitzenden oder des obersten Managers (Chief Executive Officer).

Das erste Stadium: «Wir mögen das Skript und glauben, daß sich daraus ein Film machen läßt. Nun bringt uns akzeptable Schauspieler, einen akzeptablen Regisseur und ein akzeptables Budget.»

Der Produzent mag einen unbekannten Performance-Künstler als Hauptdarsteller im Auge haben, für das Studio sind nur Mel Gibson oder Harrison Ford akzeptabel. Obwohl der Produzent von einem brillanten Dokumentar-Regisseur schwärmt, möchte das Studio nur den Namen Sydney Pollack hören. Und das 17-Millionen-Dollar-Budget, das der Produzent für äußerst preiswert hält, ist dem Studio um die Hälfte zu hoch.

Ein gutes Beispiel dafür, wie Meinungsverschiedenheiten zwischen Studio und Filmemacher ein Projekt entgleisen lassen können, war «Midnight Run» (Midnight Run – Fünf Tage bis Mitternacht). Bei Paramount schien zunächst alles gut voranzukommen: Produktionsbüros wurden bezogen, Martin Brest («Beverly Hills Cop»/ Beverly Hills Cop) sollte produzieren und Regie führen, Robert De Niro war als Star engagiert. Das Studio wollte De Niro und als seine Partnerin Cher, Brest bestand allerdings auf einem männlichen Partner, Charles Grodin. Paramount fror schließlich die Mittel ein, als der Film immer teurer zu werden drohte. In diesem Fall übernahm Universal die Produktion und konnte sich schließlich im weltweiten Erfolg des Films sonnen.

➡ Lesen Sie weiter auf Seite 45

Der lange Weg ins Kino

Wertmüllers «Un complicato intrigo di donne, vicole e delitti» (Camorra) und Andrei Konchalovskys «Runaway Train» (Runaway Train – Expreß in die Hölle).

Es muß sich abgespielt haben wie im Kino: Golan saß mit dem großen Godard an einem Tisch und ahnte wohl, daß er diese Gelegenheit nicht verstreichen lassen durfte, ohne Nägel mit Köpfen zu machen. Es ist verbürgt, daß Golans Anwalt Peter Hoffman einen Vertragsentwurf auf eine Papierserviette schrieb, damit beide, Golan und Godard, sofort ihre Einigung über ein gemeinsames Projekt unterschreiben konnten: Godard sollte eine moderne Fassung von Shakespeares „King Lear" verfilmen – das Geld wollte Golan geben. Godard stellte seine Arbeitskraft unentgeltlich zur Verfügung und bekam laut Vertrag Prozente bei der Auswertung des Films in seiner schweizerischen Heimat. In allen anderen Ländern wollte Golan den Film auswerten.

Tatsächlich gelang es Golan, den für entsprechende Honorare auch als Lohnschreiber bekannten Bestsellerautor Norman Mailer zu bewegen, eine zeitgemäße Fassung der Shakespearschen Generationstragödie zu Papier zu bringen. Mailer wollte auch die Hauptrolle übernehmen und lancierte seine Tochter Kate in die Rolle der guten Tochter Cordelia. Die Dreharbeiten an der Mailer-Version im schweizerischen Nyon dauerten einen Tag. Dann hatten Mailer und Godard sich so zerstritten, daß Mailer und Mailer abreisten. Der Film kam jedoch zustande – als ein typischer Spät-Godard ohne erkennbare Handlung, überfrachtet mit thesenhaften Zwischentiteln, die Godards intellektuelles Erschrecken über die aktuelle Tschernobyl-Katastrophe um einiges deutlicher reflektieren als das Shakespeare-Stück. Cordelia wurde von Molly Ringwald gespielt, der Mafioso Don Learo von Burgess Meredith. Auch Woody Allen taucht am Schluß als «Professor» auf – er spielt Godards Filmcutter. Einen deutschen Verleih fand der Film nicht – selbst Godard-Fans hatten Probleme, die konsequente Zerfetzung der von ihm angerissenen Themen zu goutieren. Doch das von nur wenigen zu Ende gesehene Opus bleibt eine kuriose Fußnote der Cannes-alisation: Brain meets bank.

Das Phänomen Sylvester Stallone gründet sich nicht nur darauf, daß er mit «Rocky» die B-Film-Version des Amerikanischen Traums zu einem oscarvergoldeten Blockbuster machte, sondern mit der Story von Rocky Balboa praktisch seine eigene Karriere vorzeichnete: Bis dahin hatte er es im Kino nur zu ein paar Kurzauftritten und einer wichtigeren Rolle in «The Lords of Flatbush» (Brooklyn Blues – Das Gesetz der Gosse) gebracht. Diese Gage ermöglichte ihm den Umzug nach Kalifornien; seine Frau, seinen Sohn und seinen Hund (der auch in «Rocky» mitspielt) nahm er mit. Zwei Jahre lang versuchte er vergeblich, als Drehbuchautor Fuß zu fassen. In seinem winzigen Apartment in West Hollywood tippte er ein Drehbuch nach dem anderen und nervte damit seine Nachbarn erheblich. Dann sah er im Fernsehen den Kampf zwischen Muhammad Ali und dem Außenseiter

Film-Unikum «King Lear» von und mit Jean-Luc Godard (oben) und Molly Ringwald (Mitte). Als brotloser Mime verfaßte Sylvester Stallone in drei Tagen das Drehbuch zu «Rocky» und bestand darauf, die Hauptrolle zu übernehmen – die Underdogsaga bekam 1976 den Oscar für den besten Film

Mai 1985, Filmfestspiele in Cannes. In der Bar des Majestic-Hotels sitzen der rebellische Nouvelle-vague-Guru Jean-Luc Godard und der emsige israelische B-Filmer Menahem Golan («Delta Force»/Delta Force) zusammen – an sich schon ein unwahrscheinliches Lunch-Meeting. Doch der jedem Kommerz abholde Intellektuelle war tatsächlich auf den (damals noch) dollarschweren Tycoon, Herr des Cannon-Konzerns, zugekommen, weil Golan die Rechte an dem portugiesischen Film «O sapato de cetim» (Der seidene Schuh) von Manoel de Oliveira gekauft hatte. Daß Golan höhere Ambitionen verfolgte als die üblichen Chuck-Norris-Filme, hatte er kurz zuvor mit anspruchsvollen Produktionen demonstriert: Robert Altmans «Fool for Love» (Fool for Love), Franco Zeffirellis «Otello» (Otello), Lina

Kevin Costner setzt sich gern für schwierige Projekte ein: Mit dem capraesken Drama «Feld der Träume» landete er einen Überraschungserfolg. Auch «Bodyguard» verhalf er zu verspätetem Ruhm: Das Drehbuch lag 15 Jahre in der Schublade

Chuck Wepner, der sich überraschenderweise vom Weltmeister nicht einschüchtern ließ und nur knapp nach Punkten verlor. Innerhalb von drei Tagen schrieb Stallone das Drehbuch zu «Rocky». Gene Kirkwood zeigte es dem Produzententeam Irwin Winkler und Robert Chartoff. Sie boten dem am Hungertuche nagenden Stallone 75 000 Dollar und wollten daraus für weniger als eine Million einen kleinen Film mit einem bekannten Star machen. Stallone spürte jedoch sofort, daß er mit diesem Film erreichen konnte als nur eine Nennung als Autor. Er weigerte sich zu verkaufen. Das Angebot wurde erhöht und stieg auf mehr als 250 000 Dollar. Stallone konnte es sich zu der Zeit kaum leisten, seine Familie zu McDonald's auszuführen. Aber er blieb hart und bestand darauf, selbst die Hauptrolle zu übernehmen. Die Produzenten merkten schließlich, daß es ihm ernst war. Sie empfahlen United Artists, ihm seinen Willen zu lassen. Der Vertrag wurde geschlossen und der Film für tatsächlich weniger als eine Million Dollar produziert. Eingespielt hat er mehr als 60 Millionen, von den ewigen TV-Wiederholungen ganz zu schweigen.

Sieben Jahre brauchte Regisseur Phil Alden Robinson, um die Filmgewaltigen zu überzeugen, daß W. P. Kinsellas Roman «Shoeless Joe» einen guten Film abgeben würde. Baseball-Filme sind grundsätzlich eher Flops als Hits, und Kinsellas Story, aus der Robinson den Überraschungserfolg «Field of Dreams» (Feld der Träume) machte, mischt auf sehr unwahrscheinliche Weise Fantasy mit Realität, Komödie mit Love-Story und Stammtischweisheiten mit Ideologie. Das Attribut «capraesk», angelehnt an den Regisseur Frank Capra, der in den 30ern und 40ern sehr erfolgreiche, naiv optimistische Komödien für mehr Menschlichkeit drehte, sollte «Feld der Träume» als altmodisch abqualifizieren. Doch als der Film ein Hit wurde, war «capraesk» plötzlich ein Kompliment.

«The Bodyguard» (Bodyguard) schlummerte an die 15 Jahre in der Schublade von Drehbuchautor Lawrence Kasdan. Denn ursprünglich hatte er die Story für Superstar Steve McQueen geschrieben – Hauptdarsteller Kevin Costner erwies McQueen dann mit dem vielgeschmähten Kurzhaarschnitt seine Reverenz. Der durch seinen Ruhm zunehmend verunsicherte McQueen lehnte in den 70ern die meisten Projekte ab. Und so war die Geschichte der Schönen und ihres Leibwächters verfügbar, als es darum ging, aus Musiklegende Whitney Houston einen Filmstar zu machen.
Auch Oliver Stones Drehbuch «Platoon»

Oliver Stone (Mitte) erhielt erst Geld für «Platoon», nachdem er «Salvador» selbst finanziert hatte. Kevin Costners Regiedebüt «Der mit dem Wolf tanzt» (unten) galt als Anwärter auf den Flop des Jahres. Sieben Oscars und internationaler Erfolg straften die Unkenrufe Lügen

(Platoon) lag ganze zehn Jahre in der Schublade. Es war zwar in Hollywood bekannt und geschätzt, nur Geld fand sich dafür nicht. Erst nachdem Stone sein erstes eigenes Projekt «Salvador» (Salvador) finanziert hatte, konnte er sein Lieblingsprojekt in Angriff nehmen. Er drehte den Film äußerst kostengünstig für 6,5 Millionen Dollar an nur 54 Drehtagen auf den Philippinen. Kritiker schätzten den Film ebenso wie das Publikum, er wurde für acht Oscars nominiert und gewann vier davon.

Große Überzeugungskraft und Integrität, die Kevin Costner sich gern auf die Fahne schreibt, haben sich nie besser als treibende Kraft eines Filmprojekts erwiesen als bei der Entstehung von «Dances with Wolves» (Der mit dem Wolf tanzt). Obwohl Costner Ende der 80er Jahre sein Superstar-Potential mit «Untouchables – Die Unbestechlichen» und «Feld der Träume» bereits bewiesen hatte, ließ sich sein episches Western-Projekt noch nicht finanzieren. Costner gab nicht auf und besorgte sich schließlich im Ausland das Geld. Der Erfolg der Sioux-Saga stellte Hollywood praktisch komplett auf den Kopf und löste eine wahre Western-Welle aus. Und die sieben Oscars zementierten den Sockel für Costners Denkmal als Liebling der Nation.

Es kommt vor, daß ein akzeptabler Star das Drehbuch inakzeptabel findet. «Stonybrook», ein von Allan Shapiro selbst geschriebenes Buch, bekam von TriStar grünes Licht. Shapiro war auf dem Weg nach London, um den zögernden Alan Bates für die Hauptrolle zu gewinnen, als er erfuhr, daß Dustin Hoffman interessiert war. Das Studio wähnte sich bei dem Gedanken an Hoffman schon im siebenten Himmel und erhöhte sofort das Budget. Doch Hoffman steuerte etliche neue Ideen bei. Laut Shapiro funktionierte die Zusammenarbeit nicht, «weil Dustin dafür berüchtigt ist, bewilligte Filme in Entwicklungsprojekte zurückzuverwandeln». Nach einigen Monaten Vorbereitung nahm Hoffman die Rolle in «Ishtar» (Ishtar) an – «Stonybrook» war damit gestorben.

Das zweite grüne Licht leuchtet auf, wenn der Film besetzt ist, der Regisseur unterzeichnet hat und das Budget feststeht. Alle warten jetzt auf den ersten Drehtag. Doch sollte nur einer der Stricke reißen (das heißt: der Star kündigt oder der Regisseur besteht auf einer Überarbeitung des Drehbuchs oder ein Studiomanager wird entlassen), so kann das gesamte Projekt gestoppt werden.

«Peggy Sue Got Married» (Peggy Sue hat geheiratet) befand sich sechs Wochen vor dem Drehstart, als Produzent Howard W. Koch jun. («Sliver»/Sliver) die Hiobsbotschaft bekam: «Wir waren gerade bei einer Budget-Besprechung, als wir durch einen Anruf erfuhren, daß unser Star Debra Winger mit Rückenschmerzen im Krankenhaus in San Francisco lag.» Es dauerte weitere sechs Monate, bis der Film – mit Kathleen Turner – begonnen werden konnte.

Das dritte grüne Licht signalisiert, daß die kritische Phase erreicht ist. Ab diesem Zeitpunkt ist es egal, ob Steve Martin im «Casanova»-Remake tatsächlich mitspielt, kassieren wird er in jedem Fall. Sind der Produzent, Regisseur und Star so weit vorgedrungen, dann hat das Studio bereits so viel Geld investiert, daß es den Film unbedingt machen muß. Der Produzent Art Linson weiß jedoch, daß die Studios die tatsächliche Realisierung eines Projektes niemals garantieren. Wie so mancher seiner Kollegen wurde auch Linson für Filme bezahlt, die er nie gedreht hat. Eines dieser Projekte hieß «Singles» und wurde bei Universal durch den Drehbuchautor Cameron Crowe vorangetrieben. Als sich das Studio später dazu entschloß, den Film fallenzulassen, zahlte es alle Beteiligten aus. Erst 1992 gelang es Crowe, den Film als Regisseur und Produzent bei Warner Bros. zu realisieren.

«Road Show» hatte bei MGM mit Martin Ritt als Regisseur grünes Licht. Die Stars: Jack Nicholson und Timothy Hutton. Produzentin Donna Dubrow erinnert sich: «Wir hatten alles für den Drehstart vorbereitet, die Drehorte ausgesucht. Ein Produktionsdesigner und ein Bautrupp waren bereits vor Ort in Kansas. Sogar der Kinostart stand schon fest.» Donna Dubrow machte gerade Ferien auf Hawaii, um dann gestärkt zu den viermonatigen Dreharbeiten nach Kansas zu fliegen, als Martin Ritt sie anrief: Er müsse aus Gesundheitsgründen aussteigen. «Road Show» wurde auf Eis gelegt.

Den zweiten Anlauf zu diesem Projekt unternahm Regisseur Richard Brooks und unterzeichnete bei MGM. Nach einer Neufassung des Drehbuchs und viermal verschobenem Starttermin waren die Filmemacher wieder bereit: Sie kauften und renovierten eine Ranch und brachten sogar einer Kuh Kunststücke bei. Die Pferde aus Hollywood waren bereits unterwegs zum Drehort. Da kam Richard Brooks wegen Herz-Komplikationen ins Krankenhaus. Glücklicherweise erholte er sich wieder – die «Road Show» erholte sich allerdings nie mehr.

Wenn das grüne Licht so wenig Bedeutung hat, warum gibt es dann den Begriff noch immer? Wahrscheinlich, weil es großen Feingefühls bedarf, um ein Skript in einen Film zu verwandeln. Produzenten können durch geschicktes Vermischen von Wunschdenken und Realität Fakten suggerieren, die längst noch keine sind. Wenn ein Studio einem Film grünes Licht gibt, dann kann diese künstliche Aura des Erfolgs das Projekt beflügeln und zu dem erhofften Resultat führen.

Während der Entwicklungsphase kon-

zentriert sich alles auf das Skript. Ist das Drehbuch einmal in einer akzeptablen Form, dann ist es Aufgabe des Produzenten, die Aufmerksamkeit des Studios auf die Umsetzung des Skripts in einen Film zu lenken. Je mehr Beteiligte mit dem fertigen Drehbuch arbeiten (Regisseur, Location-Scouts, Besetzungschef, Produktionsdesigner, Buchhalter), desto mehr nimmt der Film in den Köpfen der Studiobosse Gestalt an. Cathleen Summers, die Produzentin von «Stakeout» (Die Nacht hat viele Augen) und «D. O. A.» (D. O. A. – Bei Ankunft Mord) betont: «Die Herausforderung für einen Produzenten liegt darin, Energie für das Projekt zu mobilisieren und die Beteiligten davon zu überzeugen, daß der Film die Mühe lohnt.» Das Anheuern eines Besetzungschefs bedeutet nicht, daß das Studio von jetzt an die Finanzierung übernimmt, sondern garantiert nur Vorschläge für die Besetzung. Das gleiche gilt für Motiv-Sucher. Laut Summers versucht man durch derartige Aktivitäten, dem Projekt ein Eigenleben zu geben – vorausgesetzt, das Studio bleibt bei der Stange.

Ist man in der Chefetage des Studios unentschlossen, gibt es eine Anzahl von Tricks, auf die der Produzent zurückgreift, um grünes Licht zu bekommen: Er gibt vor, daß ein ähnliches Projekt bei einem anderen Studio entwickelt wird. Diese Strategie hat jedenfalls den Effekt, tatsächliche Wettbewerbsgegner frühzeitig aus dem Rennen zu werfen.

Es schadet auch nicht, darauf hinzuweisen, daß ein momentan sehr erfolgreicher

Regisseur genau nach einem solchen Projekt schon lange gesucht hat. Ebenso ist es durchaus von Vorteil, mit interessanten Besetzungsideen aufzuwarten wie etwa: «Wäre Bette Midler nicht als Gefängnisaufseherin ganz fabelhaft?» Bei einigen Studios nützt sogar der Hinweis auf ein phantastisches Soundtrackalbum.

Manchmal helfen auch glückliche Umstände bei der Entwicklung einer Grünphase. George Linder konnte mit seinem Skript für «The Running Man» (Running Man) niemanden begeistern, weil Richard Bachman, Autor der Romanvorlage, unbekannt war. Die Situation änderte sich schlagartig, als das Gerücht die Runde machte, Richard Bachman sei nur ein Pseudonym für Stephen King. Das Gerücht wurde bestätigt, und sechs Wochen später konnte sich Produzent Linder die Angebote aussuchen.

«Less Than Zero» (Unter Null) wurde im Herbst 1986 enthusiastisch von 20th Century Fox entwickelt, um dann wenig später in der gefürchteten Warteschleife zu landen. Drehbuchautor Harvey Peyton: «Im März 1987 schien sicher, daß der Film nie zustande kommen würde.» Ein drohender Streik der Regisseure im Juni 1987 (der dann doch nicht stattfand) veränderte die Situation dramatisch, und die Dreharbeiten begannen sogar ohne fertiges Skript.

Der Produzent befindet sich grundsätzlich in einer Zwickmühle. Er bekommt nur grünes Licht, wenn er Regisseur und Stars gefunden hat – die sagen allerdings erst zu, wenn der Film bereits bewilligt ist. Jeremy Zimmer, Agent bei International Creative Management, weiß davon ein Lied zu singen: «Dauernd rufen Leute an und sagen: ‹Hör’ mal, ich hab hier einen genehmigten Film – ich brauche nur einen Regisseur und einen Star.› Fast alle Drehbücher in meiner Schublade sind ‹bewilligte Filme›, wenn ich nur einen Regisseur und einen Star hätte. Trotzdem rufen die Leute immer wieder an, weil jeder für seinen Film wirbt und dafür den Begriff grünes Licht benutzt. Hollywood ist eine Traumfabrik. Schaff dir deinen Traum selbst, und er wird vielleicht mal wahr. Je mehr man darüber redet, desto größer ist die Chance, daß es klappt.»

French Kisses

Was anderswo ein Hit wird, läßt Hollywood nicht ruhen: Französische Originale als Ideenlieferanten

Anfang der 30er Jahre bissen die Produzenten in den sauren Apfel: Wenn sie Filme weiterhin international verkaufen wollten, mußten sie ihre bisher stummen Produkte jetzt in Tonfassungen der jeweiligen Landssprachen anbieten. Das hieß damals: Es wurden in derselben Dekoration eine englische, französische und deutsche Fassung hintereinander gedreht, wobei das Darstellerteam jeweils ausgetauscht wurde. Eine kostspielige Angelegenheit, die spätestens nach dem Krieg zugunsten der Synchronisation fallengelassen wurde.

In den USA ist das Publikum jedoch auch heute weiterhin daran gewöhnt, daß Film-helden, die es ernstnehmen soll, englisch sprechen – fremdsprachige Filme sind von vornherein in eine kleine Marktnische, nämlich in die Filmkunsttheater einer Handvoll amerikanischer Großstädte verbannt. Auch bei den Oscars wird diese Situation durch die Feigenblatt-Würdigung nicht-englischsprachiger Filme mit einem Trostpreis festgeschrieben. Eine signifikante Ausnahme leistete Disney sich im März 1996: Der französische Hit «Un Indien dans la ville» (Little Indian) kam in einer englisch synchronisierten Fassung in die amerikanischen Kinos.

Sogar aufwendige europäische Filme, die wegen der Kosten auf einen möglichst großen Markt spekulieren müssen, werden grundsätzlich auf englisch gedreht («Die unendliche Geschichte», «Der Name der Rose» etc.) Bei Welthits spielt also der US-Markt immer eine entscheidende Rolle.

Es gibt aber auch Riesenhits, die sich «trotz» Hollywood in den Sternenhimmel katapultieren, vor allem auf dem rührigen französischen Kinomarkt. Der internationale Erfolg von Filmen wie «Le grand blond avec une chaussure noire» (Der große Blonde mit dem schwarzen Schuh) und «Trois hommes et un couffin» (Drei Männer und ein Baby) beschränkt sich natürlich auf das europäische Ausland. Doch

Mit «True Lies» stellte Regisseur James Cameron einen neuen Rekord auf: Das Action-Feuerwerk kostete 120 Millionen Dollar. Weltweit wurde der Film ein Riesenhit. Doch nur die Franzosen wußten, daß die Story von Claude Zidis «La totale» stammte – Recycling à la USA

Hollywood läßt sich ungern eine Story entgehen, die sich an der Kinokasse bereits bewährt hat.

Und so haben sich amerikanische Regisseure seit Anfang der 80er Jahre verstärkt daran versucht, französische Kassenknüller für das amerikanische Publikum genießbar zu machen – mit zunächst bescheidenem Erfolg: Wahrscheinlich waren es die flauen Remakes seiner Hits «Der große Blonde», «L'emmerdeur» (Die Filzlaus) und «Le jouet» (Das Spielzeug), die Autor und Regisseur Francis Veber dazu brachten, beim Verkauf von «Le fugitifs» (Die Flüchtigen) an Disney gleich sich selbst als Regisseur mit in den Vertrag zu schreiben. Auf diese Weise konnte er den Geist des Originals bewahren und stellte seinen Film mit amerikanischen Stars fast eins zu eins nach. Nachdem schließlich bereits der sechste Veber-Stoff amerikanisiert war, holte man ihn für das amerikanische Remake von «Mon père, ce héros» (Mein Vater, der Held) als Autor, obwohl er am Original von Gérard Lauzier gar nicht beteiligt war!

Auch bestimmte Stars scheinen eine besondere Affinität zu frankophonen Vorlagen zu haben: Richard Gere spielte in «Intersection» (Begegnungen – Intersection) bereits zum drittenmal eine ursprünglich französische Rolle. Ted Danson, Nick Nolte, Martin Short, Robin Williams und Sharon Stone machten es bisher zweimal auf französisch. Leider bedeuten die stargespickten Remakes nicht unbedingt eine Bereicherung der Filmlandschaft. Gerade bei «Begegnungen – Intersection» fällt auf, daß der Regisseur Mark Rydell seiner Vorlage, einer der schönsten Love-Storys des französischen Kinos, nicht recht traut: Wo Claude Sautet subtil andeutet, wird in «Begegnungen» platt erklärt. Truffauts universelle Liebeserklärung «L'homme qui amait les femmes» (Der Mann, der die Frauen liebte) verlor sich unter Blake Edwards' holzschnittartiger Hauruck-Regie zur Macho-Etüde eines fehlbesetzten Burt Reynolds. In «Three Men and a Baby» (Noch drei Männer, noch ein Baby) hielt man es für nötig, das unschlagbare Original mit einer Krimi-Handlung «aufzupeppen».

Positive Ausnahmen der Regel bleiben Joel Schumachers gelungenes Pendant zu «Cousin, Cousine» (Cousin, Cousine) und Jon Amiels «Sommersby» (Sommersby), der zwar das Original deutlich veränderte, aber gleichzeitig eine eigene Poesie zu kreieren verstand. Es kann funktionieren – warum also nicht? Selbst wenn wir Europäer im Remake, das teilweise schon ein Jahr später mit derselben Story aufwartet («Nine Months»/Nine Months), logischerweise keine großen Überraschungen erleben können, so bietet eine gelungene Geschichte allemal ein willkommenes Forum für die Leistungen der Stars. Wenn sie sich denn auf die Story einlassen ...

(Inka Thelen)

Boudu – sauvé des eaux
(Boudu – Aus den Wassern
gerettet), F 1932
Regie: Jean Renoir
mit Michel Simon,
Marcelle Hainia

**Down and Out in
Beverly Hills**
(Zoff in Beverly Hills), USA 1986
Regie: Paul Mazursky
mit Nick Nolte, Bette Midler

Le salaire de la peur
(Lohn der Angst), F 1952
Regie: Henri-Georges Clouzot
mit Yves Montand, Charles
Vanel

Sorcerer/Wages of Fear
(Atemlos vor Angst), USA 1977
Regie: William Friedkin
mit Roy Scheider, Bruno
Cremer

Hollywood à la française

Originale und Remakes –
aufgelistet nach der Entstehung

Les diaboliques
(Die Teuflischen), F 1954
Regie: Henri-Georges Clouzot
mit Simone Signoret,
Vera Clouzot

Diabolique
(Diabolisch), USA 1996
Regie: Jeremiah Chechik
mit Sharon Stone,
Isabelle Adjani

A bout de souffle
(Außer Atem), F 1960
Regie: Jean-Luc Godard
mit Jean-Paul Belmondo,
Jean Seberg

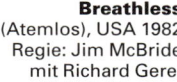

Breathless
(Atemlos), USA 1982
Regie: Jim McBride
mit Richard Gere,
Valérie Kaprisky

Les choses de la vie
(Die Dinge des Lebens), F 1969
Regie: Claude Sautet
mit Michel Piccoli,
Lea Massari

Intersection
(Begegnungen – Intersection),
USA 1993
Regie: Mark Rydell
mit Richard Gere, Sharon Stone

Le grand blond avec une chaussure noire
(Der große Blonde mit dem schwarzen Schuh), F 1972
Regie: Yves Robert
mit Pierre Richard, Mireille Darc

The Man with One Red Shoe
(Der Verrückte mit dem Geigenkasten), USA 1985
Regie: Stan Dragoti
mit Tom Hanks, Lori Singer

L'emmerdeur
(Die Filzlaus), F 1973
Regie: Edouard Molinaro
mit Jacques Brel,
Lino Ventura

Buddy, Buddy
(Buddy, Buddy), USA 1981
Regie: Billy Wilder
mit Jack Lemmon, Walter Matthau

Cousin, Cousine
(Cousin, Cousine), F 1975
Regie: Jean-Charles Tacchella
mit Victor Lanoux,
Marie-Christine Barrault

Cousins
(Seitensprünge), USA 1989
Regie: Joel Schumacher
mit Ted Danson, Isabella Rossellini

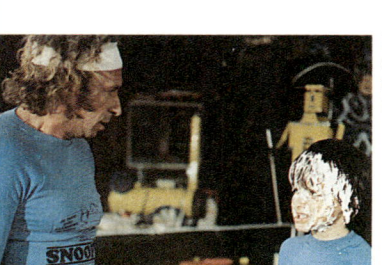

Le jouet
(Das Spielzeug), F 1976
Regie: Francis Veber
mit Pierre Richard

The Toy
(Der Spielgefährte), USA 1982
Regie: Richard Donner
mit Richard Pryor

Un éléphant ça trompe énormement
(Ein Elefant irrt sich gewaltig),
F 1976
Regie: Yves Robert
mit Jean Rochefort,
Anny Duperey

The Woman in Red
(Die Frau in Rot), USA 1984
Regie: Gene Wilder
mit Gene Wilder, Kelly LeBrock

L'homme qui amait les femmes
(Der Mann, der die Frauen
liebte), F 1977
Regie: François Truffaut
mit Charles Denner

The Man Who Loved Women
(Frauen waren sein Hobby),
USA 1983
Regie: Blake Edwards
mit Burt Reynolds

La cage aux folles
(Ein Käfig voller Narren), F 1978
Regie: Edouard Molinaro
mit Ugo Tognazzi,
Michel Serrault

The Birdcage
(The Birdcage – Ein Paradies für
schrille Vögel), USA 1996
Regie: Mike Nichols
mit Robin Williams,
Nathan Lane

La chèvre
(Der Hornochse und sein
Zugpferd/ Ein Tolpatsch kommt
selten allein), F 1981
Regie: Francis Veber
mit Pierre Richard,
Gérard Depardieu

Pure Luck
(Reine Glückssache –
Dumm sucht dümmer),
USA 1991, Regie: Nadia Tass
mit Martin Short, Danny Glover

Le retour de Martin Guerre
(Die Wiederkehr des Martin
Guerre), F 1982
Regie: Daniel Vigne
mit Gérard Depardieu,
Nathalie Baye

Sommersby
(Sommersby), USA 1992
Regie: Jon Amiel
mit Richard Gere, Jodie Foster

Les compères
(Zwei irre Spaßvögel), F 1983
Regie: Francis Veber
mit Pierre Richard,
Gérard Depardieu

Father's Day
USA 1996
Regie: Ivan Reitman
mit Robin Williams, Billy Crystal

Trois hommes et un couffin
(Drei Männer und ein Baby),
F 1985, Regie: Coline Serreau
mit Roland Giraud,
André Dussollier

Three Men and a Baby
(Noch drei Männer, noch ein
Baby), USA 1987
Regie: Leonard Nimoy
mit Tom Selleck, Ted Danson,
Steve Guttenberg

Hold-up
(Der Boss), F 1985
Regie: Alexandre Arcady
mit Jean-Paul Belmondo,
Kim Cattrall

Quick Change
(Ein verrückt genialer Coup),
USA 1990
Regie: Howard Franklin,
Bill Murray
mit Bill Murray, Geena Davis

Le grand chemin
(Am großen Weg), F 1986
Regie: Jean-Loup Hubert
mit Anémone, Richard
Bohringer

Paradise
(Sommerparadies), USA 1991
Regie: Mary Agnes Donoghue
mit Melanie Griffith,
Don Johnson

Les fugitifs
(Die Flüchtigen), F 1986
Regie: Francis Veber
mit Gérard Depardieu,
Pierre Richard

Three Fugitives
(Das Bankentrio), USA 1988
Regie: Francis Veber
mit Nick Nolte, Martin Short

Nikita
(Nikita), F 1989
Regie: Luc Besson
mit Anne Parillaud,
Jean-Hugues Anglade

**The Assassin/
Point of No Return**
(Codename: Nina), USA 1993
Regie: John Badham
mit Bridget Fonda,
Dermot Mulroney

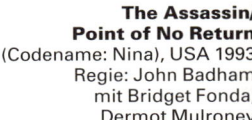

Mon père, ce héros
(Mein Vater, der Held), F 1991
Regie: Gérard Lauzier
mit Gérard Depardieu,
Marie Gillain

My Father, the Hero
(Daddy Cool), USA 1993
Regie: Steve Miner
mit Gérard Depardieu,
Katherine Heigl

La totale!
F 1992
Regie: Claude Zidi
mit Thierry Lhermitte,
Miou-Miou

True Lies
(True Lies), USA 1994
Regie: James Cameron
mit Arnold Schwarzenegger,
Jamie Lee Curtis

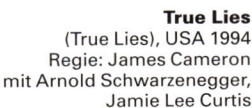

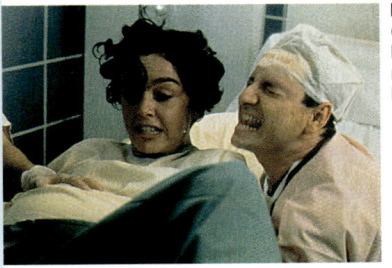

Neuf mois
(Neun Monate), F 1993
Regie: Patrick Braoudé
mit Patrick Braoudé,
Philippine Leroy-Beaulieu

Nine Months
(Nine Months), USA 1995
Regie: Chris Columbus
mit Hugh Grant,
Julianne Moore

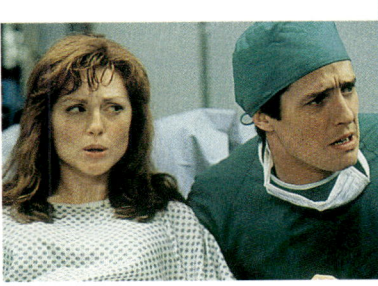

Un Indian dans la ville
(Little Indian), F 1994
Regie: Hervé Palud
mit Thierry Lhermitte,
Ludwig Briand

Jungle 2 Jungle
(Aus dem Dschungel in den
Dschungel), USA 1996
Regie: John Pasquin
mit Tim Allen,
Sam Huntington

Produktion

Weichensteller
und Drahtzieher

Botschaft unterbringt – wunderbar. Doch man darf nie mit der Aussage anfangen. Charlie Chaplin war ein Genie – aber als er seine Filme drehte, hielt ihn kein Mensch dafür. Wer hätte damals Laurel & Hardy als Genies bezeichnet?»

Die Zwickmühle zwischen Anspruch und Rentabilität bekommt niemand deutlicher als der Produzent zu spüren. Verantwortung ist das Schlüsselwort. In den sogenannten Studiojahren Hollywoods, die in den 50ern zu Ende gingen, war der allmächtige Produzent der kreative Kopf eines Filmprojekts: Ein David O. Selznick («Gone with the Wind»/Vom Winde verweht) mischte sich während der Produktion in jeden Arbeitsprozeß ein – seine Handschrift prägte die Filme erheblich mehr als die der Regisseure.

Roger Corman, über 40 Jahre im Geschäft, hat sich mit seinen preiswert produzierten Filmen als «König der B-Filme» einen Namen gemacht. Er erinnert sich an das Studiosystem: «Denkt man an Leute wie David O. Selznick, Sam Goldwyn, Irving B. Thalberg, Louis B. Mayer und insbesondere Harry Cohn zurück, so ist bekannt, wie sehr sie gefürchtet und, in Harry Cohns Fall, gehaßt wurden. Momentan wird diese Interpretation des damaligen Hollywood aber neu bewertet: Man konstatiert, daß diese ‹Könige› nicht unbedingt sympathische Menschen waren, aber sie haben das Kino geliebt – im Gegensatz zu vielen ihrer heutigen Kollegen, die die Studios nahezu ausschließlich unter dem Gesichtspunkt des finanziellen Investments leiten und vom Film sehr viel weniger verstehen als ihre ‹Väter›.»

«Deal-Experten können Pakete schnüren, aber sie machen keine Filme», meint auch Hal Wallis («Casablanca»/Casablanca, «The Maltese Falcon»/Die Spur des Falken), der im klassischen Studiosystem groß geworden ist. «Ein Produzent sucht sich seinen Stoff, kauft ihn, betreut ihn von Anfang bis Ende und liefert das fertige Produkt ab, so wie er es sich vorgestellt hat. Ein Produzent, der seinen Namen verdient, muß kreativ sein.»

Roger Corman sagt über den Ruf, den die Studiochefs zur Zeit ihrer größten Machtfülle hatten: «Ich war Ende der 50er

Aufwendig, mondän und ein wenig dekadent gaben sich die großen Produktionen in der Studio-Ära Hollywoods: Warner Bros. etablierten sich im Jahrzehnt nach ihrer Gründung 1925 mit Musicals, die mit hervorragenden, von Busby Berkeley choreographierten Revuenummern das Publikum begeisterten. Hier: Regisseur Lloyd Bacon (von der Kamera verdeckt) bespricht sich mit Berkeley (Mitte) und seinem Star Dolores Del Rio bei den Dreharbeiten zu «In Caliente»

Ein Film muß unterhalten – sonst funktioniert er nicht», fordert Kirk Douglas, der aufgrund seines Starstatus in den 50er Jahren die Produktion seiner Filme selbst in die Hand nahm. «Irgendwelche tiefschürfenden Aussagen sind Nebensache. Egal, ob es sich um einen Bibelstoff oder Shakespeare handelt, irgendwie muß das Publikum bei der Stange gehalten werden – es soll immerhin zwei Stunden lang auf ein Stück Zelluloid starren. Wenn man eine

Eine Hühnerfarm macht Geschichte: 1912 kaufte der deutsch-jüdische Carl Laemmle einen alten Geflügelhof in Hollywood. 1915 gründete er offiziell die Universal Studios (oben)

Vor 80 Jahren paßten die Hauptverwaltung und sämtliche Büros von Universal in zwei Gebäude (Mitte). Heute bilden die Verleihfirmen, Agenturen und hauseigenen Produktionsgesellschaften einen eigenen Stadtteil: Universal City

In den großen Studiojahren errichtete die Universal für ihre Stars Garderoben-Bungalows (unten)

Jahre bei der Columbia als Produzent und Regisseur unter Vertrag. Harry Cohn war kurz vorher gestorben, und im Studio erzählte man sich immer noch Geschichten über ihn. Zum Beispiel, daß er, obgleich er ein unglaublich harter und brutaler Typ war, doch großen Respekt vor wirklich talentierten Mitarbeitern hatte. Einmal war er wütend auf einen Drehbuchautor und sagte zu seinem Assistenten: ‹Schmeiß den Scheißkerl raus und laß ihn erst wieder rein, wenn wir ihn brauchen!›»

Cohn, der von sich selbst sagte: «Ich habe keine Magengeschwüre, ich verursache sie!», starb 1958. Allgemein nahm man an, daß niemand zu seiner Beerdigung erscheinen würde. Doch Tausende gaben ihm das letzte Geleit. Der Komiker Red Skelton soll daraufhin kommentiert haben: «Er hat es ja selbst immer gesagt: Gib den Leuten, was sie wollen, dann kommen sie auch!»

Produzent David Brown hat mit «The Sting» (Der Clou) und «Jaws» (Der weiße Hai) bewiesen, daß er sein Metier versteht: «Ein Produzent muß Ideen haben, das Geld ist eher sekundär. Es ist vorgekommen, daß jemand im Supermarkt ein Taschenbuch gekauft hat, aus dem dann ein John-Wayne-Western wurde. Geld nützt also nur etwas, wenn das Beurteilungsvermögen vorhanden ist. Denn sonst wäre ja jedes Studio reich wie Krösus.» Dennoch – ein Produzent verwaltet auch und vor allem große Summen. Geschäftliches Know-how ist für seinen Job eine Grundvoraussetzung. «Als ich anfing, konzentrierte sich jegliche Investition auf eine Kinoauswertung in den USA und Kanada», sagt Roger Corman. Heute stellt die Kinoauswertung nur einen kleinen Teil in den Finanzierungsplänen der Produzenten dar.» So wichtig der Kinoeinsatz weiterhin ist, so entscheidend helfen dem Produzenten die finanziellen Mittel, die durch den Vorverkauf der Video- und TV-Rechte zusammenkommen. Merchandising-Verträge wie zum Beispiel Videospiel-Lizenzen bringen zusätzliche Gelder und verteilen die finanzielle Absicherung auf eine ganze Reihe von Schultern.

Filme, die mit ihrem kommerziellen Erfolg Schlagzeilen machen, täuschen allerdings über die Realität des Filmgeschäfts

1946 waren aus den ehemals nur zwei Gebäuden, über 60 geworden. Heute sind die Universal Studios und der dazugehörige Vergnügungspark eine beliebte Touristenattraktion. Wie zu den Anfangszeiten heißt die Produktionsstätte (zahlungskräftige) Kunden herzlich willkommen

hinweg. «Die Mehrheit der Produktionen entpuppt sich als Verlustgeschäft», meint Roger Corman. «Das war, soviel ich weiß, schon in Hollywoods Kindertagen so – ist also wahrlich keine neue Erkenntnis. Der Produzent muß seine Erwartungshaltung einfach positiv ausrichten – niemand geht davon aus, daß er Geld verliert. Und wenn er vorsichtig und clever ist und auch ein bißchen Glück hat, gehört er zum Kreis derer, die Gewinn machen.»

In den letzten Jahren hat die Bezeichnung Producer mit allen möglichen Zusätzen eine wahre Inflation erlebt. Denn viele Mitarbeiter legen Wert darauf, daß ihre Beteiligung im Nachspann festgehalten wird. Associate- und Co-Producers helfen dem Produzenten, indem sie einen Teil der Verantwortung oder der Finanzierung übernehmen. Es kann durchaus vorkommen, daß der Produzent einem Geschäftspartner aus Freundschaft, aus steuerlichen Gründen oder zur Befriedigung purer Eitelkeit die Nennung im Nachspann (den sogenannten «credit», den für die gesamte Branche nachprüfbaren Tätigkeitsnachweis) zugesteht.

«Wenn ich einen Film plane, weiß ich aus

Erfahrung, wieviel er ungefähr kosten wird», sagt Hal Wallis. «Das Buch wird in Szenen aufgeteilt, und jede einzelne wird auf ihre Kosten hin geprüft. Wenn die Kosten zu sehr steigen, muß man kürzen. Schauplätze werden geändert, bis der Preis in bezug auf das zu erwartende Kassenergebnis wieder stimmt. Ich versuche das Potential des Films zu bestimmen und das Geschäftliche mit dem künstlerischen Ansatz zu verbinden.»

David Brown ergänzt: «Von der Technik

Sie waren zwei der mächtigsten Männer der Traumfabrik, als die Produzenten noch die vollkommene künstlerische Kontrolle über die Filme hatten: David O. Selznick (mit Ingrid Bergman) setzte sich mit der Mammutproduktion «Vom Winde verweht» ein Denkmal. Harry Cohn gründete 1924 die Columbia. Während seiner langjährigen Karriere war er einer der bestgehaßten Mogule Hollywoods

Heutzutage verstehen sich Produzenten mehr als Troubleshooter, die dem Regisseur bei dessen Konzentration auf die künstlerische Leitung den Rücken freihalten. «Wir wirken – hoffentlich – als Puffer,» sagt David Brown. «Wir nehmen die Schuld auf uns, wenn zuviel Geld ausgegeben oder der Drehplan nicht eingehalten wird. Wir nehmen also den Regisseur und die Darsteller in Schutz.»

Im Frühstadium stellt der Executive Producer (Gesamtleiter) die entscheidenden Weichen, sorgt für die wesentliche Finanzierung und übergibt dann dem Produzenten die Leitung des Projekts. Alle administrativen und finanziellen Belange eines Projekts passieren den Schreibtisch des Produzenten. Auf seine Initiative hin stoßen ein Drehbuchautor und ein Regisseur dazu. Die drei entwickeln das Drehbuch bis zur drehfertigen Fassung (final polish), häufig sind dafür sieben oder acht Überarbeitungsphasen nötig. Während der Regisseur ein künstlerisches Konzept entwickelt, achtet der Produzent darauf, daß die genialen Ideen nicht über ein realistisches Budget hinausgehen. «Ich finde, man sollte soviel wie möglich auf dem Papier vorbereiten», sagt Hal Wallis. «Ich halte nichts da-

braucht der Produzent gar nicht so viel zu verstehen. Aber er muß in der Lage sein, in einem Stoff die künstlerischen und kommerziellen Möglichkeiten zu erkennen. Dazu gehört die Fähigkeit, Regisseure und Autoren einzuschätzen und für sich zu interessieren. Der Produzent ist vor allem ein Mann, der einen Traum verfolgt.»

von, drei Stunden Film zu belichten und dann eine davon herauszuschneiden. Das ist teuer, überflüssig und kann auch schaden, weil die Anschlüsse manchmal nicht mehr stimmen. Ich arbeite an einem knappen, wasserdichten Skript und plane danach das Budget. Wenn man immer ein Auge auf das Budget hält, gibt man auch weniger aus als geplant.»

«Offensichtlich gibt es zwei Arten, Filme zu machen», meint David Brown. «Alfred Hitchcock machte Filme, in denen sozusagen jedes Einzelbild vor dem ersten Drehtag festgelegt war. Er improvisierte bei den Dreharbeiten nicht mehr als der Dirigent eines Orchesters. Die andere Art besteht in dem kooperativen Prozeß, mit dem man ein gutes Drehbuch verbessert und den Gegebenheiten und Möglichkeiten des Drehorts anpaßt.»

Unabdingbar für die Arbeit des Produzenten ist sein Organisationstalent. «Das Filmemachen ist mit einer militärischen Operation vergleichbar», weiß Produzent Martin Bregman («Dog Day Afternoon»/ Hundstage), «und ich achte darauf, daß die Beteiligten nicht die Richtung verlieren. Der Regisseur, der Autor, die Stars übernehmen für ihr Arbeitsgebiet die Verantwortung, aber es muß jemanden geben, der während der Schlacht auf dem Feldherrnhügel die Übersicht behält.»

«Ich arbeite an einem knappen, wasserdichten Skript und plane danach das Budget.» Hal Wallis machte einmal (glücklicherweise) eine Ausnahme: Er ließ Michael Curtiz «Casablanca» ohne fertiges Drehbuch filmen

Hal Wallis hat sich auch nach dem Ende des klassischen Studiosystems in den 50er Jahren bei seinen Projekten den Feldherrensessel vorbehalten: «Während der Dreharbeiten bin ich jeden Tag im Studio und am Set. Nach der Vorführung der Muster diskutiere ich Änderungen mit dem Regisseur, oder ich gebe mein O.K. Ich überwache die gesamte Operation. Wenn es Probleme gibt, erfahre ich als erster davon. Mit dem Produktionsmanager plane ich die Drehpläne des nächsten Tages, die bei großen Produktionen extrem kompliziert sein können. Während der Film gedreht wird, arbeitete ich jeden Tag mit dem Cutter zusammen, und schon etwa eine Woche nach Drehschluß ist ein Rohschnitt verfügbar. Auf diese Weise bekommt man schon während der Dreharbeiten ein sehr gutes Gefühl für den Film. Man merkt sofort, ob etwas geändert werden muß – am Spiel der Darsteller, an der Kamera, der Story. Dann folgt die Mischung, Ton, Musik, Nachsynchronisation. Die endgültige Schnittfassung wird dann ans Kopierwerk geschickt. Die Nullkopie (answer print) prüfen wir schließlich auf die Ausgewogenheit der Farbgebung in den verschiedenen Szenen.»

Im Gegensatz zu Wallis' klassischem Ansatz überlassen die heutigen Produzenten die künstlerische Kontrolle häufig dem Regisseur. Mehr denn je ist es angebracht, daß dessen Name im Vorspann an prominentester Stelle, nämlich an letzter, genannt wird. Roger Corman hat gelernt, sich den

Heute genießen Regisseure mehr Freiheit – sie müssen nur die richtigen Partner finden. Saul Zaentz (l.) produzierte Peter Weirs eigenwilliges Projekt «Mosquito Coast» (mit Harrison Ford). Die harten Dreharbeiten im Dschungel zahlten sich aber finanziell nicht aus

WALT DISNEY

Michael Eisner (* 1942), Chef von Disney seit '84

Hollywood-Labels:
Walt Disney Pictures, Touchstone Pictures, Hollywood Pictures, Buena Vista (Verleih), Miramax Films (Beteiligung)

1997 wurde Eisners Vertrag um weitere zehn Jahre verlängert. Neben seinem Gehalt hat er Aktien und Optionen im Wert von 500 Millionen Dollar bezogen.
Die drei Top-Filme (Besucherzahlen in Deutschland):
«König der Löwen»: 11,7 Mio.
«Pretty Woman»: 11,6 Mio.
«Aladdin»: 6,4 Mio.

TIME WARNER

Gerald Levin (* 1939), Chef von Warner seit '89

Hollywood-Labels:
Warner Bros. Pictures

Im September 1995 startete die Fusion zwischen Time Warner und Ted Turner. Das von Levin und Turner gemeinsam geleitete Unternehmen gilt als größter Medienkonzern der Welt.
Die drei Top-Filme
«Bodyguard»: 6,3 Mio.
«Police Academy»: 5,1 Mio.
«Dennis»: 4 Mio.

DREAM WORKS

Steven Spielberg (* 1947), Co-Chef von DreamWorks seit '94

Hollywood-Labels:
keine

1994 gründeten der Regisseur Steven Spielberg, der Ex-Disney-Chef Jeffrey Katzenberg und der Produzent David Geffen DreamWorks SKG. In Playa Vista, L. A., errichteten sie das erste neue Filmstudio seit fast 60 Jahren.
Als erster Film kam 1997 «Projekt Peacemaker» (Besucher in Deutschland: 1,1 Mio.) in die Kinos.

VIACOM

Sumner Redstone (* 1923), Chef von Paramount seit '94

Hollywood-Labels:
Paramount Pictures

Sumner Redstone (ihm gehört auch der Musik-kanal MTV) kaufte das Studio («Der Pate», «Chinatown») 1994 für 10 Mrd. Dollar.
Die drei Top-Filme
«Forrest Gump»: 7,6 Mio.
«Die nackte Kanone 2 1/2»: 4,2 Mio.
«Ghost – Nachricht von Sam»: 3,9 Mio.

Veränderungen der Filmindustrie anzupassen: «Ich begrüße ausdrücklich die Aufmerksamkeit, die der Regisseur seit einigen Jahren in der Hierarchie der Filmschaffenden genießt. Als ich anfing, war der Produzent die dominierende Figur. Aber ich habe nichts gegen diesen Wandel, denn Film ist – anders als viele Kritiker glauben – ein Medium, das von vielen Mitarbeitern getragen wird. Manchmal ist der Produzent die wichtigste Person, in anderen Situationen der Regisseur oder auch der Drehbuchautor. Bei manchen Filmen steht Sylvester Stallone ganz klar als bestimmende Kraft

COLUMBIA TRISTAR

UNIVERSAL
AN MCA COMPANY

NEWS CORPORATION

Rupert Murdoch (* 1931), Chef der 20th Century Fox seit '85

Hollywood-Labels:
20th Century Fox

Der australische Medienmogul Rupert Murdoch baut sein Imperium kontinuierlich aus und schloß mit Kabel-König John Malone (Tele Communications Inc.) Ende 1995 ein globales Abkommen über Sportsendungen und Lizenzen.

Die drei Top-Filme
«Titanic»: 16,3 Mio.
«Independence Day»: 9,9 Mio.
«Kevin – Allein zu Haus»: 6,2 Mio.

MCA

Edgar Bronfman jun. (* 1955), Chef von Universal seit '94

Hollywood-Labels:
Universal Pictures

Edgar Bronfman jun. kaufte '94 für 5,7 Mrd. Dollar 80 % von MCA/Universal vom Matsushita-Konzern. Hält außerdem 15 % der Anteile an Time-Warner. Das Filmbusiness ist nur ein Teilbereich von Bronfmans weitverzweigtem Konzern Seagram.

Die drei Top-Filme
«Jurassic Park»: 9,3 Mio.
«Die Flintstones»: 6,3 Mio.
«Schindlers Liste»: 6 Mio.

SONY CORP.

Nobuyuki Idei (* 1938), Chef von Sony Corp. Int. seit '95

Hollywood-Labels:
Columbia Pictures, TriStar Pictures

Sony kaufte 1989 Columbia/Tristar-Studios für 3,4 Mrd. Dollar. Nach verlustreichen Jahren wurde 1997 zu einem der erfolgreichsten Geschäftsjahre: Allein in den USA wurde an der Kinokasse ein Umsatz von 1,2 Mrd. Dollar erzielt.

Die drei Top-Filme
«MIB – Men in Black»: 7,3 Mio.
«Kuck' mal wer da spricht»: 5,3 Mio.
«Terminator 2»: 4,7 Mio.

CREDIT LYONNAIS

Kirk Kerkorian (* 1917), Chef von MGM/VA seit '96

Hollywood-Labels:
Metro Goldwyn Mayer, United Artists
Orion Pictures
Goldwyn Entertainment

Nach einem wechselvollen Schlingerkurs ist MGM seit 1996 durch die Investoren Kirk Kerkorian und Kerry Stokes von Australiens Seven Network zu neuem Leben erwacht. Mit seinem Filmstock von 3400 Titeln ist das Studio ein gewichtiger Partner im internationalen Filmlizenzhandel.

Die drei Top-Filme
«Rain Man»: 5,7 Mio.
«Golden Eye»: 5,5 Mio.
«Der Morgen stirbt nie»: 4,4 Mio.

hinter den meisten Entscheidungen,» lacht Corman. «Diesen Einfluß hatte er nicht, als er mit mir seine ersten beiden Filme in Hollywood drehte (‹Death Race 2000›/ Frankensteins Todesrennen; ‹Capone› / Capone, 1975). Er war damals nur ein guter Schauspieler, und ich sah in ihm einen klassischen Filmbösewicht. Offensichtlich habe ich sein Potential leicht unterschätzt!»

Geschick und Erfahrung bestimmen, wieviel Macht der Produzent auf sich vereinigen kann. Das Vorgehen kann variieren, denn produzierende Filmemacher arbeiten anders als produzierende Manager.

ROGER CORMAN

König der B-Filme

Mit über 80 Filmen als Produzent und 50 als Regisseur ist Roger Corman (* 1926) einer der produktivsten Filmemacher in der Geschichte Hollywoods. Er studierte Maschinenbau, nahm einen Job als Laufjunge bei 20th Century Fox an und arbeitete sich in kurzer Zeit zum Drehbuchanalytiker hoch. Nach einem weiteren Studium, diesmal englische Literatur in Oxford, wurde Corman Literaturagent in Hollywood und konnte dadurch ein eigenes Skript an eine Agentur verkaufen. 1954 entstand aus diesem Drehbuch für ganze 12 600 Dollar der Film «Monster from the Ocean Floor», bei dem Corman ohne Gage als Associate Producer agierte. Die nächsten 14 Jahre arbeitete er für American International Pictures (AIP), die Produktionsgesellschaft, die für ihre billigen Filme berühmt war, mit denen sie sich an die von den großen Studios kreierten Trends anhängte. Seine Cleverneß und Geschäftstüchtigkeit zahlten sich auch finanziell aus, und Corman weist stolz darauf hin, daß bis auf einen Film («The Intruder» / Weißer Terror, 1961) alle seine Produktionen Gewinn gemacht haben. Auch wenn manche seiner damaligen Schauspieler rückblickend über die spartanische Unterbringung während der Dreharbeiten klagen, so preisen alle im gleichen Atemzug seine Zuverlässigkeit in puncto Bezahlung.

Cormans einzigartige Fähigkeit, Talente zu entdecken, bereicherte den amerikanischen Film der letzten drei Jahrzehnte auf unübersehbare Weise: Martin Scorsese, Peter Bogdanovich, Francis Ford Coppola, Jonathan Demme, Paul Bartel, Michael Cimino, Jonathan Kaplan, Allan Arkush, Sylvester Stallone, Joe Dante, Robert De Niro, Charles Bronson, Jack Nicholson, Robert Towne, Ron Howard und James Cameron begannen ihre Karrieren in der inoffiziellen Filmschule des «Königs der B-Filme». Nach Science-fiction-Klassikern der 50er Jahre wie «Not of this Earth» (Gesandter des Grauens, 1957, seinem Rekordjahr mit neun Filmen), «War of the Satellites» (Planet der toten Seelen, 1958) und Teenage-Rock'n'Roll-Filmen wie «Rock all Night», «Teenage Doll» und «Carnival Rock» (alle 1957) folgten in den 60ern die berühmten Edgar-Allan-Poe-Verfilmungen mit Vincent Price. Die meisten dieser erfolgreichen Adaptionen entstammten der Feder des Romanschriftstellers Richard Matheson. Die ebenso effektvollen wie ökonomischen Kulissen des Produktionsdesigners Daniel Haller und das Auge von Floyd Crosby, Kameraveteran aus F. W. Murnaus Stummfilmtagen, machten «The Pit and the Pendulum» (Das Pendel des Todes, 1961), «Premature Burial» (Lebendig begraben, 1962), «Tales of Terror» (Der grauenvolle Mr. X, 1962), «The Raven» (Der Rabe – Duell der Zauberer, 1963) , «The Haunted Palace» (Die Folterkammer des Hexenjägers, 1963), «The Masque of the Red Death» (Satanas – das Schloß der blutigen Bestie, 1964), «The Tomb of Ligeia» (Das Grab der Lygeia, 1964) zu Klassikern des Horrorfilms. Cormans Interesse an den zeitgemäßen Phänomenen der Jugendkultur, das sich in den 50er Jahren bereits in Filmen wie «Stakeout on Dope Street» (Rauschgift, 1958) niedergeschlagen hatte, stellte Rockerbanden («The Wild Angels» / Die wilden Engel, 1966, mit Peter Fonda und Nancy Sinatra) und psychedelische Drogen («The Trip» / The Trip, 1967, mit Peter Fonda und Dennis Hopper) ins Zentrum seiner Kultfilme.

1970 gründete Corman seine eigene Produktionsgesellschaft New World Pictures, drehte seinen vorläufig letzten Spielfilm als Regisseur («Von Richthofen and Brown» / Manfred von Richthofen – der rote Baron») und wandte sich neben der Produktion auch dem Import und Verleih anspruchsvoller europäischer Filme zu. Dieses Engagement schlägt sich in mehreren Oscar-Nominierungen nieder. Amerikanische Zuschauer verdanken Corman Fellinis «Amarcord» (Amarcord), Ingmar Bergmans «Viskningar och rop» (Schreie und Flüstern), Volker Schlöndorffs «Die Blechtrommel» und die Filme von Werner Herzog.

New World produzierte Titel wie Martin Scorseses «Boxcar Bertha» (Die Faust der Rebellen, 1972), «Big Bad Mama» (Liebe böse Mama, 1974), «Cockfighter» (1974, Regie: Monte Hellman, nach einem Roman von Charles Willeford), «Death Race 2000» (Frankensteins Todesrennen, 1975, Regie: Paul Bartel, mit David Carradine und Sylvester Stallone) und «Piranha» (Piranhas, 1978, Regie: Joe Dante).

1983 verkaufte Corman New World und gründete die neue Firma Concorde Pictures, die pro Jahr mindestens 15 Filme produziert, zum Beispiel «Carnosaur» (Carnosaurus, 1993) im Kielwasser von «Jurassic Park» (Jurassic Park). War das Budget der ersten Concorde-Produktionen noch unter einer Million Dollar angesiedelt, so liegen die Budgets mittlerweile im Bereich von ein bis drei Millionen. 1990 nahm Corman nach zwei Jahrzehnten wieder im Regiestuhl Platz und drehte «Frankenstein Unbound» (Roger Cormans Frankenstein).

In einzigartiger Weise vereint Corman die kommerziellen Aspekte und die Förderung der Filmkunst in seiner Person. Dies schlägt sich auch in seinen gelegentlichen Gastauftritten in mittlerweile etwa zehn Filmen nieder: in Wim Wenders' «Der Stand der Dinge» spielte er einen Filmproduzenten, in Ron Howards «Apollo 13» (Apollo 13) einen Wirtschaftsboß und Geldgeber.

Knallhart kalkuliert, trashig, aber professionell produzierte Roger Corman (oben rechts mit John Hurt bei den Dreharbeiten zu «Roger Cormans Frankenstein») in seiner über 40jährigen Karriere als Regisseur und Produzent rund 130 Filme. Mit seinen Edgar-Allan-Poe-Adaptionen (rechts Mitte: «Lebendig begraben») und klassischen Gruselfilmen wurde der Shakespeare-Mime Vincent Price zum Kultstar (links in «Satanas» und «Das Pendel des Todes»). Eine der vielen Entdeckungen Cormans: Jack Nicholson (rechts unten in «Der Rabe — Duell der Zauberer»)

Auch die immer wieder neuen Gegebenheiten eines Films erfordern große Flexibilität. Natürlich wird der Produzent in der Zusammenarbeit mit einem Regie-Debütanten größeren Einfluß geltend machen als bei einem Projekt eines Filmveteranen. Es gibt omnipotente und autokratische Produzenten, andere werden von den Studios wie bessere Laufburschen behandelt.

Der Regisseur braucht den Produzenten als Vermittler zwischen sich und der Studioleitung. Richard Zanuck, der mit David Brown zusammen «Der Clou» und «Der weiße Hai» produziert hat: «Meistens behält sich das Studio das Recht auf die endgültige Schnittfassung vor. Weder der Regisseur noch der Produzent haben dieses Recht. Sehr selten darf der Regisseur unter bestimmten Voraussetzungen seinen Film selbst schneiden: Die kinofertige Fassung muß eine bestimmte Länge haben, und eine bestimmte FSK-Freigabe wird zur Auflage gemacht. Normalerweise präsentiert der Regisseur seine erste Schnittfassung und arbeitet dann eng mit dem Produzenten zusammen. Falls es Meinungsverschiedenheiten gibt, kann man sie häufig mit

Hilfe von Previews klären.» Wenn die Belange von Geld und Kunst kollidieren, und dieser Konflikt ist vorprogrammiert, muß der Produzent als oberster Diplomat die Wogen glätten. «Ich fühle mich wie ein Jongleur, der 15 Teller gleichzeitig durch die Luft wirbelt und aufpassen muß, daß keiner zerbricht», sagt Bregman.

Billy Wilder übernahm am liebsten selbst die Produktion seiner Filme. Und er weiß, warum: «Auf diese Weise rührt ein Löffel weniger im Brei herum. Die meisten Produzenten behaupten, daß sie, wenn sie nicht so viel zu tun hätten, die Kinobranche revolutionieren würden, denn dann wären sie in der Lage, ein besseres Skript zu schreiben, besser Regie zu führen, bessere Musik zu komponieren und sogar selbst im Film zu spielen. In Wahrheit können sie aber weder schreiben noch Regie führen, komponieren oder spielen. Sie können nichts und leiten dennoch die gesamte Produktion.»

Zum Glück verdienen nicht alle Produzenten Wilders Verachtung. Sie entwickeln keine Ambitionen, die nicht auch ihren Fähigkeiten entsprechen. Und auch zum Organisieren gehört ein großes Talent, das sich im Idealfall mit der seltenen Fähigkeit zur Menschenführung paart.

Per Definition geht der Produzent hohe finanzielle und künstlerische Risiken ein, um originelle Filmideen zu entwickeln und gegen konservative Einwände zu verteidigen. Kultfilme wie Milos Formans «One Flew Over the Cuckoo's Nest» (Einer flog über das Kuckucksnest, produziert von Saul Zaentz) oder Brian De Palmas «Phantom of the Paradise» (Das Phantom im Paradies, produziert von Ed Pressman) wären ohne dieses Engagement nicht möglich gewesen.

Der britische Produzent David Puttnam («The Mission»/Mission) hat immer versucht, die waghalsige Gratwanderung zwischen den verschiedenen Interessen mit Anstand zu vollziehen. Aufgrund seiner Erfolge holte man ihn als Chef der Columbia nach Hollywood. Dabei war eigentlich klar, daß er sich diesem System nicht auf Dauer unterordnen würde –nach kurzer Zeit warf er das Handtuch. Er rät allen Kollegen: «Denkt immer daran: Konzerne können ohne Menschen nicht existieren. Irgendwie haben sie es geschafft, uns einen gewaltigen Bären aufzubinden: Wir glauben, daß wir sie brauchen. Am Ende ist es jedoch umge-

kehrt: Sie brauchen uns. Und je talentierter wir sind, desto verzweifelter sind sie auf uns angewiesen.»

Deutsch-international: Der Ex-Cinema-Chef Willi Bär (oben links) finanzierte mit Martin Bregman (oben rechts) den US-Krimi «Karen McCoy – Die Katze». Seit über 50 Jahren produziert Artur Brauner (links) anspruchsvolle Kinokost, von «Der brave Soldat Schwejk» bis «Hitlerjunge Salomon»

Frankophil wählt François Duplat (Mitte) seine Projekte aus: von Malle bis Chabrol

Dieter Geissler (rechts) verantwortete die drei «Die unendliche Geschichte»-Abenteuer

Wunderkind Bernd Eichinger gründete 1973 als 23jähriger Filmhochschulabsolvent die Produktionsfirma Solaris, 1979 übernahm er die Verleih- und Produktionsgesellschaft Neue Constantin (die inzwischen zu 50 Prozent Medientycoon Leo Kirch gehört). Eichinger machte sich international einen Namen, als er mit seinen Produktionen von «Christiane F. – Wir Kinder vom Bahnhof Zoo», «Die unendliche Geschichte», «Der Name der Rose», «Letzte Ausfahrt Brooklyn», «Werner – Beinhart!» bis «Das Geisterhaus» und «Der bewegte Mann» Hits landete. In den Medien bereits präsente Bestseller-Stoffe («Fräulein Smillas Gespür für Schnee») bieten dabei den Ausgangspunkt für seine Millioneninvestitionen. Inzwischen beliefert er auch das deutsche Privatfernsehen mit seinen Produktionen («German Classics» auf Sat1).

Natürlich hat «Über-Macher» Eichinger längst ein Standbein in Hollywood etabliert, doch seinen europäischen Superproduktionen gelang es trotz US-Stars wie Meryl Streep und Glenn Close nie, den amerikanischen Markt zu «knacken».

Auch Dieter Geissler leitet seine Produktionsfirma (CineVox) über Kommandozentralen in München und Los Angeles. Geissler begann als Schauspieler («48 Stunden bis Acapulco») und produziert seit den frühen 70er Jahren. Zu seinen deutschen Erfolgen gehören Robert van Ackerens «Die flambierte Frau» und Carl Schenkels Thriller «Abwärts». Geissler mischte aber schon früh auch international mit (Viscontis «Ludwig II.»). Gemeinsam mit Bernd Eichinger produzierte er Wolfgang Petersens «Die unendliche Geschichte». Die investierten 60 Millionen Mark lohnten sich, und Geissler verantwortete auch die beiden Sequels, die inzwischen mit amerikanischer Beteiligung produziert wurden. An Petersens Hollywood-Erstling «Shattered» (Tod im Spiegel) war er ebenfalls beteiligt.

Bodo Scriba verkaufte zwölf Jahre lang für Leo Kirch Fernsehlizenzen, bevor er sich 1985 selbständig machte und Filmproduzent wurde. Ende der 80er Jahre fungierten Geissler, Scriba, der Bauunternehmer und Musical-Mogul Rolf Deyhle («Cats», «Das Phantom der Oper») und Ex-Cinema-Chefredakteur Willi Bär als die «Quadriga» der deutsch-amerikanischen Produktionsachse, als sie gemeinsam in Hollywood «Tod im Spiegel» auf die Beine stellten – mit europäischen Millionen.

Die Partnerschaft hielt nicht lange. Geissler stieg aus, die drei anderen gründeten die Connexion-Film. Auch Scriba ging mit seinem Alcor-Label bald eigene Wege. Mit dem israelischen Produzenten Arnon Milchan («Pretty Woman»/Pretty Woman) gründete er New Regency Enterprises und produzierte «JFK»(John F. Kennedy – Tatort Dallas), «Sommersby» (Sommersby), «Free Willy» (Free Willy – Ruf der Freiheit), «Falling Down» (Falling Down), «Natural Born Killers» (Natural Born Killers) und «The Client» (Der Klient). Die Partnerschaft endete vor Erfüllung des auf 20 gemeinsame Filme angelegten Vertrags, und Scriba fand 1994 in den Amerikanern Michael Douglas und Steven Reuther neue Partner für einen 500-Millionen-Dollar-Deal: Zwölf Filme sollten für diese Summe gedreht werden, drei davon mit Michael Douglas als Star.

Rolf Deyhle und Willi Bär produzierten mit dem Amerikaner Martin Bregman in den USA «The Real McCoy» (Karen McCoy – Die Katze) und «The Shadow» (Shadow und der Fluch des Khan) und bewiesen im deutschen Verleihgeschäft den richtigen Riecher: Hits wie «Four Weddings and a Funeral» (Vier Hochzeiten und ein Todesfall), «The Mask» (Die Maske) und «Dumb and Dumber» (Dumm und dümmer) liefen hierzulande unter dem Logo der CI-Vertriebsgemeinschaft. Deyle und Bär vereinbarten ein Jointventure mit dem luxemburgischen TV-Multi CLT, doch 1995 wurde auch diese Partnerschaft gelöst.

Inzwischen produziert Bär seine Projekte zusammen mit François Duplat, dem Chef von NEF 2. Duplat, ehemaliger Filmclub-Leiter, Kinobesitzer und Exchef des Verleihs Concorde, begann seine Produzentenlaufbahn mit Louis Malles «Au revoir les enfants» (Auf Wiedersehen, Kinder). Es folgten Claude Chabrols «Dr. M» (Dr. M) und «The Usual Suspects» (Die üblichen Verdächtigen). Zu der europäischen Superproduktion «La reine Margot» (Die Bartholomäusnacht) steuerte Duplat 20 Prozent des Budgets bei.

Geschäftsführer der Berliner Senator Film ist Hanno Huth, der sich als deutscher Verleiher gegen die Konkurrenz der Amerikaner behaupten konnte, weil er selbst in die von ihm verliehenen Filme investierte. Zu den Senator-Titeln zählen so unterschiedliche Kassenknüller wie Joseph Vilsmaiers «Stalingrad», «Manta – Der Film» und das Helge-Schneider-Opus «Texas – Doc Snyder hält die Welt in Atem». Internationale Beteiligungen an Neil Jordans «The Crying Game» (The Crying Game) und der Beatles-Biographie «Backbeat» (Backbeat) folgten. Um weiterhin attraktive Senator-Filme gewährleisten zu können, formte Huth Exklusiv-Partnerschaften mit Regisseur Vilsmaier und dem Ex-Bavaria-Chef Günther Rohrbach («Das Boot», «Rennschwein Rudi Rüssel»).

Branchen-Urgestein ist dagegen der seit einem halben Jahrhundert Filme produzierende Artur Brauner. Als einziger deutscher Produzent ist er ohne Unterbrechung seit Ende des Krieges im Geschäft und hat mit 250 Filmen von «Der brave Soldat Schwejk» bis «Hitlerjunge Salomon» jede Menge Preise eingeheimst. Auch Brauner koaliert mit internationalem Kapital, um seine Ideen auf die Leinwand zu bringen, wobei er 50 bis 70 Prozent der Kosten selbst trägt. Seine Spezialität ist die filmische Aufarbeitung der braunen deutschen Vergangenheit, mit der er dafür Sorge trägt, daß die Geschichte des Holocaust nicht in Vergessenheit gerät.

Medienpräsenz ist sein zweiter Name: Bernd Eichinger (mit Sean Connery bei «Der Name der Rose» und inmitten von «Werner – Beinhart»-Trophäen) faßt mit seinen Filmen auch international Fuß Hanno Huth (links) co-produzierte mit seiner Senator-Film deutsche Werke wie Helge Schneiders «Texas – Doc Snyder hält die Welt in Atem» und Kritikererfolge wie Neil Jordans «The Crying Game». Bodo Scriba verkaufte jahrelang Fernsehrechte für Leo Kirch, bevor er sich als Co-Produzent von Wolfgang Petersens «Tod im Spiegel» selbständig machte

Drehbuch

Am Anfang
war das Wort

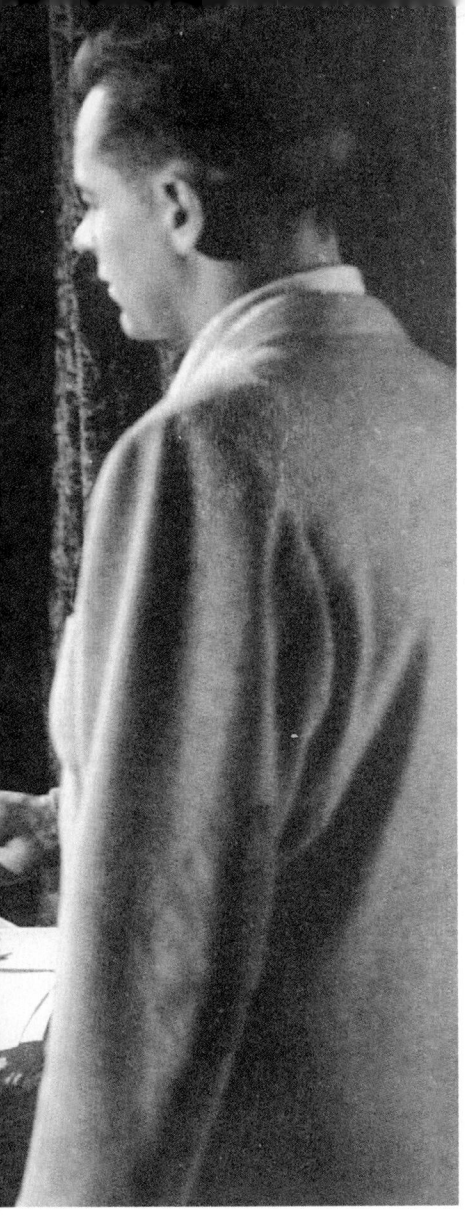

unmöglich, aus einem schlechten Drehbuch einen tollen Film zu machen», weiß Autor/Regisseur Billy Wilder, «allerdings ist es auch unmöglich, daß ein mittelmäßiger Regisseur ein wunderbares Drehbuch völlig versaut.»

Dem Drehbuchautor verdanken wir jene großartigen Figuren und Handlungsstränge mit unerwarteten Wendungen, die uns «vom Hocker» reißen. Schauspieler unterschreiben den Vertrag nur, wenn der Autor ihnen geistreiche Dialoge und coole Sprüche in den Mund legt. Von Autor Hal Kanter stammt der Satz, der für einen Groucho-Marx-Monolog entstand: «Wofür sind Autoren gut? Wir nehmen einfach einen kompetenten Regisseur und zwei intelligente Schauspieler, und acht Wochen später zeige ich euch die drei nervösesten Leute, die ihr je erlebt habt!»

Die Funktion des Autors in Hollywood ist wichtig, er selbst üblicherweise nicht. Larry McMurtry, Autor von «The Last Picture Show» (Die letzte Vorstellung) und «Terms of Endearment» (Zeit der Zärtlichkeit), resigniert: «Wenn man auf einer Kurve anzeigen wollte, wer in Hollywood am meisten zu leiden hat, stünden die Autoren ganz oben.» Künstlerische Selbständigkeit wird in einer Branche, die sich als Industriezweig versteht, sehr klein geschrieben. Autoren werden engagiert, um zum Beispiel vorhandene Buchvorlagen in Filmform zu bringen oder vorhandene Drehbücher immer wieder zu überarbeiten. Selten schreibt ein Autor ein Buch «on specs» (ins Blaue hinein, das heißt: ohne vorherigen Vertrag mit einem Produzenten). Irving Thalberg, legendärer MGM-Produzent der 30er Jahre und Vorbild für F. Scott Fitzgeralds «The Last Tycoon» (Der letzte Tycoon), drückte aus, was die Branche dachte: «Drehbuchautoren sind ein notwendiges Übel.» Autor Ernest Lehman, der Hitchcocks «North by Northwest» (Der unsichtbare Dritte) geschrieben hat, weiß ein Lied davon zu singen: «Praktisch jeder glaubt unbewußt, daß er Ideen ebenso zu Papier bringen kann wie der Autor. Es wäre für einen Drehbuchautor undenkbar, dem Regisseur vorzuschreiben, wie er zu inszenieren hat, oder einem Kameramann zu befehlen, wie er das Licht zu setzen hat. Es

Es kommt vor, daß Produzenten und Regisseure sich durch eigene Ideen zu einem Film inspirieren lassen. Oder sie kaufen einfach die Filmrechte zu einem schon vorhandenen Roman. In der Regel lassen sie sich jedoch von einem Drehbuch begeistern. Denn die Phantasie des Drehbuchautors ist der Motor, der die Filmemacher zu hektischer Betriebsamkeit anspornt: Hier ist eine wunderbare Idee, aus der ein großer Film werden könnte. «Es ist völlig

«Ich versuche, die Story nicht mit Dialogen, sondern mit Bildern voranzutreiben.» Der Autor Robert Towne (oben links) verfilmte sein Skript «Tequila Sunrise» mit Mel Gibson, Michelle Pfeiffer und Kurt Russell (oben rechts, von links). Letztendlich ist das der einzige Weg, um sicherzugehen, daß ein Drehbuch relativ intakt auf die Leinwand kommt

scheint jedoch selbstverständlich zu sein, daß alle dem Autor sagen, wie er zu schreiben hat.»

Im täglichen Filmgeschäft nimmt der Produzent Kontakt mit dem Agenten des Autors auf, um einen Vertrag für die Bearbeitung eines Stoffes zu vereinbaren. Jede der folgenden Drehbuchfassungen wird von den Geldgebern analysiert und in Frage gestellt.

Der erste Schritt, das Exposé, wird auch Treatment oder Outline genannt. In einer drei- bis zehnseitigen Inhaltsangabe stellt der Autor alle wichtigen Figuren und Handlungsabläufe vor. Zum Teil enthält diese Fassung auch schon Schlüsseldialoge.

Wenn sie dem Produzenten gefällt, schreibt der Autor die erste ausformulierte Fassung. Sie enthält bereits die formalen Aspekte des Drehbuchs: beschreibende Handlungspassagen und die Dialoge der handelnden Personen. Heutzutage ist es verpönt, im Text bereits zu «inszenieren»: Es sind keine Kameraeinstellungen gefragt, keine Schnittanweisungen, selten Einzelheiten zur Mimik der Personen. Die Leser dieses Textes, also der Produzent und der Regisseur wollen sich in dieser Richtung nicht bevormunden lassen. Sie erwarten ein knappes, präzises Handlungsgerüst und

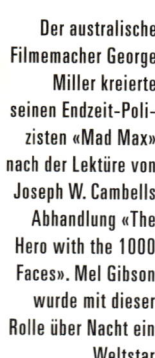

Der australische Filmemacher George Miller kreierte seinen Endzeit-Polizisten «Mad Max» nach der Lektüre von Joseph W. Cambells Abhandlung «The Hero with the 1000 Faces». Mel Gibson wurde mit dieser Rolle über Nacht ein Weltstar

Dialoge, von denen sie sich selbst zu visuellen Vorstellungen animieren lassen. Das war nicht immer so: Früher waren Regieanweisungen häufig Teil des Buches. Erich von Stroheim, der am Drehbuch zu seinem Klassiker «Greed» (Gier, 1924) selbst beteiligt war, legte schon dort jede einzelne Einstellung exakt fest.

Drei wesentliche Elemente stehen bei der Arbeit im Vordergrund: die Handlung, die Charakterisierung der Figuren und der Dialog.

«Mad Max»-Erfinder George Miller setzt dabei auf universelle Gesetzmäßigkeiten, die die Mythen der Menschheit und damit auch die moderne Variante der Filmhandlungen bestimmen. Ob Dirty Harry, Batman oder Luke Skywalker: immer steht der Held vor schier unüberwindlichen Hürden, die ihn auf seinem Weg zu einem weit entfernten Ziel behindern. Miller schwört auf das Standardwerk «The Hero with the 1000 Faces» des Mythensammlers Joseph W. Cambell. Auf der Grundlage dieses Buches entstand auch die Charakterbeschreibung von Mad Max:

1. Max ist rebellisch, selbstbestimmt und gehorcht nur seinen eigenen Regeln.

2. Immer wieder muß er Prüfungen bestehen, die ihn aber alle innerlich stärken.

3. Am Ende profitieren andere von seinen Taten. Dem Helden ist das egal.

US-Drehbücher werden von den Geldgebern danach beurteilt, ob die Helden aktiv ihr Ziel verfolgen: Ob im Dialog oder mit physischer Aktion, immer muß er das Publikum erkennen lassen, warum er so handelt und wohin seine Aktionen führen sollen. Jede Einzelheit des Buchs muß sich direkt oder indirekt dem Ziel unterordnen: In «Chinatown» (Chinatown) versucht Privatdetektiv Gittes (Jack Nicholson) um jeden Preis an die Verantwortlichen für die Wasserarmut im korrupten Los Angeles heranzukommen und erlebt dabei einige Überraschungen.

In «Mississippi Burning» (Mississippi Burning) muß FBI-Agent Anderson (Gene Hackman) herausfinden, wo die Leichen der drei ermordeten Bürgerrechtler verscharrt sind. Dabei wendet er Methoden an, die ihn fast um die Gunst des Zuschauers bringen.

EXPOSITION

Exposition – das sind die Fakten der Vorgeschichte, die wir erfahren müssen, damit wir die Filmhandlung verstehen. Drehbuchautoren hassen sie, weil es schwierig ist, sie unauffällig am Anfang des Films einzuflechten. In Jim Hensons «The Great Muppet Caper» (Die große Muppet-Sause / Der große Muppet-Coup) lösen die Autoren Tom Patchett, Jay Tarses, Jerry Juhl und Jack Rose das Problem, den Hinweis auf den Dieb eines kostbaren Colliers, auf ihre Weise:

INNEN/TAG.
LADY HOLIDAYS BÜRO

Miss Piggy hat einen Termin bei der Modezarin Lady Holiday (Diana Rigg), weil sie unbedingt in die Branche einsteigen möchte.
LADY HOLIDAY
Ich hätte einen Job als Empfangsdame für Sie.
MISS PIGGY
Ich nehm' ihn, danke, danke, danke! Sie werden es nicht bereuen! Ich kann tippen, ich kann stenographieren, und Kaffee kochen kann ich auch – alles, was Sie wollen!!!
LADY HOLIDAY
Sehr schön. Und Sie haben sich wieder ganz in der Gewalt? Also: Ich geh' jetzt zum Essen mit meinem Bruder Nicky. Er ist zweiter Bevollmächtigter und ein verantwortungsloser Parasit. Aber ich mußte ihn mit ins Geschäft nehmen, weil er die Hälfte seiner Erbschaft verjubelt hat und ich unmöglich zulassen kann, daß er noch mehr abrutscht. Nicht daß er dankbar wäre – er spielt immer noch und macht immer weiter Schulden, benutzt meine Scheckkarten, ißt meinen Kaviar und borgt sich ohne meine Erlaubnis meine Autos aus. Und ich trau ihm nach wie vor nicht über den Weg. Ich würde ihm ohne weiteres zutrauen, daß er mir meinen wertvollsten und größten Edelstein, den berühmten Baseball-Diamanten, stiehlt. Und es treibt mich in den Wahnsinn, daß seine Frackschleifen immer schief sitzen! Trotz allem ist er mein Bruder.
MISS PIGGY
Warum erzählen Sie mir das alles?
LADY HOLIDAY
Es steht im Drehbuch – irgendwo muß es gesagt werden!

Auch die Nebenrollen werden nur eingeführt, weil sie die Hauptpersonen und die Handlung in irgendeiner Form vorantreiben. Hätte Vietnam-Kamerad Bubba (Mykelti Williamson) in «Forrest Gump» (Forrest Gump) nicht ewig von seinem Krabbenkutter erzählt, wäre Forrest (Tom Hanks) nie zu seiner Fischereiflotte gekommen.

Im Drehbuch unterscheidet man zwei Arten von Dialog: entweder er beschreibt, oder er treibt die Handlung voran. Zuviel

Als Skript-Doctor hat Robert Towne an schon manchem Drehbuch gefeilt. Ein einträgliches Geschäft, denn er verlangt bis zu einer halben Million Dollar für die Rettung einer vielversprechenden, aber verquasten Story. Towne überarbeitete große Filme wie «Der Pate» oder «Bonnie und Clyde»

Informationsdialog ist verpönt, daher wird er auf das Nötigste reduziert. Unbeliebt, aber nötig ist die Exposition am Anfang des Films: Möglichst schnell und kurz erfahren wir meist aus Gesprächen der Beteiligten, wie das Leben des Helden bisher verlaufen ist, ob er Familie und welchen Beruf er hat, ob er glücklich oder unglücklich ist.

Wichtiger sind Dialogzeilen, die Handlungen provozieren: «Für zwei Cent puste ich dir den Kopf weg!» Dieser Satz ist eine Warnung vor einer bevorstehenden aggressiven Handlung und verlangt vom Gegner eine sofortige Reaktion. «Grundsätzlich geht es beim Drehbuchschreiben darum, den Dialog so knapp wie möglich zu halten», weiß Autor Robert Towne. «Ich versuche, die Story nicht mit dem Dialog, sondern mit Bildern voranzutreiben. Selbst wenn die Geschichte durch den Dialog vorankommt, sollten die Personen sich nicht über die Story unterhalten.»

Die erste Drehbuchfassung wird von Produzent und Regisseur geprüft, die in jedem Fall Änderungsvorschläge machen. Seit dem Streik der amerikanischen Drehbuchautoren im Sommer 1988 hat jeder Autor das Recht, aufgrund der Änderungswünsche selbst eine zweite Fassung des Bu-

ches (rewrite) zu liefern. Wenn auch die nicht auf Zustimmung der Geldgeber stößt, wird der Script-Doctor hinzugezogen.

Dieser «Text-Chirurg» ist ein Drehbuchautor, der sich auf die Fehlerbereinigung in den Geschichten anderer spezialisiert. Selten erscheint sein Name im Vorspann, dafür bekommt er für seine Hilfe hinter den Kulissen ein hohes Honorar. Als Chefarzt im Skript-Hospital von Hollywood schiebt seit langem Robert Towne Dienst. «Ich glaube, dabei handelt es sich um ein typisches Autorenproblem», sagt Towne. «Man überarbeitet lieber das mittelmäßige Material eines anderen als das eigene mittelmäßige Material. Auf merkwürdige Weise kommt erst dadurch die eigene Fähigkeit beim Schreiben zum Vorschein, denn man hat das Gefühl, nicht die ganze Verantwortung übernehmen zu müssen. Man leistet sogar bessere Arbeit, weil man nicht dauernd mit seinem eigenen Namen bürgt. Wenn man seinen eigenen Text überarbeiten will, gehört dazu eine Menge Mut – oder eine Menge Dummheit.» Für seine chirurgischen Eingriffe verlangt Towne häufig eine halbe Million Dollar. Als Autor von Original-Drehbüchern bekommt er leicht das

FILM-ENTSTEHUNG

Das Beispiel «Rain Man»

Ein Musterbeispiel für den langen Entstehungsprozeß eines Hollywood-Films ist «Rain Man» (Rain Man): Am Anfang steht, wie heute in Hollywood üblich, eine Agentur. Im Frühling 1986 schickte 20th Century Fox das Drehbuch «My New Partner», die Geschichte zweier Cops, an die Creative Artists Agency (CAA), die mächtigste Agentur der Stadt. Danny DeVito sollte es lesen. Doch die CAA schlug ihre beiden Klienten Dustin Hoffman und Sean Penn als Cops vor. Die Regie sollte Martin Brest («Beverly Hills Cop»/Beverly Hills Cop – Ich lös' den Fall auf jeden Fall) führen. Ein Skript-Doctor wurde angeheuert, um das Buch zu überarbeiten. Doch dieser manchmal monatelang dauernde Prozeß wurde durch ein typisches Hollywood-Ereignis verkürzt: einen Wechsel im Studio-Management. Leonard Goldberg, der Brest bei «WarGames» (WarGames – Kriegsspiele, 1982) gefeuert hatte, wurde neuer Studiochef bei der Fox. Brest nahm seinen Hut, und Hoffman ging mit.

Beide wollten weiterhin zusammenarbeiten, und man stieß auf das Originaldrehbuch «Rain Man» von Barry Morrow. Es handelte von zwei fast gleichaltrigen Brüdern, einem

Autisten und einem ewigen Verlierer. Die Produzenten Peter Guber und Jon Peters, die das Drehbuch kauften, dachten in dieser Phase an Hoffman und Jack Nicholson. Die einflußreiche CAA bestand jedoch auf ihrem Kassenmagneten Tom Cruise als Partner von Hoffman. Das Loser-Image paßte allerdings so gar nicht zu «Top Gun»-Tom; also zog Martin Brest den Autor Ronald Bass («Black Widow»/Schwarze Witwe) hinzu, der die Rolle zusammen mit Morrow für Tom Cruise umschrieb. Der Drehstart war für Anfang 1987 vorgesehen. Der Film sollte zu Weihnachten in die Kinos kommen.

Nächstes Kapitel: Der Autor Richard Price wurde von Brest engagiert. Er überarbeitete das Bass-Skript, bekam aber dafür keine vertragliche Nennung im Abspann. Nach einem Jahr Entwicklungsphase verließ Martin Brest das Projekt – ihm ging die Einmischung des Perfektionisten Dustin Hoffman auf die Nerven; Brest verlieh ihm den Titel eines «Doktors der Mikro-Chirurgie». Brest war auf der Suche nach Drehorten für «Rain Man» bereits quer durch die Staaten gereist, ein Trip, der sich später für seinen Film «Midnight Run» (Midnight Run – Fünf Tage bis Mitternacht, 1988) auszahlte.

Als Regisseur Nummer zwei war für kurze Zeit Steven Spielberg vorgesehen, der gerade «Empire of the Sun» (Im Reich der Sonne) abgeschlossen hatte. Nach kurzer Wartezeit entschloß er sich allerdings für die Regie des dritten «Indiana Jones».

Anfang 1988. Sydney Pollack trat als dritter Regisseur auf den Plan. Um den Film in Gang zu bekommen und vor dem geplanten (und dann durchgeführten) Streik der Drehbuchautoren im Sommer zu beenden, verordnete sich Pollack eine knallharte Deadline, die er nicht einhalten konnte. Auftritt Regisseur Nummer vier: Barry Levinson («Tin Men»/Tin Men; «Good Morning, Vietnam»/Good Morning, Vietnam), der übrigens schon vor Martin Brest am Projekt mitgearbeitet hatte. Er ist selbst auch Drehbuchautor und zog Ronald Bass wieder hinzu, mit dem er das endgültige Skript fertigstellte. Die Dreharbeiten begannen, und bis zur Premiere im Dezember 1988 zweifelte man bei MGM/United Artists am (bitter nötigen) Erfolg des Films. Doch die Rechnung ging diesmal auf: Der Riesenerfolg von «Rain Man» (Rain Man) rettete das Studio vor dem bevorstehenden Verkauf.

Für «Rain Man» mit Dustin Hoffman und Tom Cruise war der Regisseur Barry Levinson (oben) nur die vierte Wahl – aber die richtige, wie sich herausstellte. Er zog den Autor Ronald Bass hinzu, der Barry Morrows Drehbuch endgültig überarbeitete. Der Lohn der gemeinsamen Arbeit waren 1988 vier Oscars: für die Regie, das Drehbuch, den besten Hauptdarsteller und den besten Film

NICK EVANS

Der Mann, der
Hollywood was flüsterte

Noch bevor der Autor Nick Evans seinen Roman «Der Pferdeflüsterer» fertigstellte, rissen sich die Verlage und auch die Filmagenturen um den Stoff. Zuschlag für die Produktion erhielt Robert Redford, der mit seiner Firma Wildwood Pictures und Disneys Tochter Hollywood Pictures das Manuskript auf die Leinwand bringt

Wahrscheinlich kommt dem Briten Nick Evans zugute, daß er kein Neuling in der Branche ist: Er hat Dokumentarfilme gedreht und die Transvestitenkomödie «Just Like a Woman» (Just Like a Woman) mit Julie Walters produziert. Der Film floppte, und sein anschließend geplantes Debüt als Regisseur ließ sich nicht finanzieren.

In dieser Frustphase hörte Evans während eines Urlaubs in Dartmoor von einem Sinti, der nur mit seiner Stimme ein ausgeflipptes Pferd beruhigte. Evans entwickelte die Idee zu einem Roman und verlegte die Geschichte nach Montana: Ein Mädchen wird beim Reiten schwer verletzt. Obwohl ihm ein Bein amputiert werden muß, verhindert es, daß das Pferd erschossen wird. Die Mutter beginnt eine Affäre mit einem geheimnisvollen Mann, der das Pferd allein durch seine Stimme zu zähmen weiß.

200 Seiten des Manuskripts waren fertig, als Evans es 1994 auf der Frankfurter Buchmesse anbot. Plötzlich war «The Horse Whisperer» (Der Pferdeflüsterer) ein Geheimtip, um den sich alle rissen – die Hysterie entwickelte sich, ohne daß Evans sie anfachen mußte. Noch während die Auktion um die internationalen Buchrechte lief, wurden die Seiten des noch nicht abgeschlossenen Romans nach Hollywood gefaxt und versetzten die Filmemacher ebenfalls in fieberhafte Aufregung.

Michael Lynton, Chef von Disneys Hollywood Pictures, hatte gute Kontake zur Verlagsbranche und bekam deshalb das unfertige Buch als erster auf den Tisch. Als Robert Redfords Produktionsfirma Wildwood Pictures wenig später mit dem Manuskript bei Disney anklopfte, standen die Türen weit offen.

Die von Produzent Scott Rudin offerierte Million Dollar wurde von Disney sofort überboten, aber auch Sydney Pollack interessierte sich für das Buch. Verhandelt wurde in Konferenzschaltungen über Agenten der allmächtigen Creative Artists Agency. Als besonderer Clou der «Auktion» stellte sich heraus, daß man die ehemaligen Produktionspartner Jon Peters und Peter Guber («Batman»/Batman) beim Bieten als Konkurrenten gegeneinander ausspielte. Bei drei Millionen wurde die Auktion von CAA beendet – selbst die 3,5 Millionen, die Peters dann noch bieten wollte, kamen zu spät, denn inzwischen zogen die Agenten eine neue Forderung aus der Tasche: Sie wollten für ihren Mandanten eine Beteiligung von 2,5 Prozent an den Bruttoeinnahmen des Films.

Ein 40minütiges Gespräch mit Robert Redford brachte im Oktober 1994 die Entscheidung: Evans gab Wildwood und damit Hollywood Pictures den Zuschlag. Vier Jahre später produzierte Redford, spielte die Hauptrolle und führte sogar Regie – das war für ihn ein Novum: Im Gegensatz zu Clint Eastwood und anderen Kollegen hatte er sich noch nie selbst inszeniert.

Kurz nach dem Millionendeal in Hollywood, einem neuen Rekord für einen Erstlingsroman, verkaufte Evans die nordamerikanischen Buchrechte an den Verlag Dell und stellte mit diesen weiteren 3,15 Millionen Dollar ebenfalls einen Rekord auf. Internationale Verkäufe erhöhten den Superdeal auf acht Millionen.

Inzwischen ist das Buch erschienen, wurde von der Kritik zwar zerrissen, landete aber schnell an der Spitze der Bestsellerlisten. Evans selbst kann sich seinen plötzlichen Erfolg nicht recht erklären. Dafür aber seine Frau Jenny, mit der er seit 23 Jahren verheiratet ist. Sie war es, die ihm riet, seine Story nicht als Drehbuch, wie er es geplant hatte, sondern als Roman niederzuschreiben. «Nick kann seine Gefühle sehr gut ausdrücken», sagt sie, «und dadurch funktioniert das Buch. Es gibt nicht viele Männer, die so schreiben können.»

Probelesen im Dorchester Hotel: 1949 klopften die verheirateten Stars Fredric March und Florence Eldridge gemeinsam mit dem Co-Produzenten und Autoren Sydney Box (rechts) das Drehbuch zu «Christopher Columbus» auf Schwächen ab

Doppelte, denn er hat Klassiker wie Hal Ashbys «The Last Detail» (Das letzte Kommando, 1973), Polanskis «Chinatown» (Chinatown, 1974), Hugh Hudsons «Greystoke: The Legend of Tarzan, Lord of the Apes» (Greystoke – Die Legende von Tarzan, Herr der Affen, 1984) und seinen eigenen Film «Tequila Sunrise» (Tequila Sunrise, 1988) geschrieben. Als Script-Doctor wurde er zu Blockbustern wie «Bonnie and Clyde» (Bonnie und Clyde), «The Godfather» (Der Pate) und «Reds» (Reds) hinzugezogen.

Ein anonymer Autor wird zitiert: «Die Studios ruinieren meine Geschichten. Sie massakrieren meine Ideen. Sie prostituieren meine Kunst. Sie trampeln auf meinem Stolz herum. Und was bekomme ich dafür? Ein Vermögen!» Wer auf seine künstlerische Integrität pocht, ist in diesem System also schlecht beraten. Rudy Wurlitzer («Pat Garrett vs. Billy the Kid»/Pat Garrett jagt Billy the Kid; «Homo Faber»; «Wind»/Wind; «Little Buddha»/Little Buddha) braucht den Regisseur als Puffer zwischen sich selbst und den Produzenten: «Am besten arbeite ich, wenn ich von den Managern abgeschirmt werde.» Deshalb schätzt Wurlitzer auch die Zusammenarbeit mit europäischen Regisseuren, die sich eher als Autoren und nicht – wie in Hollywood – als Angestellte des Produzenten begreifen.

Spektakuläre Drehbuch-Verträge wie die von Joe Eszterhas («Basic Instinct»/Basic Instinct), der inzwischen bis zu vier Millionen Dollar pro Skript verdient, gibt es heute zwar, sie täuschen aber über das Alltagsgeschäft hinweg. Hollywood quillt über von Autoren, die verzweifelt versuchen, ihre Bücher auf die Tische der Produzenten zu bugsieren. Unbekannte Namen werden entsprechend bescheidener entlohnt. Auf dem deutschen Markt kann man für ein verkauftes Drehbuch zwischen 30 000 und 100 000 Mark erwarten.

Neben der Bezahlung ist die Sicherung der eigenen Rechte am Drehbuch für den Autor von großer Wichtigkeit. Gegen eine kleine Gebühr hinterlegt er sein Drehbuch bei der Gewerkschaft der Autoren (Writers Guild) und läßt es registrieren. Dadurch kann er seine Autorschaft und das Datum der Registrierung beweisen. Denn im Falle eines Urheberrechtsstreits zählt die Drehbuchversion, die als erste vorlag.

JOE ESZTERHAS

Urinstinkt
fürs Showbusineß

Ebenso wie Stars mit zweistelligen Millionengagen wenig aussagen über die Arbeitslosigkeit unter amerikanischen Schauspielern, ist auch Joe Eszterhas kein typischer Drehbuchautor. Daß er sein Skript «Basic Instinct» für drei Millionen Dollar verkaufte, brachte ihm Schlagzeilen ein, sein Drehbuch «Foreplay» war Savoy Pictures sogar noch eine halbe Million mehr wert – zuzüglich 2,5 Prozent des Umsatzes und eines Anteils am Verkauf der Soundtracks. Nur um mit der Arbeit an «Showgirls» (Showgirls) anzufangen, erhielt er 1992 einen Vorschuß von 1,5 Millionen Dollar. Anfang 1996 setzte Eszterhas all dem noch eins drauf, als er zum Drehbuch «One Night Stand» vier Seiten Manuskript ablieferte und daraufhin das noch zu schreibende Werk für vier Millonen Dollar verkaufte.

Sein eigentliches Verdienst liegt jedoch darin, daß er sich selbst zu verkaufen versteht wie ein Showbusineß-Veteran. Ihm ist es zu verdanken, daß den typischen Lohnschreiber in Hollywood heute auch ein Hauch von «auteur» umgibt: Inzwischen sind (zumindest einige) Drehbuchautoren selbst «Players», sie haben größeren Einfluß auf die Filme, die nach ihren Vorlagen entstehen.

Die Qualität der Eszterhas-Bücher sei dahingestellt – sie haben jedenfalls das Zeug zum Kassenschlager. Eszterhas besitzt vor allem ähnlich wie einst Hitchcock das Gespür für eine werbewirksame Selbstdarstellung – grundsätzlich mit durchaus lauteren Absichten: Er macht den Mund auf, wenn er sich schlecht behandelt fühlt. Er protestierte, als Sylvester Stallone sich bei Eszterhas' erstem verfilmtem Buch «F.I.S.T.» (F.I.S.T. – Ein Mann geht seinen Weg) als Co-Autor in den Vorspann drängte. Er stritt sich mit Regisseur Adrian Lyne wegen des Finales zu «Flashdance» (Flashdance). Mit Studioboß Frank Price legte er sich an, als die beiden das Ende von «Jagged Edge» (Das Messer) unterschiedlich beurteilten. Er zerstritt sich mit seinem Agenten bei der mächtigen Agentur Creative Artists und tat sich daraufhin mit seinem langjährigen Freund Guy McElwaine zusammen, der für die Konkurrenz International Creative Management arbeitete. Vor allem wagte er es anschließend zu behaupten, Creative-Artists-Boß Michael Ovitz, der mächtigste Mann in Hollywood, habe ihn aufgrund seiner Kündigung bedroht. Die öffentlich ausgetragene Fehde machte der Branche erstmals bewußt, daß einige wenige Superagenten in Hollywood zu den alles entscheidenden Drahtziehern herange-

wachsen waren, die nicht nur die wichtigen geschäftlichen Deals kontrollieren, sondern ihre Klienten auch auf fachlichem Gebiet massiv beeinflussen.

«Ich glaube, wir bekämen bessere Filme zu sehen, wenn die Autoren für ihre Bücher auf die Barrikaden gehen würden; die Regisseure sollten zu ihren Überzeugungen stehen, wenn es mit den Studiobossen hart auf hart geht», sagte Eszterhas 1994. Er ist ein Mann, der die Realitäten des Busineß durchaus beurteilen kann – sicher verteidigt er nicht immer seine künstlerischen Ambitionen, sondern vor allem seine Nase für die Kasse. Denn ein Film wie «Flashdance» wird von anderen Ambitionen getrieben als die Aufarbeitung von Nazi-Altlasten in «The Music Box» (Music Box) oder die Auseinandersetzung mit dem Rechtsextremismus in «Betrayed» (Verraten).

Eszterhas weiß skandalträchtige Themen geschickt aufzubereiten, vor allem, wenn es um die in der amerikanischen Öffentlichkeit immer sehr heikle Sexualität geht. Seit «Basic Instinct» sind kämpferische Frauen in anrüchigen Situationen sein Markenzeichen. Er war durchaus bereit, das Ende von «Sliver» (Sliver) umzuschreiben, als die Previews schlechte Ergebnisse zeigten: «Ich schreibe Mainstream-Filme. Mag sein, daß nicht viele aufmucken, um ihre Arbeit zu verteidigen. Aber wenn ich das tue, dann immer innerhalb des Systems. Ich will kommerzielle, leicht konsumierbare Bücher schreiben. Meinen Dickkopf setze ich immer für meine Sichtweise der Dinge ein.»

Joe Eszterhas wurde 1945 in Ungarn geboren, seine Eltern verließen noch im selben Jahr ihre Heimat und erreichten über etliche Flüchtlingslager die USA. Eszterhas begann als Reporter in Ohio, wurde dann politischer Korrespondent des Rolling Stone. 1974 veröffentlichte er seinen Roman «Charlie Simpson's Apocalypse», wurde für den National Book Award nominiert und machte so einen Agenten von United Artists auf sich aufmerksam. Sein Schicksal als Drehbuchautor schien zunächst typisch: Es dauerte manchmal Jahre, bis seine Arbeiten auch tatsächlich produziert wurden. Neben Hits à la «Flashdance» schrieb er auch Flops wie «Big Shots» (Big Shots – Zwei Kids gegen die Unterwelt); «Hearts of Fire» (Hearts of Fire), eine Art Rocksänger-Version von «Flashdance» mit Fiona Flanagan und Bob Dylan, wurde in den USA nicht einmal verliehen. Mit «Verraten» versuchte er sich erstmals auch als Produzent.

Joe-Eszterhas-Highlights

Top und Flop: Kassenschlager wie «Flashdance» (mit Jennifer Beals) und «Basic Instinct» (mit Sharon Stone) sichern dem Skript-Autoren Joe Eszterhas für seine neuen Bücher Millionensummen — egal ob die Filme nur mäßigen Erfolg vorweisen können (wie «Sliver» mit Sharon Stone) oder vollkommen abstürzen (wie «Jade» mit David Caruso, unten rechts), seine Gage steigt jährlich weiter

Storyboard & Konzept

Die erste bildliche Umsetzung
des geschriebenen Wortes

Zur besseren Veranschaulichung des Aktionsablaufs schon lange vor den tatsächlichen Dreharbeiten erweist sich – wie beim Militär oder am Theater – ein «Lageplan» als äußerst hilfreich. Beim Film heißt dieses strategische Konzept Storyboard: Sämtliche Schlüsselszenen der Story werden auf einer für alle einsehbaren Tafel, dem Board, in Skizzen dargestellt. Viele alte Meister haben ihre Filme auf die Weise «vorgedreht», vor allem Alfred Hitchcock war für seine minutiöse Planung berühmt. Er bezeichnete die Entwicklung des Storyboards als das eigentliche Filmemachen. Die tatsächlichen Dreharbeiten waren für ihn dann nur noch ein lästiges Übel.

Einer der erfolgreichsten Schüler Hitchcocks ist Steven Spielberg, und auch er dreht kaum einen Film, der nicht von ihm bis ins Detail gescribbelt und von professionellen Zeichnern realistisch ins Bild gesetzt wird. Besonders wichtig wurde das Storyboard mit der zunehmenden Komplexität der Special-effects: Die Koordination vieler unterschiedlicher Teams und Techniken wäre ohne Vorskizzen gar nicht durchführbar. Das macht das Storyboard zu einem der elementaren Bausteine der Filmkunst, woran sich auch im Zeitalter der Computergrafik nicht viel ändern wird.

Neben dem Storyboard werden von bestimmten Zeichnern (concept artists) auch Bilder angefertigt, die den Bereich des Produktionsdesigns berühren: Um die Stimmung, die Atmosphäre eines Films zu konzipieren, wird auf solchen Bildern der Look einer Epoche kreiert, vor allem, wenn es sich um Phantasieprodukte der Filmemacher handelt, für die es in der uns bekannten Realität keine Anhaltspunkte gibt. Das ist besonders bei Science-fiction-Filmen eine entscheidende Vorarbeit. Aber auch dann, wenn es um frei erdachte Figuren geht, zum Beispiel um die Helden von «Toy Story» (Toy Story), bemühen sich verschiedene Zeichner darum, den Vorgaben des Drehbuchs einen optischen Rahmen zu geben. Immer sind die Zeichner begabte Handwerker, die das ausdrücken können, wofür Autoren und Regisseure mühevoll nach Worten suchen.

Um in Zusammenarbeit mit dem Regisseur die Ideen des Drehbuchs auf Papier zu

Der Pianist hat seine Noten vor sich, wenn er in die Tasten greift, und entsprechend «spielt» der Regisseur seinen Film anhand des Drehbuchs. Doch die Anweisungen des Autors beschränken sich aufs Wesentliche: Ort der Handlung, außen oder innen, Tag oder Nacht. Es bleibt der Kreativität, der Phantasie und handwerklichen Fertigkeit des Regisseurs überlassen, wie er jede der häufig über 1000 Einstellungen pro Film aufbaut und inszeniert.

Die erste T-Rex-Szene in «Jurassic Park» war eine detailgetreue Umsetzung des Storyboards. Die Skizzen wiederum hielten sich dicht an Michael Crichtons Roman. Daher trägt der gezeichnete Dr. Grant noch einen Bart, während Sam Neill sich glattrasiert dem Dino stellte

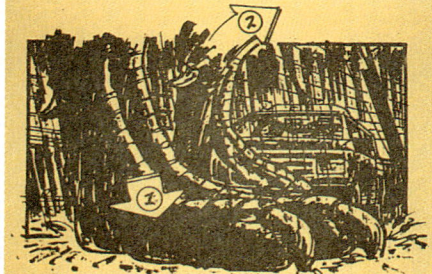

visualisieren, engagiert der Produzent also spezielle Zeichner (storyboard artists). Einer von ihnen ist Sherman Labby, der zum Beispiel «Blade Runner» (Blade Runner), «Lethal Weapon» (Zwei stahlharte Profis) und «The Witches of Eastwick» (Die Hexen von Eastwick) gezeichnet hat. «Nachdem ich das Drehbuch gelesen habe, mache ich mich daran, die einzelnen Einstellungen in acht Zeichnungen pro Seite aufzugliedern», beschreibt Labby seine Arbeit. «Diese anfänglichen Skizzen nennt man ‹Daumennägel› (thumbnails), weil sie eben nur winzig sind. Sie dienen dazu, dem Regisseur eine Vorstellung davon zu geben, wie ich mir die Filmsequenzen visuell vorstelle. Wir diskutieren diese Skizzen, und alle Änderungen, die der Regisseur einbringt, no-

Unter der Leitung des Produktionsdesigners Rick Carter und des Regisseurs Steven Spielberg erstellten fünf Künstler für den effektgespickten Monsterthriller das Konzept: Marty Kline, Tom Cranham, Ed Verreaux, David Lowery und John Bell

Profi-Voyeur Paul Verhoeven wußte genau, wie Elizabeth Berkley in «Showgirls» an Kyle MacLachlans Wäsche gehen sollte (und umgekehrt). Schon die gescribbelte Vorlage würde in Amerika wahrscheinlich erst ab 17 freigegeben

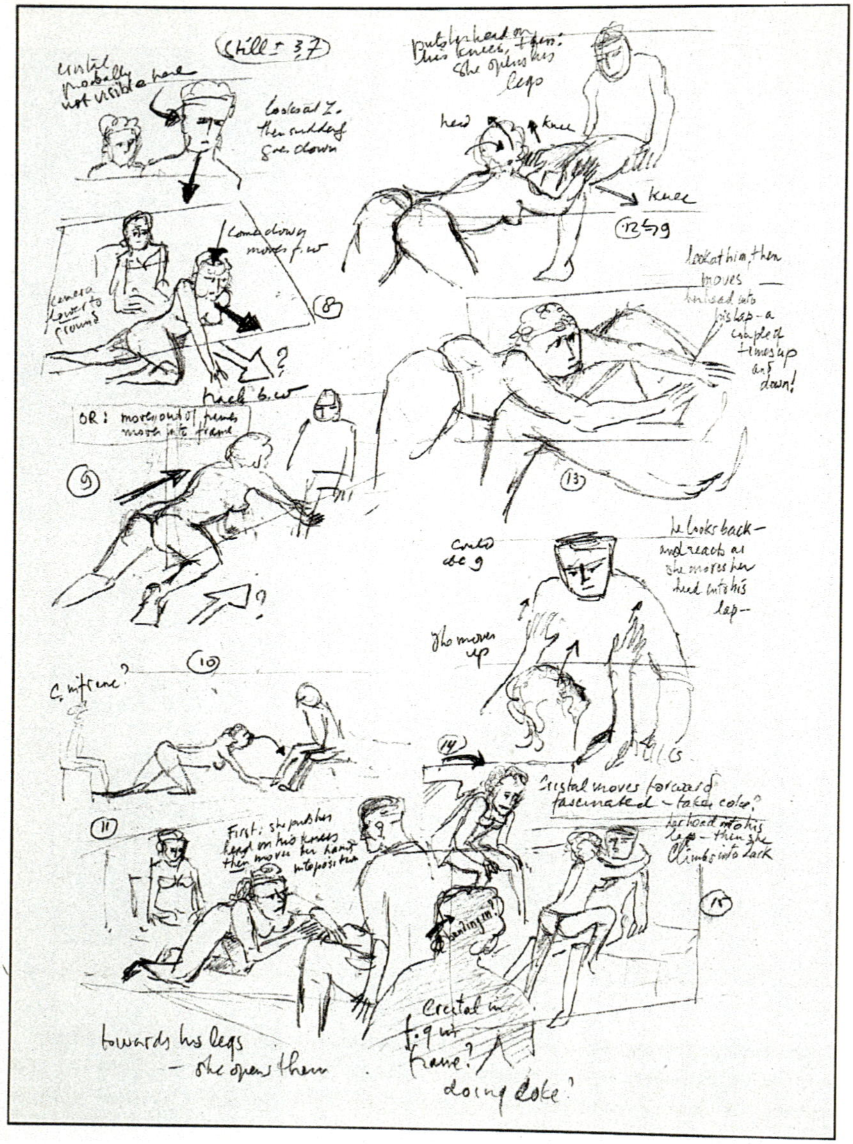

35

CRISTAL (behind them)
Thank you.

And Nomi gets up and turns to her. Her face is expressionless as she looks at Cristal, but there is a triumph in her eyes. She's still completely naked.

Cristal opens her bag, counts out five one hundred dollar bills and holds her hand out with the money. A beat as they look at each other, and Nomi takes the money, reaches for her nightie, and walks out the bamboo curtain.

Cristal and Zack look at each other a beat.

CRISTAL (smiles)
It was fun, wasn't it?

ZACK (straight)
You're such a bitch.

CRISTAL (smiles)
But you love me. Can you walk?

He looks at her. And starts to get up, slowly.

37   INT. THE DRESSING ROOM - NIGHT   37

All the girls are getting dressed. Al comes in, puts his hand out. Nomi peels two hundred dollars off, hands it to him. Her face is expressionless.

AL (grins, to Nomi)
Hey, you oughta go out and celebrate.

She doesn't even look at him.

DEE
We can go over to my place and smoke some dope.

CARMI
You still got that Thai stuff?

NADIA (Russian accent)
Russia, end of day, salami and vodka. Here, marijuana. God bless America.

DEE
Nomi. You wanna come?

NOMI
Not me. Bye —

She looks very disturbed. She starts to head out.

Handwritten annotations: Lapdance · More tin towards Nomu · moving upwards from cap-head · Whispers in his ear · I wanna fuck you · head turn to C · Coming up again · move with camera to the other side · N · OR · We can change a picshed · Nomi moves towards makeup area · picks up her bag then moves w/ exit · Local Cl · up 'and' is wholly some move · Comery: — Can I ? / you come · M.S. · Cl. · 14 · OR? · 98 · 15 · 16

Normalerweise arbeitet Paul Verhoeven auch mit einem vorproduzierten Storyboard. Bei «Showgirls» war die Zeit derart knapp kalkuliert, daß er erst vor dem nächsten Drehtag seine Ideen direkt auf die entsprechenden Skript-Seiten kritzelte

tiere ich mir. Ich berücksichtige diese Wünsche dann in meinen Reinzeichnungen, von denen eine bis drei auf eine Seite passen. Diesen Arbeitsgang kann man durchaus als Vor-Regie oder Vor-Schnitt bezeichnen.»

Dialogszenen sind wegen ihres in der Regel einfachen Aufbaus keine Arbeit für den Zeichner, er visualisiert vor allem komplizierte Szenen, die zum Beispiel für die Trickteams genau aufbereitet werden müssen, oder Sequenzen mit elaborierter physischer Aktion. Aufgrund der Zeichnungen kann der Regisseur einen Bewegungs- und Bildrhythmus konzipieren, um die Arbeit im Schnittraum schon vorwegzunehmen. Denn was später am Schneidetisch nicht zusammenpaßt, kann meist gar nicht oder nur unter erheblichen Mehrkosten noch einmal neu gedreht werden.

«Ich versuche also, alle möglichen Einstellungen der Sequenz darzustellen,» sagt Labby. «Bei einer großen Sequenz, in der ein Mann einen anderen erschießt, plant man eine Einführungseinstellung (master shot) mit zwei bis vier Figuren und eine Totale, die den Handlungsort und die Action mit einschließt. Meine zeichnerische Abdeckung dieser Sequenz besteht dann aus den einzuschneidenden verschiedenen Kameraeinstellungen sowie der Großaufnahme des Schusses. Dann anschließend: ‹Über die Schulter des Killers: Der Erschossene fällt um.›»

Natürlich kann der Regisseur beim Drehen auch weitere Blickwinkel ausprobieren, die das gezeichnete Konzept ergänzen. Das Storyboard konzentriert sich auf Kameraschwenks und -fahrten, einfache Anschlüsse und Schnittfolgen. Um auch die Atmosphäre des Films in die Zeichnungen einzubringen, benutzt Labby Fotografien der Schauspieler und Drehorte, manchmal, wenn vorhanden, auch Kostümentwürfe. Als Fachmann hat Labby ein visuelles Archiv im Kopf: Aus freier Hand kann er alle Architekturstile und Autotypen dieses Jahrhunderts sofort zu Papier bringen.

Teilweise beschränkt sich die Arbeit des Zeichners nicht nur auf die Vorbereitung des Films, er begleitet das Team auch zu Dreharbeiten: «Bei Ridley Scotts ‹Black Rain› (Black Rain) war ich sechs Wochen

am Set in Japan. Wir haben das Storyboard zwölfmal kopiert. Ridley wollte, daß alle Verantwortlichen damit arbeiteten: der Kameramann, sein Assistent, der Beleuchter, dessen erster Assistent, aber auch die Schauspieler.»

Nicht immer lassen sich Labbys Ideen so realisieren, wie er sie darstellt. Für Harold Beckers «Sea of Love» (Sea of Love – Melodie des Todes, 1989) konzipierte er eine actionreiche Eingangssequenz mit einem Fenstersturz, die sich rein kameratechnisch so nicht filmen ließ. Andererseits sind nicht

Bevor für «Toy Story» ein ausführliches Storyboard erstellt wurde, brachten die verschiedenen Pixar-Zeichner ihre Vorstellungen der Figuren auf Papier. Die entscheidenden Entwürfe für Buzz Lightyear stammen von Bud Luckey

SHERMAN LABBY

Von der Vision
zum Storyboard

Die eleganten Zeitschriftenillustrationen der amerikanischen Künstler Howard Chandler, Christy, Dean Cornwell und Norman Rockwell in Modemagazinen wie Harper's Bazaar übten auf den in Los Angeles geborenen Sherman Labby schon immer eine große Faszination aus. Mit acht Jahren begann er zu zeichnen, mit 16 hatte er den ersten Comic strip fertig. Als Marinesoldat während des Koreakriegs hielt er an seiner zeichnerischen Leidenschaft fest und fertigte eine Reihe von Arbeiten an, durch die er nach seiner Entlassung in San Francisco sofort einen Job als Werbegrafiker bekam.

Sieben Jahre später etablierte er sich endlich in seiner Traumstadt New York und zeichnete dort als Illustrator für die berühmtesten Modemagazine. Nach weiteren sieben Jahren zog es ihn zurück in die Heimat nach Los Angeles. Dort profitierte er von der Renaissance der Zeichentrickindustrie, deren Kinderserien den gesamten Samstagmorgen im Fernsehen bestreiten. Er arbeitete für die Firma Filmation, die populäre Zeichentrickserien wie «Batman», «Fat Albert» und «Aquaman» herstellte. 1977 wurde ihm von einem Freund die Erstellung des Storyboards für den Realfilm «Orca the Killer Whale» (Orca, der Killerwal, Regie: Michael Anderson) angeboten. In den langen nächtlichen Zeichen-Sessions (tagsüber zeichnete er den Zeichentrickhelden «Archy») fand er seinen ursprünglichen Enthusiasmus wieder – und ein neues Betätigungsfeld dazu.

Sein alter Freund, der Produktionsdesigner und Regiedebütant Philip Kaufman, verschaffte ihm den Job als Storyboard-Zeichner für «Invasion of the Body Snatchers» (Die Körperfresser kommen, 1978). Und damit gelang es Labby, in die Gewerkschaft aufgenommen zu werden. Seitdem identifiziert man ihn mit dem Story boarding. Seine mit feinem Bleistift vorgezeichneten und dann mit Feder und Kreide vollendeten Zeichnungen bestimmen die Vorarbeiten vieler populärer Filme, darunter «Blade Runner» (1982, Regie: Ridley Scott), «The River» (Menschen am Fluß, 1984, Regie: Mark Rydell), «Lethal Weapon» (Zwei stahlharte Profis, 1986, Regie: Richard Donner), «Beverly Hills Cop 2» (Beverly Hills Cop 2, 1987, Regie: Tony Scott), «The Witches of Eastwick» (Die Hexen von Eastwick, 1986, Regie: George Miller), «Broadcast News» (Nachrichtenfieber – Broadcast News, 1987, Regie: James Brooks), «Sea of Love» (Sea of Love – Melodie des Todes, 1989, Regie: Harold Becker), «My Stepmother Is an Alien» (Meine Stiefmutter ist ein Alien, 1988, Regie: Richard Benjamin), «Black Rain» (Black Rain, 1989, Regie: Ridley Scott). Zu seinen jüngsten Arbeiten gehört «City Hall» (City Hall, 1996, Regie: Harold Becker).

alle bildlichen Ideen überzeugend auf Papier darzustellen: «Es gibt bestimmte Kameraeinstellungen, die nahezu unmöglich zu zeichnen sind. Man kann einen Schwenk von der linken in die rechte Hälfte eines Raumes zeichnen. Schwierig wird es bei komplexeren Fahrten wie zum Beispiel von der Decke eines Zimmers aus dem Fenster oder die Fahrt durch einen Raum auf die Großaufnahme eines Gesichtes. Man behilft sich dabei mit einer Reihe von gezeichneten Pfeilen, die die Bewegungsveränderung des Kameraausschnitts aufzeigen.» Labbys aufwendigster Auftrag war seine Mitarbeit an Ridley Scotts «Blade Runner» (Blade Runner, 1982), an dem er insgesamt elf Monate arbeitete. Neben dem Storyboard fertigte er auch Konzeptzeichnungen für den Produktionsdesigner Lawrence G. Paull. «Ridley Scott ist selbst ein großartiger Zeichner und hatte sehr viele

Ideen, die besonders von dem französischen Cartoonisten Moebius inspiriert waren. Ridley konnte aber nicht wie vorher bei ‹Alien› (Alien – Das unheimliche Wesen aus einer anderen Welt) die Storyboards selbst zeichnen, da er auf so viele andere Dinge zu achten hatte. Neben mir zeichnete der Meister der Filmillustratoren, Mentor Huebner, die großen Konzept-Zeichnungen, die ungefähr 80 x 100 cm groß sind. Er ist schon seit den 50er Jahren dabei, als die Funktion des Storyboard-Zeichners noch nicht einmal im Abspann erwähnt wurde. Damals herrschte die gängige Meinung, daß der Ausstatter die ganze Arbeit allein mache. Bei der Arbeit für die Ausstattungsabteilung ist die Mitarbeit des Produktionsdesigners eine absolute Notwendigkeit – akkurate Set-Zeichnungen kann ich nur anfertigen, wenn ich seine Baupläne zur Verfügung habe.»

Regie

Mit Zuckerbrot
und Peitsche

Kopierwerk zum Entwickeln geschickt wird – er verantwortet also, was auf der Leinwand erscheint.

Sidney Lumet («Network»/Network) fragt sich: «Wieviel Macht habe ich? Drehe ich tatsächlich einen ‹Film von Sidney Lumet›? Ich bin doch abhängig vom Wetter, vom Budget, davon, was die Hauptdarstellerin zum Frühstück gegessen hat und in wen der Star verliebt ist. Ich muß mich auf über 100 Mitarbeiter einstellen, und jeder bringt Talent, Eigenheiten, Launen, Ego, politische Einstellung und Persönlichkeit mit. Und das allein während der Dreharbeiten – vom Studio, der Finanzierung, dem Verleih, Marketing rede ich gar nicht.»

Der Regisseur koordiniert die kreativen Beiträge aller Künstler und Techniker, vom Drehbuchautor bis zum Komponisten. Zwar finden sich in den hundert Jahren Filmgeschichte einige schräge Vögel und auch etliche Sadisten, doch im allgemeinen sind Regisseure hart arbeitende Profis, die sich an das Rezept ihres Filmvaters Thomas A. Edison halten: «Genie ist 10 Prozent Inspiration und 90 Prozent Transpiration.» Lumet spricht aus Erfahrung, wenn er sagt: «Es gibt Gründe dafür, daß es manchen Regisseuren gelingt, erstklassige Filme zu machen, und anderen nicht. Doch was wir dazu beitragen, ist immer nur das Fundament, auf dem ‹glückliche Zufälle› passieren können. Ob sie dann tatsächlich eintreten, wissen wir nie im voraus – zu viele Unwägbarkeiten stehen im Weg.»

Laut Lumet muß sich der Regisseur zwei Fragen stellen: Warum mache ich den Film? Das heißt: Geht es um Geld, Renommee, ein unwiderstehliches Drehbuch? Und zweitens: Was ist das emotionale Zentrum, der Spannungsbogen, das Rückgrat des Films? Wer diese Fragen nicht befriedigend beantworten kann, muß die Knochenarbeit, auf die er sich einläßt, als noch härter empfinden.

In den ersten Jahrzehnten der Filmgeschichte galt der Regisseur nicht so viel wie heutzutage. Die Produktion wurde durch die Studioleiter und Produzenten dominiert. Wenn ein Projekt drehfertig war, wurde kurz vorher ein beim Studio vertraglich angestellter Regisseur zur Arbeit

Idee, Konzept, Umsetzung – keine Kompromisse. Alfred Hitchcock (hier auf dem Set von «Cocktail für eine Leiche») durchdachte seine Filme von vorn bis hinten und zeichnete ein detailliertes Storyboard, an das er sich sklavisch hielt. Das eigentliche Filmen war die fast lästige Tätigkeit, seine Ideen festzuhalten. Schauspieler litten unter seinen starren Anweisungen, beklagten den Mangel an künstlerischer Freiheit, aber bekräftigten dennoch seinen Ruf als hervorragender Filmemacher

«Was ist Regie? Man versucht, eine Menge Leute und extrem schwere Apparate einzusetzen und ihnen die Leichtigkeit einer Schreibfeder zu verleihen.» So beschrieb David Lean («Lawrence of Arabia»/Lawrence von Arabien) seine Arbeit.

Nur der Regisseur genießt eine ähnliche Bekanntheit wie die Schauspieler. Er ist der künstlerische Fixpunkt einer Filmproduktion. Denn wenn eine Einstellung im Kasten ist, bestimmt er, ob der Rohfilm ins

William Wyler (sitzend, am Set von «Sackgasse») galt als Perfektionist, der seine Darsteller selten lobte. Sein Rezept ging auf — 1959 drehte er das vielbeachtete Epos «Ben Hur», das mit elf Oscars der — neben «Titanic» bis heute höchstdotierte Film ist

Kaum ein anderer Regisseur bewies soviel Timing für feinen Humor wie Frank Capra (hier mit Kameramann Joseph Walker), der in den 30er und 40er Jahren mit seinen ebenso optimistischen wie tiefmoralischen Komödien «Mr. Smith geht nach Washington» oder «Ist das Leben nicht schön?» zeitlose Klassiker schuf

eingeteilt, seine persönlichen Vorlieben waren kaum gefragt. Er hatte die Funktion, die Studioleitung am Set zu vertreten.

Mit dem Niedergang des Studiosystems in den 50er Jahren gewannen die Regisseure an Einfluß. Die Produzenten konnten sich immer weniger den kreativen Aspekten des Filmemachens widmen und mußten sich hauptsächlich um die Verträge kümmern. Als die Studios dann zu komplexen internationalen Konzernen mutierten, waren die Manager rund um die Uhr mit Busineß und Verwaltung beschäftigt. Die Regisseure übernahmen den kreativen Teil. Die Schauspieler wissen, daß alles vom Regisseur abhängt: von der Qualität ihrer eignen Arbeit bis zum Gesamteindruck des Films. Deswegen nehmen Stars kaum eine Rolle an, ohne zu wissen, wer die Regie führen wird. Meistens wird der Regisseur vom Produzenten schon in der Embryo-Phase des Films engagiert. Er liest das Drehbuch, schreibt es um oder arbeitet mit einem oder mehreren Autoren, bis er mit dem Resultat zufrieden ist. Obwohl der Produzent die meisten Teammitglieder einstellt, wählt der Regisseur die wichtigsten Mitarbeiter aus: den Produktionsdesigner und den Kameramann. Und er entscheidet mit über die Besetzung der Hauptrollen.

Am Drehort ist der Regisseur die oberste Autorität. Er probt mit den Schauspielern, bestimmt das Licht und den Standort der Kamera zusammen mit dem Kameramann.

Im Gegensatz zum Hollywood-Regisseur der 30er und 40er Jahre, der nach Abschluß der Dreharbeiten kaum gefragt war, ist der Regisseur von heute gewöhnlich mit allen Aspekten der Postproduction beschäftigt: Er arbeitet mit dem Komponisten, den Tonmischern und besonders mit den Cuttern von Bild und Ton zusammen.

Während einer Produktion verbringt der Regisseur gewöhnlich zwischen 12 und 18 Stunden täglich am Set – und das fünf bis sechs Tage in der Woche, monatelang. Sydney Pollack («Out of Africa» / Jenseits von Afrika) meint dazu: «Wenn mich jemand fragt, was die wichtigste Sache beim Regieführen ist, dann würde ich sagen: Man muß sich topfit halten. Es ist mörderischer Streß, nicht nur körperlich, sondern vor allem wegen der geistigen und emotionalen Anspannung. Jeder Moment, den man braucht, um ein künstlerisches Problem zu lösen, kostet Millionen von Dollars. Und wenn es um Dollarmillionen geht, werden die Leute unerträglich: Erwachsene Männer führen sich wie Fünfjährige auf. Sie heulen, stoßen wüste Drohungen aus, werden hysterisch. Schauspieler, deren Karriere auf dem Spiel steht und die glauben, daß ich daran schuld bin, drehen durch und rufen mich um drei Uhr morgens an, bekriegen sich untereinander, weigern sich, ihren Garderobenwagen zu verlassen, und so weiter. Einmal pro Minute muß eine wichtige Entscheidung gefällt werden.»

ERNST LUBITSCH

Klassiker der Komödie

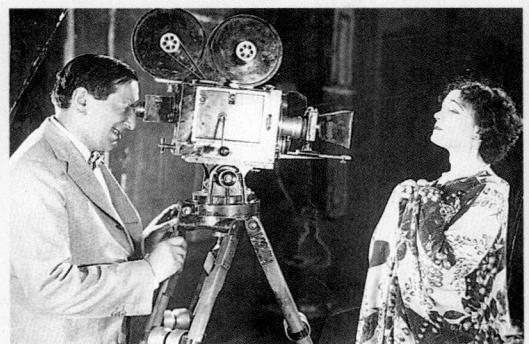

GEORGE CUKOR

Der Star ist der Star

Als Meister der klassischen Komödien gilt der Deutsche Ernst Lubitsch (links). Schon im Stummfilm-Zeitalter ging er 1922 nach Hollywood. Erfolge feierte er mit den Tonfilmen «Ärger im Paradies», «Ninotschka» und «Sein oder Nichtsein». George Cukor (rechts am Set von «The Royal Family of Broadway») war der Frauen-Regisseur der Traumfabrik. In den goldenen Studiojahren arbeitete er mit nahezu allen weiblichen Superstars

Schon in seinen frühen Filmen wie «Die Austernprinzessin» (1919) entwickelte Ernst Lubitsch (1892–1947) seinen subtilen Humor, der unter dem Label «Lubitsch-Touch» sein Markenzeichen wurde: Seine Komik besteht nicht nur aus Witzen, sondern vor allem in der Reduktion von Ideen oder Situationen auf klare visuelle Chiffren, die mit einer einzigen Einstellung oder kurzen Szenen die Filmfiguren oder sogar die gesamte Story treffend charakterisieren. «Auch der würdevollste Mensch macht sich mindestens zweimal am Tag lächerlich», sagte Lubitsch selbst dazu.

Die berühmtesten seiner Filme sind elegante, stilvolle Komödien, international bekannt wurde er jedoch mit historischen Spektakeln wie «Madame Dubarry» (1919) und «Anna Boleyn» (1920). Mary Pickford holte ihn nach Hollywood, und sofort hatte Lubitsch auch in Amerika Erfolg. Sicher half ihm seine Distanz als Immigrant, wenn er die amerikanische Gesellschaft ironisch kommentierte. Meist geht es in seinen Filmen um Sex und Geld – kunstvoll präsentiert in ausgefeilten Andeutungen. Für Lubitsch war es Sport, die Zensurgrenzen auszuloten.

Der Lubitsch-Touch wurde aufgrund des gigantischen Erfolgs ausgiebig imitiert, aber niemand konnte den Meister übertreffen: Zu präzise arbeitete er am Bilddetail, zu perfekt war sein Timing, zu genau feilte er mit seinen Darstellern an der differenzierten Psychologie ihres Ausdrucks. Waren schon seine Stummfilme große Hits, so gelang ihm auch der Übergang zum Tonfilm reibungslos, denn naturgemäß konnten ausgeklügelte Dialoge den Lubitsch-Touch noch wesentlich verfeinern. Bei Paramount drehte Lubitsch in den 30er Jahren die Evergreens «Trouble in Paradise» (Ärger im Paradies, 1932), «Design for Living» (Serenade zu dritt, 1933), «Angel» (Engel, 1937), «Bluebeard's Eighth Wife» (Blaubarts achte Frau, 1938) und «Ninotschka» (Ninotschka, 1939). Ein letzter Höhepunkt war die kontrovers diskutierte Anti-Nazi-Komödie «To Be or Not to Be» (Sein oder Nichtsein, 1942).

Cukors (1899–1983) Karriere umfaßt 50 Jahre und alle Genres, vom Kostümfilm über Liebeskomödien, Musicals, Melodramen bis zum Western. Und jeden dieser Filme hat er mit seinem weltmännischen Esprit geprägt. Cukors Credo lautete: «Der Regisseur darf den Film nicht niederringen, er muß ihm dienen.» Konsequenterweise unterstützte er seine Darsteller bei ihrer eigenständigen Entfaltung vor der Kamera, was ihm schnell den Ruf eines Schauspieler-Regisseurs, genauer eines Frauen-Regisseurs eintrug – indirekt war das eine Anspielung auf seine Homosexualität. Keine Frage, daß er aus Clare Boothes Stück «The Women» (Die Frauen) einen Kinohit machte. Er inszenierte Katharine Hepburn in ihrem Debüt «A Bill of Divorcement» (Eine Scheidung, 1932), in «Little Women» (Vier Schwestern, 1933), «Sylvia Scarlett» (Sylvia Scarlett, 1936), «The Philadelphia Story» (Die Nacht vor der Hochzeit, 1940) und später in fünf weiteren Filmen. Die Garbo spielte für ihn «Camille» (Die Kameliendame, 1936, vielleicht ihre beste Rolle) und «Two-Faced Woman» (Die Frau mit den zwei Gesichtern). Auch Norma Shearer, Joan Crawford und Ingrid Bergman profitierten von seiner einfühlsamen Regie. Eine Herausforderung für seinen Ruf war die Zusammenarbeit mit der schwierigen Judy Garland beim Remake von «A Star Is Born» (A Star Is Born/Ein neuer Stern am Himmel, 1954), seinem ersten Farbfilm. Den Oscar bekam er für die Filmversion des Musicals «My Fair Lady» (My Fair Lady, 1964). Seine Konzentration auf die Darstellung gründet sicherlich auf seinen Anfängen als Theaterregisseur, immer wieder hat er Bühnenstoffe verfilmt. Dennoch geht seine Regie weit über die reine Adaption hinaus – knapp, flüssig und ohne Schnörkel.

CLOSE-UP

ALFRED HITCHCOCK

Suspense
mit großem „S"

Kaum ein Regisseur genoß einen so hohen Bekanntheitsgrad wie Alfred Hitchcock. Weltstars wie Cary Grant ordneten sich dem «Meister des Suspense» unter, obwohl der dicke Brite für seine herben Streiche und abfälligen Äußerungen gegenüber seinen Schauspielern berüchtigt war

Hitchcock (1899–1980) war ein Handwerker, der sein ganzes Engagement für den gewünschten Effekt einsetzte. Von Improvisieren hielt er nichts, seine eigentliche Arbeit betrachtete er schon vor dem ersten Drehtag als abgeschlossen: dann war das Drehbuch fertig – äußerst detailliert ausgearbeitet bis zu den Anweisungen für Kostüme. Dennoch experimentierte er: wenn er wie in «Lifeboat» (Das Rettungsboot, 1943) die gesamte Handlung auf ein Ruderboot beschränkt oder wenn er sich entschloß, praktisch den gesamten Film «Rope» (Cocktail für eine Leiche, 1948) in einer einzigen Einstellung aufzunehmen. Die Dreharbeiten selbst sah er als lästige Pflicht an, sie waren nur die Umsetzung dessen, was im Drehbuch entwickelt war. Stolz verkündete er, daß

es bei ihm auch keine Schnittvarianten im Schneideraum durchzuspielen gab: Die Szenen wurden so präzise geplant und gedreht, daß nach deren Zusammenfügen am Schneidetisch kaum eine Handvoll Filmschnipsel als Abfall übrigblieb. In diesem Zusammenhang wundert es nicht, daß der für drastische Streiche bekannte Schalk unter der Kappe des Biedermanns seine Schauspieler als «Vieh» bezeichnete – sie hatten sich wie die Kamera und die Ausstattung allein der selbstbewußt erzählten Story unterzuordnen. Begeistert vertrauten wir dem Meister, wenn er seine (Alp-)Träume in haarsträubende Spannung verpackte. Dabei konnte es passieren, daß die Heldin wie in «Psycho» (Psycho, 1960) schon in der ersten Hälfte des Films sterben ließ. In Hitchcocks Filmen hat jeder Dreck am Stecken – vor allem diejenigen, die nichts verbrochen haben. Der Suspense, für den sein Name steht, diente ihm dazu, auf subtile Weise Sonden bis tief in unsere Psyche zu bohren – besonders wenn er wie in «Rear Window» (Das Fenster zum Hof, 1954) den unabdingbaren Voyeurismus jedes Zuschauers zum Thema macht. Statt uns brüskiert zu fühlen, fieberten wir begeistert nach dem nächsten Hitchcock.

Ebenso wie sein überragendes Können spielt Hitchcocks geniale Selbstdarstellung eine wichtige Rolle in seiner Erfolgsstory. Er hatte nichts dagegen, die Geheimnisse seines Metiers vor der Kamera zu diskutieren, er lieh Krimi-TV-Serien, Buchreihen und Zeitschriften seinen Namen. Vor allem schob er seine dicke Unterlippe in den meisten seiner Filme als Edelkomparse kurz durchs Bild – möglichst am Anfang, weil das Publikum darauf wartete und sich schnell wieder auf die eigentliche Handlung konzentrieren sollte: der Running gag nicht eines Films, sondern einer ganzen Karriere. Zwar engagierte er immer wieder Weltstars wie Cary Grant und James Stewart, dennoch gelang es ihm wie keinem anderen Regisseur, sich selbst als Zugpferd seiner Filme zu etablieren. Und so verkörperte der kleine dicke Mann aus Großbritannien die Quintessenz des Mediums: Gute Filme sind die eine Sache – aber man muß das Publikum ins Kino holen, damit es sie überhaupt bemerkt.

Durch die Machtposition des Regisseurs wird alles, was er seinen Mitarbeitern sagt, auf die Goldwaage gelegt. Die Selbstkontrolle wird also zur eigenen Lebensstrategie: «Wie im Auto muß ich einen bestimmten Gang einlegen», sagt Pollack. «Ich muß stark erscheinen. Denn wenn ich selbst durchdrehe, wird es erst recht schlimm. Ich bereite mich zwischen zwei Filmen mit körperlichem und geistigem Training auf die nächste Arbeit vor. Dennoch bin ich am Ende eines Films fix und fertig. Doch wenn Sie mich am Set beobachteten, würden Sie sagen: ‹Wie ruhig Sie sind! Sie schreien nie, alles regeln Sie ganz locker.› Aber niemand merkt, was in mir vorgeht.»

Sicher hilft es dem Regisseur, sich in Bescheidenheit zu üben wie Paul Morrissey («Carne per Frankenstein»/Andy Warhols Frankenstein): «Ich glaube nicht, daß der Regisseur einen wesentlichen Beitrag leistet. Denn er verhilft doch nur den Schauspielern zu Leistungen, die Hunderte von Jahren überdauern werden. Was an einem Film zählt, ist Garbos Spiel oder John Waynes großartige Leistung oder Clint Eastwood, der 100 Leute umlegt.»

Aufgrund der großen Verantwortung, die auf ihren Schultern lastet, werden die Regisseure von den Studioleitern und Produzenten fast uneingeschränkt anerkannt. Charlton Heston über den idealen Regisseur: «Er muß ein guter Captain sein. Natürlich sind Talent, Intelligenz und Phantasie wichtige Voraussetzungen. Aber Dreharbeiten sind kein demokratischer Vorgang. Es gibt erstaunliche Parallelen

Zwei, die Wert auf dichte Dramaturgie legten: John Huston (oben links mit Louis Calhern bei «Asphalt-Dschungel») setzte Maßstäbe im Thriller- und Abenteuer-Genre. Carol Reed instruiert das Genie Orson Welles am Set von «Der dritte Mann»

zwischen einem Film und einer militärischen Operation. Die Führungsqualitäten des Regisseurs sind also äußerst wichtig.» Der Autor und Regisseur Colin Higgins («Nine to Five» / Warum eigentlich … bringen wir den Chef nicht um?) findet einen weniger martialischen Vergleich: «Ich steuere ein riesiges Schiff, das wir Filmproduktion nennen – der Hafen ist der erfolgreich abgeschlossene Film. Man sticht mit einer Gruppe kreativer Leute und Techniker in See und muß sie sicher ans andere Ufer bringen.» Alexander Mackendrick, Regisseur des Klassikers «Ladykillers» (Ladykillers) definiert seine Aufgabe so: «Ein Studioanstreicher sagte mal zu meiner Tante: ‹Mackendrick? Sind sie verwandt mit dem Typ, der in den Ealing-Studios arbeitet?› Sie bejahte, und er sagte: ‹Ist ja toll. Er hat an vielen meiner Filme mitgearbeitet.› Ich empfand das als Kompliment, denn als guter Regisseur hoffe ich, daß jeder Mitwirkende unsere Arbeit als seinen Film ansieht.»

Bevor der Kapitän aber die Leinen losmachen kann, muß er zunächst das Vertrauen seiner Mitarbeiter gewinnen. Regisseur Jonathan Kaplan («The Accused»/ Angeklagt) erlebt das als risikoreiche Gratwanderung: «Die Teammitglieder beobachten anfangs genau, ob ich meinen Job auch verstehe. Sie machen sich dann sehr schnell ihr Bild: Wenn ich sie überzeugen kann, dann reißen sie sich Arme und Beine aus, um mich zufriedenzustellen. Wenn sie mich für einen netten Idioten halten, sabotieren sie mich zwar nicht, aber richtig anstrengen wird sich auch niemand. Wenn sie mich aber nicht nur für einen Egozentriker und Despoten halten, sondern dann auch noch merken, daß ich überhaupt keine Ahnung habe, dann lassen sie mir Sandsäcke auf den Kopf fallen.»

Wie schwierig es für einen Regisseur sein muß, den richtigen Ton im Umgang mit seinem Team zu finden, deutet Tontechniker Chris Newman in seiner Begeisterung für Regisseur Peter Weir an: «Regisseure wie ihn findet man selten – intelligent, gründlich und umsichtig. Eine sehr ungewöhnliche Kombination. Die intelligenten Regisseure sind normalerweise skrupellos, und die sanfteren meistens dumm. Es kommt sehr selten vor, daß ein anständiger Mensch auch ein guter Regisseur ist.»

Wenn die Schauspieler den Regisseur als Diktator erleben, liegt das häufig am Grundkonzept seiner Filmarbeit. Jean Renoir («La grande illusion» / Die große Illusion) erzählt aus seiner Erfahrung: «Es gibt zwei Arten Regisseure: Die einen bauen die Szene von der Kamera her auf. Sie lassen die Kamera an einem sorgfältig gewählten Standort aufstellen, der dem Hintergrund und den Requisiten der Szene eine gewisse Symbolik verleiht. Dann stellen sie die Schauspieler vor die Kamera, und es geht los. Wunderbare Regisseure wie René Clair arbeiten so. Ich ziehe das Gegenteil vor, ich fange mit den Schauspielern an. Ich sehe mich nicht als oberster Kontrolleur, sondern einfach als Hebamme. Der Schauspieler trägt etwas in sich, von dem er oftmals nichts weiß. Das muß ich ihm klarmachen. Erst wenn die Proben gut aussehen, übergebe ich die Zügel dem Kameramann, und die Blickwinkel werden ausgewählt. Der Winkel hängt vom Spiel der Darsteller ab, nicht von meiner Phantasie.»

Die Schauspieler bestimmten Renoirs Stil sehr nachhaltig. Er schätzte es gar nicht, die Szenen der Darsteller durch Schnitte zu unterbrechen, und bevorzugte deshalb lange Einstellungen, Fahraufnahmen und Schwenks: «Die Kamera ist kein Gott, sondern ein Aufnahmeinstrument, das dem Schauspieler in seinen Bewegungen folgt.» Im Gegensatz zu Perfektionisten wie Stanley Kubrick oder William Wyler, die Szenen oft Dutzende von Malen wiederholen ließen, hielt Renoir wenig von diesem System, weil er nicht daran glaubte, daß die Darstellung durch Wiederholungen an Qualität gewinnt. Wenn irgend möglich, beließ er es bei einem Take. Der mußte natürlich im Vorfeld gut geprobt werden.

Sidney Lumet formuliert sein ähnliches Konzept mit anderen Worten: «Vorbereitung ist alles. Verhindert zuviel Vorbereitung jegliche Spontaneität? Überhaupt nicht. Ich habe bemerkt, daß genau das Gegenteil eintritt: Wenn man weiß, was man tut, fühlt man sich beim Improvisieren viel freier.»

Aus dem Kommentar von Jerome Hellman, Produzent von «Coming Home» (Co-

Einer der Urväter
des Abenteuerkinos
war Rex Ingram
(unten), der in den
20er Jahren mit
Stummfilmen wie
«Scaramouche»
oder der Urfassung
von «Der Gefangene
von Zenda» stilvolle
Action ins Kintopp
brachte. Links:
Regisseur Josef von
Sternberg (an der
Kamera) schuf gro-
ße Dramen wie «Der
blaue Engel» oder
«Die scharlachrote
Kaiserin»

ming Home – Sie kehren heim, 1978) und «Midnight Cowboy» (Asphalt-Cowboy, 1969), wird deutlich, daß er von Konzept-Regisseuren wie Hitchcock oder Kubrick wenig hält: «Ein guter Regisseur muß neugierig und zugänglich sein, sich auf das Unerwartete einstellen können. Wenn er in eine Szene einsteigt, darf sie in seinem Kopf nicht schon so festgefahren sein, daß er die phantastischen Dinge nicht bemerkt, die sich vor seinen Augen abspielen. Ich habe schon blinde Regisseure erlebt.»

Die meisten Darsteller können nur überzeugend spielen, wenn sie ein gutes emotionales Verhältnis zum Regisseur aufgebaut haben. Für den Regisseur ist das eine enorm schwierige Aufgabe. John Badham («Stakeout» / Die Nacht hat viele Augen) weiß: «Der Schauspieler möchte allen gefallen, will aber selbst keine Risiken eingehen. Wenn man ihn anbrüllt oder sich über ihn lustig macht, wird er vorsichtig und wagt nichts.» Regisseur Richard Attenborough

(«Gandhi» / Gandhi, «A Chorus Line» / A Chorus Line) war selbst ein bekannter Darsteller, als er ins Regiefach wechselte. Er bringt also die besten Voraussetzungen für die Führung seiner Kollegen mit: «Ausnahmslos jeder Schauspieler ist im Grunde seines Herzens unsicher und hat panische Angst. Sobald er in der Dekoration steht,

STANLEY KUBRICK

Der Eremit

Genie, Besessener, Einzelgänger – Stanley Kubrick drehte in 35 Jahren gerade sieben Filme (darunter «2001», «Uhrwerk Orange», «Full Metal Jacket»). Alle waren meisterlich inszeniert und von Cineasten ungeduldig erwartet

Wie kein anderer Regisseur hat sich der Amerikaner Stanley Kubrick (Jahrgang 1928) in seiner vierzigjährigen Karriere das Renommee eines unabhängigen, unantastbaren Film-Gurus aufgebaut. Eine beispiellose Vereinbarung mit Warner Brothers erlaubt ihm, jahrelang an seinen Projekten zu tüfteln und schließlich eine Endfassung abzuliefern, ohne daß seine Geldgeber die Produktion beeinflussen können oder vorher auch nur teilweise zu sehen bekommen. Kubrick konnte es sich sogar leisten, die Dreharbeiten zu «Full Metal Jacket» (Full Metal Jacket) fünf Monate zu unterbrechen, damit Darsteller Lee Ermey nach einem Autounfall seine schweren Verletzungen auskurieren konnte.

In den 50ern etablierte sich der New Yorker Kubrick als unabhängiger Filmemacher; spätestens mit «Paths of Glory» (Wege zum Ruhm, 1957), einem kompromißlosen Antikriegsfilm, zog er als talentierter Regisseur weltweite Aufmerksamkeit auf sich. Während der Produktion von «Spartacus» (Spartacus, 1960) wurde er kurzfristig von Produzent Kirk Douglas engagiert, um Regisseur Anthony Mann zu ersetzen. Dies blieb seine einzige Auftragsarbeit. Kubrick zog sich anschließend ins freiwillige Exil nach London zurück und drehte in den folgenden 35 Jahren nur sieben Filme, jeder davon ein weiterer Beleg seiner perfektionistischen Arbeitsweise und seiner visionären Kraft, die ganze Genres neu definiert haben: «Dr. Strangelove or: How I Learned to Stop Worrying and Love the Bomb» (Dr. Seltsam oder Wie ich lernte, die Bombe zu lieben, 1963) ist die bitterböse Satire über den Selbstzerstörungstrieb des Menschen – im Zentrum das Symbol der Atombombe auf dem Höhepunkt des kalten Krieges. «2001: A Space Odyssey» (2001 – Odyssee im Weltraum, 1968) avancierte zum Kultfilm der 68er-Generation durch seine vage bleibende Botschaft der Menschlichkeit, überbracht von außerirdischer Intelligenz. Vor allem besticht der Film durch die bahnbrechenden Spezialeffekte, von deren Vorbild die nachfolgenden Science-fiction-Filme bis heute deutlich geprägt sind. In «A Clockwork Orange» (Uhrwerk Orange, 1971) nach dem Roman von Anthony Burgess entwirft Kubrick die Vision einer futuristischen Gesellschaft, in der ein brutaler Rowdy zum Spielball im noch brutaleren Rachefeldzug des Staatsapparats wird.

Immer hat Kubrick die technischen Weiterentwicklungen im Filmbereich interessiert verfolgt und ihnen maßgeblich Schützenhilfe geleistet.

Nach dem akribisch entworfenen, realistischen Zukunftsuniversum in «2001» erfand er in «Barry Lyndon» (Barry Lyndon, 1975) ebenso ausgetüftelte Bilder für die Vergangenheit: Um erstmals ein rauschendes Barockfest ausschließlich bei der authentischen Kerzenbeleuchtung filmen zu können, verwendete er ein neuentwickeltes Zeiss-Kameraobjektiv, das auch schwach ausgeleuchtete Sets optimal einfangen kann. Für die Stephen-King-Verfilmung «The Shining» (Shining, 1980) setzte er das damals kaum erprobte Steadicam-System ein, das der Kamera ungeahnte Mobilität erlaubt, weil handgefilmte Sequenzen wie perfekte Fahraufnahmen durch die endlosen Flure des fluchbeladenen Hotels erscheinen. Für «Full Metal Jacket» (1987) verwendete Kubrick das neuartige Montage Video Editing System, die das gefilmte Material auf Video unbegrenzt abrufbar macht und dadurch endlose Schnittvarianten am Bildschirm im Bruchteil der bisher benötigten Zeit ermöglicht.

Obwohl wenig von seinen zukünftigen Projekten bekannt wird, weiß man, daß der Meister an einem futuristischen Abenteuer arbeitet, das «AI» (Artificial Intelligence) heißen soll und derart umfangreiche Tricksequenzen benötigt, daß eine Realisierung erst möglich scheint, seit Kubrick sich eingehend mit dem heutigen Stand der bei ILM entwickelten Computeranimationstechnik vertraut gemacht hat. Im Sommer 1996 begann Kubrick mit der Verfilmung seines eigenen Drehbuchs «Eyes Wide Shut» mit Tom Cruise und Nicole Kidman – die Geschichte einer verhängnisvollen Leidenschaft.

Niemand hat den Meister seit den Dreharbeiten zu «Shining» in der Öffentlichkeit zu sehen bekommen, er wohnt und arbeitet, nur von seinen engsten Mitarbeitern umgeben, in London. Es heißt, daß er wegen seiner Flugangst ausschließlich in Europa dreht (ein Grund, warum selbst die Vietnam-Sequenz von «Full Metal Jacket» auf einem verlassenen Londoner Fabrikgelände realisiert wurde). Sicherlich trägt dieses Eremitentum zur Legendenbildung bei. Die Legende gäbe es aber auch allein durch sein Werk, das eine der ungewöhnlichsten Filmographien in der Geschichte des Mediums darstellt.

und nicht nur das Team, sondern auch Studiobesucher ihm zusehen, muß er zeigen, was er zu bieten hat. Das Wichtigste, was der Regisseur in diesem Stadium leisten kann: er muß Vertrauen vermitteln. Wenn das gelingt, entspannt sich der Darsteller, und wenn er entspannt ist, geht er nicht auf Nummer sicher, sondern wagt auch etwas. Mit etwas Glück kommt dann etwas Großartiges dabei heraus.»

Anthony Quinn, der sich nur einmal erfolglos als Regisseur versucht hat («The Buccaneer» / König der Freibeuter, 1958), weiß über diesen Beruf wenig Positives zu sagen: «Die meisten Regisseure in der Filmbranche sind Verkehrspolizisten. Unter den 170 Filmen, die ich gemacht habe, sind höchstens 15 oder 16, in denen ich inszeniert worden bin. Um sich über Wasser zu halten, muß der Schauspieler fast lernen, sich selbst zu inszenieren. Dadurch macht er sich Feinde. Denn die meisten Regisseure wollen keine Hilfe. Ich habe Fellini bewundert und hätte sonstwas darum geben, noch mal mit ihm zu arbeiten, aber er sagte: ‹Nein, nein, du redest zuviel. Ich will nicht, daß du meine Filme inszenierst – das will ich selber tun.›»

Die diktatorische Regie ist sicher nicht die richtige Methode, um Darsteller zu Spitzenleistungen anzutreiben. Dennoch – Diktatoren hat es in der Filmgeschichte immer wieder gegeben. Charlton Heston erinnert sich: «Wenn man zwei Filme mit William Wyler durchsteht, dann kann man alles aushalten. Ein Film mit ihm ist wie der Besuch in einem türkischen Bad: Man ertrinkt fast, aber wenn man herauskommt, riecht man wie eine frische Rose. Willy ist einer der besten Regisseure, die ich erlebt habe. Aber die Verständigung mit ihm funktioniert nicht. Weil er Perfektionist ist und Darstellerleistungen unfehlbar beurteilt, kann er es sich leisten, auf seiner Autorität zu bestehen. Er war zwar sehr charmant, doch bei der Arbeit gnadenlos. Er war wie ein Uhrmacher, der eine Uhr zusammensetzt und sich nicht darum kümmert, daß es um Menschen und nicht um Zahnräder geht.» Heston beklagt sich, daß er nur einmal, nach sieben Monaten Arbeit an «Ben-Hur» (Ben Hur), von Wyler in einem Nebensatz gelobt worden sei. Offensichtlich galt ein Lob von Wyler als Orden für Tapferkeit vor dem Feind. Peter O'Toole erinnert sich, daß der für endlose Szenenwiederholungen bekannte Wyler ihm während der Dreharbeiten zu «How to Steal a Million» (Wie klaut man eine Million?) den Spitznamen «O-T-O-T» verlieh: «One Take O'Toole». Offensichtlich hatte O'Toole Wyler dadurch Respekt abgerungen, daß er meist schon beim ersten Take eine perfekte Leistung ablieferte.

Auch John Ford («Stagecoach» / Ringo), für die sentimentale Humanität seiner Filmen bekannt und berühmt, war bei Dreharbeiten nur von Mitarbeitern zu ertragen, die bereit waren, sich auf seine Art einzustellen. Henry Fonda gehörte offensichtlich nicht dazu: «Wenn ein Schauspieler es wagte, einmal etwas in Frage zu stellen, riß Ford entweder die Seiten aus dem Drehbuch oder beleidigte ihn auf übelste Weise.» Robert Mitchum weiß ähnliches von dem als Frauenhasser verschrienen Otto Preminger zu berichten. Bei den Dreharbeiten zu «Angel Face» (Engelsgesicht, 1952) kam es in einer Szene zwischen Mitchum und Partnerin Jean Simmons zum Eklat: Mitchum mußte Simmons laut Drehbuch ohrfeigen, und Preminger verlangte, daß Mitchum richtig zuschlug. Doch Preminger war nicht zufrieden und befahl weitere Takes – wieder und wieder. Bei der siebenten Wiederholung weigerte sich Mitchum und ließ es auf eine Konfrontation ankommen. Er wußte, daß er als Superstar im Zweifelsfall sogar die Entlassung des Regisseurs erreichen konnte. Preminger mußte nachgeben.

Der Regisseur sollte im besten Fall ein hervorragender Psychologe sein. Denn das Projekt muß mit Autorität vorangetrieben werden – nur lautstark demonstrieren darf er das möglichst nie. Es ist eine knifflige Aufgabe, die Schauspieler anzuleiten, ohne dabei ihre Kreativität zu beschneiden. Robert De Niro dazu: «Wer mir vorschreibt, wie ich etwas tun muß, ist ein schlechter Regisseur. Einige Regisseure sind nur an Resultaten interessiert; die sagen einfach: Erst tust du das und dann gehst du da rüber und lachst. Sie verstehen nicht, daß ich das auch auf meine Art spielen kann, was viel besser wäre. Ich hätte mehr Selbstvertrauen und auch mehr Spaß dabei. Ich würde merken, daß er meinem Gespür vertraut. Und dann gibt es Regisseure, die zu allem ja und amen sagen. Das ist genauso schwierig. Ich brauche jemanden, den ich respektiere und der mich respektiert und der auch mal ‹nein› sagt oder: ‹Das ist schon ganz gut, aber versuche es mal auf diese Art.› Geben und Nehmen müssen sich abwechseln. Wenn diese Balance verlorengeht, dann ist auch das Resultat zum Scheitern verurteilt.» Aus der Sicht des Regisseurs sagt Jean Renoir dazu: «Der Schauspieler muß das Gefühl haben, daß er selbst seine Rolle geschrieben hat. Das stimmt zwar nicht, aber er muß es glauben.»

Jeanne Moreau hat Erfahrungen vor und hinter der Kamera gesammelt. Sie läßt keinen Zweifel daran, wie intim die vor dem gesamten Team ausgelebte Beziehung zwischen Regisseur und Darstellerin ist: «Als Schauspielerin fühle ich mich bei jedem Regisseur anders. Ich kann mich nur auf einen Film und einen Regisseur vorbereiten, indem ich innerlich leer bin – ich bringe

Gold im zweiten Anlauf

Stars, die ihren ersten Oscar als Regisseur gewannen

Woody Allen	1977	Annie Hall (Der Stadtneurotiker)
Robert Redford	1980	Ordinary People (Eine ganz normale Familie)
Warren Beatty	1981	Reds (Reds)
Kevin Costner	1990	Dances with Wolves (Der mit dem Wolf tanzt)
Clint Eastwood	1992	Unforgiven (Erbarmungslos)
Mel Gibson	1995	Braveheart (Braveheart)

SAM PECKINPAH

Rebellion als Prinzip

Sie nannten ihn «Bloody Sam». Sam Peckinpah (1925 – 1984) tat sich schwer mit seinem Leben, und anderen machte er es auch nicht leicht. Charlton Heston, sein Hauptdarsteller in «Major Dundee» (Sierre Charriba, 1964) beschrieb ihn in den 70er Jahren so: «Ich würde gern nochmal mit Sam Peckinpah arbeiten, aber er macht es einem sehr schwer. Man muß sich ganz persönlich auf ihn einstellen. Das heißt, man sitzt mit ihm nächtelang in mexikanischen Bars und trinkt lausigen Brandy. Und man muß andauernd diskutieren – nicht nur über das Drehbuch, sondern über Gott und die Welt. Dann muß man aufbleiben und mit den Studiovertretern reden, und danach muß man mit Sam eine halbe Stunde lang darüber reden, wie schrecklich diese Typen sind. Es gibt offensichtlich Regisseure, die in dieser permanenten Krisensituation gut funktionieren. Sam gehört dazu. Ich persönlich halte das nicht aus. Dennoch war mein Verhältnis zu Sam enger als mit jedem anderen Regisseur. Durch diese Nächte in den Cantinas hat er mich zu Major Dundee gemacht – mehr als vor der Kamera.»

Vielleicht war Peckinpahs Außenseitertum Voraussetzung dafür, daß er mit seinen gewalttätigen, moralisch zwiespältigen Filmen das Genre des Spätwestern definierte: «Ride the High Country» (Sacramento, 1961), «The Wild Bunch» (The Wild Bunch – Sie kannten kein Gesetz, 1968), «The Ballad of Cable Hogue» (Abgerechnet wird zum Schluß, 1969), «Pat Garrett vs. Billy the Kid» (Pat Garrett jagt Billy the Kid, 1972). Sein Markenzeichen waren Outlaws, deren Sterben im Kugelhagel per Zeitlupe zum Todesballett gerinnt. Durch seinen Alkoholkonsum und seine Kompromißlosigkeit eckte er immer wieder bei den Geldgebern an – nach «Sierra Charriba» stand er drei Jahre lang auf der schwarzen Liste. Und in seinen Helden, die noch unzugänglicher waren als die staubige Wüste des amerikanischen Südwestens, durch die sie ritten, schuf er sich ein autobiographisches Vermächtnis.

MARTIN SCORSESE

Der Besessene

Blutig, tragisch, eigenwillig – Sam Peckinpahs (links) brillant inszenierte Gewaltorgien «The Wild Bunch» und «Pat Garrett jagt Billy the Kid» brachen Tabus im moralbewußten Hollywood

Zwielichtige Typen, tragische Italo-Amerikaner, das Happy-End niemals in Sicht – Martin Scorseses intensive Werke («Hexenkessel», «Wie ein wilder Stier») gehören zum stilistisch Besten, was das amerikanische Gegenwartskino zu bieten hat (oben bei den Dreharbeiten zu «Casino» mit Robert De Niro und Sharon Stone)

Ähnlich wie Kritiker/Regisseur Peter Bogdanovich entwickelte Martin Scorsese (*1942) seinen Beruf aus der Begeisterung für das Kino. Inzwischen beschäftigt er sogar Mitarbeiter, die systematisch Filme aus dem Fernsehen aufzeichnen, um seine Filmsammlung zu ergänzen. Er ist seit den 70er Jahren der leidenschaftlichste, engagierteste und erfindungsreichste amerikanische Filmemacher, der sich auch für die Erhaltung und Restaurierung des Filmerbes einsetzt. Der ehemalige Klosterschüler konstruiert seine autobiographisch gefärbten Geschichten häufig um das Thema Sünde und Erlösung, immer wieder kehrt er motivisch ins Milieu der New Yorker Italo-Amerikaner zurück. Meist finanziert er seine Projekte außerhalb des Hollywood-Mainstream, und keiner seiner Erfolge kann sich finanziell mit einem Spielberg oder Lucas messen. Aber ein treues Publikum und die fast einhellig zustimmende Kritikergemeinde weiß er hinter sich. Scorsese legt Wert auf ein Team eingeschworener Mitarbeiter, allen voran sein Freund Robert De Niro. Ihre gemeinsamen Filme gehören zu den Höhepunkten sowohl in Scorseses als auch in De Niros Karriere: «Mean Streets» (Hexenkessel, 1973), «Taxi Driver» (Taxi Driver, 1975), «New York, New York» (New York, New York, 1977), «Raging Bull» (Wie ein wilder Stier, 1980), «The King of Comedy» (The King of Comedy, 1982), «GoodFellas» (GoodFellas – Drei Jahrzehnte in der Mafia, 1989), «Cape Fear» (Kap der Angst, 1991) und «Casino» (Casino, 1995).

FRANCIS FORD COPPOLA

Der Visionär

Die Attribute hängen ihm an wie Kletten einem Bärenfell: talentiert, verschwenderisch, glücklos, visionär, idealistisch, selbstgefällig. Wie seine Kollegen Steven Spielberg und George Lucas hat Francis Ford Coppola (*1939) in Kalifornien Film studiert, aber nur er ist seinem künstlerischen Credo treu geblieben – Lucas hat sich mit seinen technischen Spielzeugen verkrochen, und Spielberg ist als Genie zu simpel gestrickt, als daß selbstzerstörerische Tendenzen ihn belasten könnten. Dafür kann Coppola Meisterwerke wie «The Godfather» (Der Pate, 1971), «The Conversation» (Der Dialog, 1973, Goldene Palme in Cannes) und «Apocalypse Now» (Apocalypse Now, 1979, Goldene Palme in Cannes) vorweisen. Er gewann fünf Oscars: für die Drehbücher zu «Patton: Salut to a Rebel» (Patton – Panzer nach vorn, 1970) und «Der Pate», und für Buch, Regie und Produktion von «The Godfather II» (Der Pate II, 1974).

Mehr als einmal hat er alles für eine Idee aufs Spiel gesetzt – und verloren. Die visuelle Kraft des mit experimenteller Videotechnik gedrehten «One from the Heart» (Einer mit Herz, 1981) war zu teuer, als daß der finanzielle Mißerfolg aufgefangen werden konnte – Coppola verlor seine Firma Zoetrope. Der Zwang zur Beschränkung brachte dann so unerwartete Kultfilme wie «The Outsiders» (Die Outsider, 1982) und «Rumble Fish» (Rumble Fish, 1983) hervor – praktisch der Brutkasten des Brat packs, kommender Stars wie Matt Dillon, Nicolas Cage, Emilio Estevez, Tom Cruise, Patrick Swayze, Diane Lane, Ralph Macchio und C. Thomas Howell.

Immer wieder hat Coppola mit seinem künstlerisch integren Namen die Projekte von Kollegen unterstützt und produziert, darunter die von Paul Schrader, Wim Wenders und Akira Kurosawa. Daneben setzte er sich für die Restaurierung von Abel Gances Stummfilmklassiker «Napoléon» (Napoleon, 1927) ein.

Coppola bleibt unberechenbar zwischen Liebesarbeiten wie der Industriellen-Biographie «Tucker: The Man and His Dream» (Tucker, 1988), der neokonservativen Vietnam-Fußnote «Gardens of Stone» (Der steinerne Garten, 1986) und Versuchen, seinen kommerziellen Marktwert wieder zu heben («The God-father III»/Der Pate III, 1990, «The Rainmaker», Der Regenmacher, 1997). Nur eins ist gewiß – das Attribut «langweilig» wird sich in Coppolas Pelz nicht festsetzen.

Francis Ford Coppola (mit Al Pacino und Andy Garcia am Set von «Der Pate III») setzte weniger auf Kommerz und mehr auf Anspruch – ein Konzept, das mit «Der Pate» und «Apocalypse Now» aufging

keine Ideen mit, ich bereite mich darauf vor, angefüllt zu werden. Der Schauspieler und die Schauspielerin sind das Medium, das alles aufsaugt, was vorbeikommt: Gleichgültigkeit, Kälte, Aggression, Wärme, Liebe, Haß. Gute Regisseure geben mir eine gewisse Freiheit, nachdem sie ihren Teil gesagt haben. Dadurch fühlt man sich als sein eigener Regisseur. Ich will ihn erreichen, zu ihm habe ich die engste Beziehung, ich spüre seine Gegenwart, seine Anziehungskraft, selbst wenn ich ihn nicht ansehe. Deswegen brauche ich auch kein Publikum. Das Vergnügen ist sehr egoistisch – wirklich so, wie wenn man Liebe macht.»

Im Gegensatz zu Diktatoren wie William Wyler, Fritz Lang oder Otto Preminger war George Cukor («The Women»/Die Frauen) dafür berühmt, selbst mit als schwierig bekannten Diven blendend auszukommen. Das brachte ihm den Ruf eines «Frauenregisseurs» ein. Woran das lag, beschrieb er selbst so: «Der Regisseur sollte eine Atmosphäre schaffen, in der die Darsteller auch mal Blödsinn machen dürfen. Sie müssen spüren, daß da einer ist, der die Zügel in der Hand hält. Die Schauspieler müssen wissen, daß ich kein Esel bin und merke, wenn sie etwas Außergewöhnliches zustande bringen. Ein Regisseur sollte bescheiden sein und immer offen für Anregungen bleiben. Man fragt mich oft: ‹Wie kommen Sie nur mit diesen berühmten Schauspielerinnen aus?› Nun, es sind intelligente Frauen. In dieser Branche sind die Frauen nicht dumm. Der Regisseur darf keine Angst vor seinen Darstellern haben. Und die Schauspieler müssen wissen, daß man auf ihrer Seite ist.»

Ein kluger Regisseur wird in seiner Arbeit feststellen, daß er zwar wie ein Dirigent den Takt vorgibt, aber letztlich hört man ihn nur dadurch, daß seine Mitarbeiter wohlklingende Töne hervorbringen. Richard Attenborough: «Wenn man die besten Schauspieler engagieren kann, wäre es doch lächerlich, ihre Möglichkeiten zu beschneiden, also ihnen von vornherein vorzuschreiben, was sie tun sollen. Wenn sie etwas von ihrer Arbeit verstehen und ihre Hausaufgaben gemacht haben, bieten sie mir höchstwahrscheinlich etwas an, was mir noch gar nicht eingefallen ist. Vielleicht

funktioniert es ja, und ich kann es mit der Kamera einfangen – dann gelingt mir damit etwas Außergewöhnliches, was später sogar als meine eigene Leistung angesehen wird.»

Der Regisseur muß die Fähigkeit besitzen, sich unmißverständlich mitzuteilen. «Regie führen ist 80 Prozent Kommunikation und 20 Prozent Know-how», meint Steven Spielberg. «Ich muß wissen, wie man schneidet, ausleuchtet und wie man spielt. Und wenn ich mich mitteilen kann, so daß alle verstehen, was ich will, dann bin ich ein guter Regisseur.»

Manchmal führen Regisseure nicht nur Regie. Die Dezentralisierung der amerikanischen Filmproduktion nach der Zersplitterung des Studiosystems ließ die Filmemacher häufig mehrere Aufgaben gleichzeitig übernehmen. Es gibt den Produzent-Regisseur, Autor-Regisseur, Autor-Produzenten und sogar den Autor-Regisseur-Produzenten. In diesen Fällen hat der Regisseur fast die gesamte künstlerische Kontrolle in seiner Hand, doch er sollte nie vergessen, für wen er arbeitet. Selbst ein despotischer Perfektionist wie Fritz Lang, der sich das Studioteam untertan machte, verlor die Perspektive nie aus den Augen: «Warum sind es besonders die Erstlingswerke eines Autors, Drehbuchautors oder Stückeschreibers, die Erfolg haben? Weil sie zu dem Zeitpunkt noch zum Publikum gehören. Je mehr sie sich vom Publikum entfernen, desto mehr verlieren sie Kontakt. Ich habe mein Leben lang versucht, den Kontakt zum Publikum nicht zu verlieren.»

Mit seinem völlig anderen Ansatz kommt Jean Renoir zu einem ähnlichen Ergebnis: «Ich möchte mit meinen Filmen dem Publikum das Gefühl vermitteln, daß er nicht fertig ist. Ich glaube nämlich, daß ein Film erst dann ein Kunstwerk ist, wenn der Betrachter daran mitarbeitet. Ich finde es schön, wenn der Zuschauer die Geschichte weiterspinnt. Dann ist der Film gut. Der Künstler und sein Publikum müssen kommunizieren. Wir müssen dahin kommen, daß das Publikum der Macher und der Künstler der Zuschauer ist. Aber das ist natürlich nur ein Traum…»

STEVEN SPIELBERG

Cash vs. Kunst

Steven Spielberg (*1947) macht Filme, wie er atmet: auf so unmittelbare Art, «als ob er dem Kopf von D. W. Griffith entstiegen wäre», wie ein Kritiker bemerkt. Sein Enthusiasmus läßt uns immer noch den Jungen in ihm spüren, der im elterlichen Garten seine Kriegsfilme dreht. Wie kein anderer hat er seine Begeisterung auf das Publikum übertragen. Zwei Jahrzehnte lang galoppierte Hollywoods Goldesel immer wieder als erster durchs Ziel: «Jaws» (Der weiße Hai, 1975), «Raiders of the Lost Ark» (Jäger des verlorenen Schatzes, 1980), «E.T.: The Extraterrestrial» (E.T. – Der Außerirdische, 1982) und «Jurassic Park» (Jurassic Park, 1993) verbanden kinogerechte Fabeln mit atemberaubendem Erzählrhythmus, enormem Materialaufwand und überwältigenden Marktstrategien. Die künstlerischen Ambitionen des Filmemachers Spielberg gingen dabei unter. Den «Weißen Hai» wollte er zunächst

nicht machen, weil ihm der Stoff zu kommerziell war. Doch er drehte ihn und etablierte sich damit als Box-office-Garant (von wenigen Ausnahmen abgesehen) – anders als sein Filmschool-Kommilitone Francis Ford Coppola, der viel radikaler seiner künstlerischen Vision treu blieb und damit häufig Schiffbruch erlitt. Spielbergs erster Anlauf, um auch von der Oscar-Gemeinde anerkannt zu werden, war «The Color Purple» (Die Farbe Lila, 1986) – ein kommerzieller Erfolg, der bei der Oscar-Verleihung ignoriert wurde. Der zäh verfolgte Traum seiner persönlichen Filmversion des Holocaust zahlte sich 1993 mit «Schindler's List» (Schindlers Liste) endlich aus. Das Publikum war ebenso einhellig begeistert wie die Kritiker. Und sieben Oscars konnten sogar die Ambitionen eines Spielberg befriedigen.

WOLFGANG PETERSEN

Hurrah
for Hollywood

QUENTIN TARANTINO

Der aus der
Hüfte schießt

Petersen (*1941) ist nicht nach Hollywood «übergelaufen", er sieht sich als Doppelagent: «Ich versuche, soviel wie möglich von der europäischen Kinokultur hier 'rüberzuretten.» Nach etlichen Jahren in Hollywood hat er sich seinen Traum erfüllt, ist durch den finanziellen Erfolg von «In the Line of Fire» (In the Line of Fire – Die zweite Chance) und «Outbreak» (Outbreak – Lautlose Killer) ein Power-Name, mit dem auch die großen Studios kalkulieren müssen. Aber er will seine künstlerische Herkunft, seine Begeisterung für Fellini, Bergman, Godard und Truffaut nicht verleugnen: «Deshalb arbeiten Schauspieler wie Clint Eastwood und Dustin Hoffman so gerne mit Europäern wie mir.»

Petersen begann als Regieassistent und Schauspielschüler am Theater, besuchte die Film- und Fernsehakademie in Berlin und etablierte sich sehr bald als aufsehenerregender Fernseh-Regisseur mit kontroversen Filmen wie «Smog» (1973) und «Die Konsequenz» (1978). «Das Boot» (1981) war nicht nur eine perfekt inszenierte und aufwendig gestaltete Fernsehserie. Die Kinofassung wurde ein internationaler Hit und wurde für sechs Oscars nominiert, darunter auch für die Regie. Hollywood erschien für den Regisseur aus dem ostfriesischen Emden als konkretes Ziel am Horizont. Der nächste Schritt war «Die unendliche Geschichte», der den deutschen Kassenrekord brach. Doch Petersen bewies, daß Geduld eine entscheidende Tugend auf dem Weg nach Westen ist: Neun Jahre, zwei wenig erfolgreiche Filme und etliche nicht realisierte Projekte folgten, bis Hollywood den Könner aus Deutschland endlich würdigte. In seinem Vertrag bei Disney wurde ihm sogar das seltene Recht auf die endgültige Schnittfassung (Final cut) zugestanden.

Seinen ersten Filmauftritt absolvierte er laut selbstinszenierter Legende in Jean-Luc Godards «King Lear» (1986). Dann arbeitete Quentin Tarantino (*1963) vier Jahre in einer Videothek und saugte sich voll mit Gangsterfilm-Klischees, um daraus seinen eigenen drastisch-parodistischen Stil zu entwickeln. Er hat die Gabe, den Film noir in Ströme von Blut zu tauchen und das Resultat als Komödie zu verkaufen. Sein Regieerstling «Reservoir Dogs» (Reservoir Dogs – Wilde Hunde, 1991) entwickelte sich zum Kultfilm der Programmkinos, das Drehbuch zu «True Romance» (True Romance) bestätigte seinen Hang zu exzessiver Gewalt, die er mit geschliffenen Dialogen und trivialen Alltagsmythen versetzt. «Pulp Fiction» (Pulp Fiction, 1993) setzte sich unerwartet als Mainstream-Hit durch und machte aus dem engagierten Verfechter des unabhängigen Films einen der begehrtesten Filmemacher Hollywoods. Denn er kann sich fast so gut verkaufen wie Hitchcock.

Wolfgang Petersen (oben links mit Clint Eastwood) schaffte neben Roland Emmerich als einziger deutscher Regisseur der Gegenwart den Sprung in die A-Liga Hollywoods

Neben Martin Scorsese ist Quentin Tarantino (rechts oben) wahrscheinlich das umfangreichste lebendige Filmlexikon. Seit «Pulp Fiction» ist er als Autor, Produzent und Schauspieler in der Independent-Szene gefragt – und die Fans, deren Neugier er zuletzt mit «Jackie Brown» (Jackie Brown, 1997) befriedigte, warten gespannt auf seinen nächsten Spielfilm

Die Umsattler

Stars vor der Kamera, dahinter – oder beides

Stars haben den größten Einfluß auf eine Hollywood-Produktion – aber sie müssen die entscheidenden Verantwortlichen, Produzent und Regisseur, von ihren Vorstellungen überzeugen. Es liegt nahe, daß es am ehesten die Schauspieler sind, die Ambitionen entwickeln, endlich Filme nach ihrem eigenen Geschmack zu gestalten, also selbst zu produzieren oder Regie zu führen. Deswegen ist Tom Cruise unter die Produzenten gegangen wie vor ihm Warren Beatty und Kevin Costner, deswegen beanspruchen Schauspieler wie Robert Redford, Barbra Streisand und Mel Gibson den Regiestuhl.

Häufig sind die Gründe für eine zweite Karriere aber auch differenzierter. Clint Eastwood war zum Beispiel von Anfang an vom Filmemachen fasziniert, schaute schon bei der Produktion der Western-Serie «Rawhide» (Cowboys) Anfang der 60er Jahre der Crew über die Schulter. Sobald er

in Europa zu Ruhm gekommen war und in den USA als Star Fuß gefaßt hatte, machte der frischgebackene «Dirty Harry» sich daran, mit Hilfe seines väterlichen Freunds Don Siegel selbst die Zügel zu übernehmen. Seit seinem Debüt «Play Misty for Me» (Sadistico, 1970) hat er an die 20 Filme inszeniert. Um sich Lieblingsprojekte wie die der Jazz-Legende «Bird» (Bird) leisten zu können, spielte er für andere Regisseure weiterhin Rollen, die seinem lukrativen Image als Haudegen entsprachen.

Unzufriedenheit mit den seichten Rollen, die ihnen als Darsteller angeboten wurden, führten dazu, daß die deutschen Schauspieler Bernhard Wicki und Michael Verhoeven als Regisseure sehr viel nachhaltigere Beiträge zur Filmgeschichte schufen.

Ein neues Paar Schuhe für zwei Tänzer: Dick Powell (Mitte rechts) und Gene Kelly (oben und Mitte links) wechselten das Parkett gegen den Regiestuhl aus, als ihre Jugend schwand und große Musikfilme nur noch selten gedreht wurden

Einmaltäter oder zweite Karriere? Jack Nicholson übernahm bei «Der Galgenstrick» erstmals die Regie. Sidney Poitier inszenierte «Ausgetrickst». Bernhard Wicki erhielt mit «Die Brücke» international Lob. Frank Sinatra beließ es bei der Regie für «Der Lohn der Mutigen». Rob Reiner schuf mit «Harry und Sally» einen modernen Klassiker. Burt Lancaster war «Der Mann aus Kentucky» — vor und hinter der Kamera

Wicki wurde mit «Die Brücke» weltbekannt, Verhoeven inszenierte Filme wie «Die weiße Rose», «Das schreckliche Mädchen» und «Mutters Courage».

Rob Reiner, Sohn des Regisseurs Carl Reiner («Dead Men Don't Wear Plaid»/Tote tragen keine Karos), begann als TV-Autor und Schauspieler, bekannt wurde er als Darsteller des Schwiegersohns in der TV-Serie «All in the Family», dem US-Pendant der Kultserie «Ein Herz und eine Seele». Doch erst als Regisseur setzte er sich mit Hits wie «When Harry Met Sally» (Harry und Sally) und «A Few Good Men» (Eine Frage der Ehre) durch. Als «Hobby» betreibt er die Schauspielerei weiter («Bullets Over Broadway»/Bullets Over Broadway, «Sleepless in Seattle»/Schlaflos in Seattle). Ähnlich verliefen die Karrieren von Blake Edwards («The Pink Panther»/Der rosarote Panther) und Sydney Pollack («Out of Africa»/Jenseits von Afrika), die als Darsteller begannen, damit nie recht Erfolg hatten und ihr wahres Talent dann im Regiestuhl entfalten konnten. Ron Howard war als Kind («The Courtship of Eddie's Father»/Vater ist nicht verheiratet, 1962) und als Jugendlicher («American Graffiti»/American Graffiti, TV-Serie «Happy Days»/Happy Days) ein sehr populärer Darsteller, der als Twen dann die Arbeit hinter der Kamera vorzog. Inzwischen hat er sich als Starregisseur («Apollo 13»/Apollo 13) etabliert.

Den umgekehrten Weg schlugen Stars ein, wenn sie merkten, daß ihre Karriere vor der Kamera ihren Höhepunkt überschritten hatte. Die Regiekarriere bildete für die Altersversorgung quasi das zweite Standbein: Dick Powell war Tänzer, Sänger und jugendlicher Liebhaber in den Muscials der 30er Jahre. In den 50ern sattelte er um und inszenierte Abenteuer- und Kriegsfilme («The Enemy Below»/Duell im Atlantik). Paul Henreid bekam zwar Ingrid Bergman in «Casablanca» (Casablanca), aber seiner Karriere half dies nicht nachhaltig. Bis in die 70er Jahre spielte er weiter (Neben-) Rollen, seit den 50ern inszenierte er daneben eine Reihe von Spiel- und Fernsehfilmen («Dead Ringer»/Der schwarze Kreis, 1963). Auch Oscar-Preisträger Ray Milland («The Lost Weekend»/Das verlorene Wochenende) wurde in den 50ern Regisseur («A Man Alone»/Ein Mann allein, 1955).

Gene Kellys unübertroffene Beinartistik war mit dem Ende der Musical-Epoche nicht mehr gefragt. Er war schon in seiner großen Zeit als Co-Regisseur in Erscheinung getreten («Singing in the Rain»/Du sollst mein Glücksstern sein). Ab Mitte der 50er Jahre inszenierte er dann auch Komödien, die ohne Tanz- und Musikeinlagen auskamen («The Tunnel of Love»/Babys auf Bestellung; «The Cheyenne Social Club»/Geschossen wird ab Mitternacht).

Nach über 20 Jahren als Filmstar gelang Richard Attenborough eine äußerst erfolgreiche Karriere als Regisseur («Gandhi»/Gandhi, «A Chorus Line»/A Chorus Line). Ähnliche Regie-Hits landete Sidney Poitier, als ihm in den 70er Jahren keine adäquaten Rollen mehr angeboten wurden: In Zusammenarbeit mit Bill Cosby entstanden Black-cinema-Komödien wie «Let's Do It Again» (Drehn wir noch'n Ding) und «A Piece of the Action» (Ausgetrickst).

Etliche Stars haben sich als Regisseure versucht, ohne daß diese Arbeit sie von

ihrer eigentlichen Karriere als Darsteller abbrachte. Bill Murray verzichtete nach seinem enttäuschenden Erstling «Quick Change» (Ein verrückt genialer Coup) auf weitere Ausflüge hinter die Kamera. Charlton Heston und Anthony Quinn blieben nach gefloppten Regiedebüts bei ihrem Leisten. Der fleißige Produzent Alain Delon inszenierte nur selten («Pour la peau d'un flic»/Rette deine Haut, Killer, «Le battant»/Der Kämpfer). Auch Paul Newman betrieb die Regiearbeit eher als Hobby («Rachel, Rachel»/Die Liebe eines Sommers, «The Glass Menagerie»/Die Glasmenagerie). Star und Produzent Burt Lancaster hat nur zweimal Regie geführt: «The Kentuckian» (Der Mann aus Kentucky) und «The Midnight Man» (Der Mitternachtsmann). Frank Sinatra beließ es bei seinem Erstling «None But the Brave» (Der Lohn der Mutigen). Auch Gérard Depardieu drehte bisher nur einen Film als Regisseur: «Le Tartuffe» (1984). Theaterkoryphäe Laurence Olivier inszenierte fürs

Alles im Blick: Robert De Niro (oben) leugnete lange seine Regie-Ambitionen, bis er mit «In den Straßen der Bronx» doch das Kommando am Set übernahm

Als Regisseur von «Eine ganz gewöhnliche Familie» bekam Robert Redford 1980 den Oscar verliehen. Mit «In der Mitte entspringt ein Fluß» und «Quiz Show» inszenierte er weitere Off-mainstream-Projekte

Vergessen sind die Rollen, die einst Sydney Pollack spielte. Hits wie «Jenseits von Afrika» etablierten ihn als A-Regisseur. Weniger Lob erntete er für das Remake von «Sabrina» mit Harrison Ford und Julia Ormond (oben rechts)

Kino eigentlich nur, wenn es um Shakespeare ging («Hamlet»/Hamlet, «Richard III»/ Richard III.). Oliviers «Nachfolger» Kenneth Branagh, selbst inzwischen legendärer Shakespeare-Regisseur, fühlt sich dagegen im Regiestuhl deutlich wohler und übernimmt regelmäßig auch Projekte, die nichts mit seinem Lieblingsautor zu tun haben («Mary Shelley's Frankenstein»/Mary Shelley's Frankenstein, «Dead Again»/ Schatten der Vergangenheit).

Nur in Ausnahmen führte Superstar Jack Nicholson selbst Regie, unter anderem bei «Goin' South» (Der Galgenstrick) und «The Two Jakes» (Die Spur führt zurück – The Two Jakes). Robert De Niro leitet inzwischen seine eigene Produktionsfirma und hat auch als reiner Darsteller genug Einfluß, um seine Filme nachhaltig mitzugestalten. Dennoch reizte es ihn, selbst die Zügel des Regisseurs in die Hand zu nehmen. Das Ergebnis ist sein beeindruckendes Debüt «A Bronx Tale» (In den Straßen der Bronx). Diane Keaton versuchte sich zunächst mit einem Dokumentarfilm («Heaven»/Alles über Himmel und Hölle) und beim Fernsehen («Twin Peaks»/Das Geheimnis von Twin Peaks), bevor sie ihren ersten Spielfilm «Unstrung Heroes» (Entfesselte Helden) inszenierte. Ähnlich vorsichtig gestaltete Arnold Schwarzenegger seine Ausflüge hinter die Kamera, indem er bisher nur TV-Teams kommandierte («Christmas in Connecticut»/Weihnach-

Clint Eastwoods (oben) Regiearbeiten («Erbarmungslos», «Bird») ernten mehr Zustimmung als seine Actionrollen. «American Graffiti»-Bubi Ron Howard (unten) landete mit «Apollo 13» einen Riesenhit. «The Player» Tim Robbins (Mitte, rechts im Bild) etablierte sich mit «Dead Man Walking» als Independent-Filmer

ten in Connecticut). Jack Lemmon führte Regie bei dem gelungenen «Kotch» (Opa kann's nicht lassen) und führt diesen Einzelfall darauf zurück, daß er anschließend kein ähnlich geeignetes Projekt gefunden hat.

Viele der derzeitigen Stars, darunter etliche der Brat-pack-Generation, sind längst nicht mit ihrem Beitrag als Darsteller zufrieden und nutzen ihren wachsenden Einfluß, um selbst Filmprojekte auf die Beine zu stellen. Sean Penn debütierte mit «Indian Runner» (Indian Runner), Kiefer Sutherland inszenierte das Gefängnisdrama «Last Light» (Last Light). Tim Robbins drehte nach seinem vielbeachteten Erstling «Bob Roberts» (Bob Roberts) den Oscarprämierten «Dead Man Walking» (Dead Man Walking – Sein letzter Gang). Weniger Erfolg hatte Emilio Estevez mit «Wisdom» (Wisdom) und «Men at Work» (Men at Work). Francis Ford Coppola produzierte Mary Stuart Mastersons Erstling «Grapefruit Moon». Johnny Depp verwirklichte sich hinter der Kamera mit «The Brave», Tom Hanks inszenierte «That Thing You Do». Forest Whitaker landete mit seinem Debüt «Waiting to Exhale» (Waiting to Exhale – Warten auf Mr. Right) einen recht soliden Hit. Und auch Altmime Anthony Hopkins fand endlich ein Projekt, das er mit sich selbst in der Hauptrolle inszenierte: «September».

Cherchez la femme

«Sex» wie in Sexismus:
Frauen in Hollywood

Und auch Cary Grant, der sie in «Charade» (Charade) ins Happy-End führt, war immerhin ein Vierteljahrhundert älter als sie.

Kein Zweifel: Audrey Hepburn ist ein Weltstar ebenso wie ihre Partner, die praktisch allesamt ihr Vater hätten sein können. Daher müssen wir konstatieren: Die oben aufgeführten Filme, im wesentlichen in den 50er Jahren entstanden, haben funktioniert – das Publikum störte sich offensichtlich wenig am Altersunterschied. Dieser Umstand illustriert eine der härtesten Wahrheiten der Filmbranche: Wenn Männer es erst einmal geschafft haben, Stars zu werden, haben sie zumindest gute Chancen, es ihr Leben lang zu bleiben. Die Dynamik und Ausstrahlungskraft eines männlichen Stars hat offensichtlich wenig mit seinem Alter zu tun – jedenfalls im Vergleich zu seinen Kolleginnen.

Ein Blick auf die Filmographien weiblicher Starlets zeigt dagegen, daß sie ihre biologische Uhr in der Tat genau im Auge behalten müssen: Nach fünf Jahren scheint ihr Gesicht verbraucht, eine Frau in den 30ern wird als nicht mehr so attraktiv angesehen wie ein Twen, und Hollywoods Schmerzgrenze scheint bei 40 angesiedelt. Schauspielerinnen, die jenseits der vierten Null noch Verträge diktieren können, gibt es zwar. Aber Power-Frauen wie Goldie Hawn, Susan Sarandon, Sigourney Weaver und Meryl Streep werden eigentlich nur deswegen häufig zitiert, weil sie zum Erstaunen aller weiterhin um attraktive Rollen kämpfen und sie auch bekommen. Denn es hat sich wenig geändert in Hollywood: Julia Ormond (30) heiratet in «First Knight» (Der 1. Ritter) Sean Connery (65).

Zum Beispiel Audrey Hepburn: In «Roman Holiday» (Ein Herz und eine Krone) liebt sie (24) Gregory Peck (37). In «Sabrina» (Sabrina) soll sie (25) mit Bogart (55) ein glaubhaftes Paar abgeben. In «War and Peace» (Krieg und Frieden) heiratet sie (27) Henry Fonda (51). Als «Funny Face» (Ein süßer Fratz) verliebt sie (28) sich in Fred Astaire (58). In «Love in the Afternoon» (Ariane – Liebe am Nachmittag) knistert es zwischen ihr (28) und Gary Cooper (56).

Generationsunter-
schied unerheblich.
Cary Grant reihte sich
mit «Charade» in
Audrey Hepburns
Seniorensammlung ein

Exmodel und Ur-
James-Bond Sean
Connery genießt
den Ruf, wie ein
guter Wein zu sein:
Mit jedem Jahr
wird er besser —
und anscheinend
attraktiver. In «Das
Rußland-Haus»
(1989) war er 28
Jahre, in «Der 1.
Ritter» (1995)
ganze 35 Jahre
älter als seine
Partnerinnen
(Michelle Pfeiffer
und Julia Ormond)

Und im «Sabrina»-Remake fällt sie schließlich Harrison Ford (53) in die Arme.

Was die Behandlung des weiblichen Geschlechts angeht, ist Hollywood nicht mehr
und nicht weniger als ein Spiegel unserer
Gesellschaft. Die Lippenbekenntnisse zugunsten der Gleichberechtigung haben wenig mit der Kinokasse zu tun. Im Kino läuft,

Susan Sarandon gilt
als Ausnahme. Seit
sie die 40 über-
schritten hat,
ergattert die
engagierte Mimin
eine hochkarätige
Rolle nach der
anderen. 1996
erhielt sie für «Dead
Man Walking» (mit
Sean Penn) im
vierten Anlauf den
Oscar für die beste
Hauptrolle

Nach vielen anspruchsvollen Dramen und einigen Komödien übernahm Meryl Streep mit 46 die Hauptrolle im actionlastigen Thriller «Am wilden Fluß»

Die zur Ulknudel abgestempelte Goldie Hawn (hier in «Crisscross») etablierte sich Anfang der 80er Jahre als Produzentin. In ernsten Rollen überzeugte sie zwar Filmkritiker, lockte aber keine Zuschauer ins Kino

Deckung! Wenn Gale Ann Hurd einen Film produziert, kracht's. Mit ihrem Exgatten James Cameron realisierte sie «Terminator», «Aliens» und «Abyss». Im Alleingang produzierte die patente Powerfrau Brian De Palmas «Mein Bruder Kain» und «Flucht von Absolom»

Ganz oben wird die Luft dünn für Frauen. Zwei Regisseurinnen, die dennoch den Gipfel erklommen haben: Penny Marshall (unten, «Eine Klasse für sich») und Kathryn Bigelow («Strange Days»). Rachel Talalay (großes Bild) fiel mit ihrem Anarcho-Girlie-Comic «Tank Girl» jedoch hart auf die Nase

Sandra Bullock und Sharon Stone nur die Hälfte oder weniger als die Summen betragen, die ein Mel Gibson, Jim Carrey oder Sylvester Stallone in den Sparstrumpf steckt: Die Nachfrage entscheidet über den Marktwert, Hollywood bezahlt Stars – das Geschlecht ist nebensächlich, so lange die Kohle stimmt.

Ein guter Tip für Frauen im harten Showgeschäft: Angelt euch möglichst bald einen Millionär als Ehemann. Die Abfindung bei einer möglichen Scheidung verspricht mehr Rendite als jegliche Spekulation auf eine Fortsetzung der Karriere. Jean Peters («Viva Zapata!»/Viva Zapata!) heiratete Howard Hughes, Doris Day ihren Produzenten Marty Melcher (der sie allerdings finanziell ruinierte). Frauen, die sich gegen das eherne Gesetz Hollywoods auflehnten, übernahmen im günstigsten Fall ihre eigene Produktion – wie Gloria Swanson in den 20er Jahren.

Natürlich gibt es auch Schauspielerinnen, die den Übergang zu «reiferen» Rollen schaffen – Kathleen Turner ist dabei, in die Mutterrolle hineinzuwachsen («Serial Mom»/ Serial Mom – Warum läßt Mama das Morden nicht?, «Moonlight & Valentino»/Moonlight & Valentino). Oder sie besetzen eine Nische als komische Alte. Dieses Schicksal teilen rein biologisch männliche wie weibliche Darsteller. Aber dennoch bleibt es ein Phänomen, daß Großväter in Hauptrollen mit den Traumfrauen des Zelluloids ein überzeugendes Liebespaar abgeben – wie Sean Connery und die um 28 Jahre jüngere Michelle Pfeiffer in «The Russia House» (Das Rußland Haus). Auch ein 50jähriger Stallone überzeugt die Fans weiterhin bei der Verkörperung von Idolen, die als jung-dynamische Vorbilder für Zwölfjährige erdacht wurden.

Wirft man allerdings einen Blick hinter die Kamera, läßt sich die Benachteiligung der Frauen in Hollywood nicht mit dem Kassenappeal erklären. Allein Drehbuchautorinnen sind in der Männerfestung Film schon früh akzeptiert worden, das belegen berühmte Namen wie Anita Loos («The Women»/Die Frauen, «Gentlemen Prefer Blondes»/Blondinen bevorzugt) und Dorothy Parker («A Star Is Born»/Ein Stern geht auf, «The Little Foxes»/Die klei-

was das Publikum sehen will. Wer als Produzent auf dem US-Markt die 100-Millionen-Dollar-Umsatzmarke anpeilt, sollte möglichst männliche Stars in einem Actionspektakel präsentieren. Wenn man nicht gerade Disney heißt, gibt es sonst keine Erfolgskriterien. Filme für ein weibliches Publikum bekommen zwar mehr Oscar-Nominierungen, werden aber von weniger Zuschauern gesehen. Und damit ist auch erklärt, warum die Gagen von weiblichen Spitzenverdienern wie Demi Moore,

nen Füchse). Doch das Regiefach bleibt bis heute wie die meisten anderen Filmberufe Domäne des gesellschaftlich stärkeren Geschlechts. Auf der Enzyklopädie-CD-ROM «Cinemania» werden 445 amerikanische Regisseure aufgelistet – und 24 Regisseurinnen. Dies Verhältnis darf man getrost als repräsentativ bezeichnen. Denn über Filmemacherinnen wie Barbra Streisand («Yentl»/Yentl), Kathryn Bigelow («Point Break»/Gefährliche Brandung, «Strange Days»/Strange Days), Penelope Spheeris («Wayne's World»/Wayne's World), Penny Marshall («Awakenings»/Zeit des Erwachens, «A League of Their Own»/Eine Klasse für sich) oder die Produzentin Gale Anne Hurd («The Terminator»/Terminator) wird nicht unbedingt aufgrund ihrer Kassenerfolge viel berichtet, sondern vor allem deswegen, weil sie sich in der harten Männerwelt erfolgreich durchgesetzt haben.

Die Hollywood-Regisseurin Dorothy Arzner (1900–1979) gilt heute vielen Kolleginnen als Vorbild, weil sie (wie nach dem Krieg der umgesattelte Filmstar Ida Lupino) jahrzehntelang die einzige Frau war, die im Regiefach Aufträge bekam («Christopher Strong»/ Christopher Strong, «Dance Girl Dance»/Dance Girl Dance).

Jene Frauen sind auch heute noch glücklich zu schätzen, die als Stars genug Macht akkumuliert haben, um ihre eigene Produktionsfirma zu gründen, so wie Bette Midler, die mit ihren Kolleginnen Bonnie Bruckheimer und Margaret South die gemeinsame Firma «All Girl Productions» taufte. Das Geschäftsmotto der Girls: «We Hold the Grudge!» (Wir bleiben sauer auf euch!)

Kamera

Das Auge des Filmemachers

rückt. Deutsche Filmteams haben sich diesem Verfahren inzwischen angeschlossen. Die Kombination aus Oberbeleuchter und Kameramann heißt bei uns heute «lichtsetzender Kameramann».

Er ist dabei zugleich Künstler und Handwerker. Der Kameramann führt eine Schlüsselfunktion aus: Ohne ihn gibt es keinen belichteten Film. Die Komposition des Bildausschnitts, sein Aufbau und Charakter, dazu die Bewegungen – all dies bestimmt den Eindruck, den der Zuschauer später auf der Leinwand erlebt.

Für das Gelingen des Films ist die reibungslose Zusammenarbeit zwischen Regisseur und Kameramann somit unabdingbar. Regisseur Michael Cimino, in der Branche wegen seiner Eigenwilligkeit und kostspieliger Marotten als schwierig verschrien, wird im Gegensatz dazu von seinem Kameramann Vilmos Zsigmond («The Deer Hunter»/Die durch die Hölle gehen) in den höchsten Tönen gelobt: «Er gab mir absolute künstlerische Freiheit, selbst für die Kamerabewegungen, und er bestand nicht auf seinen eigenen Vorstellungen.»

Der renommierte Kameramann James Wong Howe (1899–1976, Oscars für «The Rose Tattoo»/Die tätowierte Rose und «Hud»/Der wildeste unter Tausend) berichtet dagegen von dem Konflikt zwischen Technik und künstlerischer Ambition: «Es ist schwierig, Regisseure zu finden, die mit dem Kameramann wirklich zusammenarbeiten. Der Regisseur denkt immer an die Aktionen der Darsteller, wir haben vor allem das Licht im Auge. Jede Be-

Irisches Panorama per Kamerakran: «In einem fernen Land» (oben). Kevin Costner und Dennis Quaid auf dem Weg zum Duell (links): Für «Wyatt Earp» war Kameramann Owen Roizman verantwortlich. Der Kamerawagen verfolgt die Stars auf Schienen. Ihnen voraus gehen der Tonassistent mit der Mikrofon-Angel und Helfer des Beleuchterteams, die mit großen Reflektoren die dunklen Gesichter unter den Hüten aufhellen. Denn die Krempen verursachen, was die Kamera empfindlich stört: Schatten

In Deutschland hat man traditionell die Bedienung der Kamera und der Scheinwerfer auf verschiedene Teammitglieder verteilt. Der amerikanische Director of photography, also der Chefkameramann, war schon immer für beides verantwortlich: Er sorgt dafür, daß genug Licht vorhanden ist und daß es auf korrekte Art und Weise in die Kamera fällt. Außerdem achtet er darauf, daß die Kamera in der richtigen Position steht und wie nah sie den Akteuren auf den Pelz

wegung der Kamera kompliziert die Lichtsetzung. Licht und Dunkel, Bewegung sind ja ganz schön. Aber man darf nie die Geschichte aus den Augen verlieren. In den Filmen der alten Regisseure, Howard Hawks oder John Ford, findet man immer schöne Bilder, aber sehr wenig Bewegung. Ford würde nie die Kamera bewegen, es sei denn, sie folgt einem Darsteller. Die Geschichte steht also immer im Vordergrund.»

Wie bereitet sich der Kameramann auf die große Verantwortung vor, die er zusammen mit dem Regisseur tragen muß? «Er sollte sich genauestens auskennen mit der chemischen Beschaffenheit des Films, mit der Mathematik und der Mechanik der Kameraarbeit», sagt der erfahrene John A. Alonzo («Harold and Maude»/Harold und Maude, «Chinatown»/Chinatown. Das muß ihm in Fleisch und Blut übergehen. Denn dann kann er sich mehr auf die Ästhetik konzentrieren und auf den Bildausschnitt achten. Außerdem muß er das natürliche Licht begreifen. Was ist das? Ein Licht, das man nicht kontrollieren kann,

Die Kamera steht über allem – bei den Dreharbeiten zu «Juniors freier Tag» erhebt sich der Kran unter Leitung von Kameramann Thomas E. Ackerman vor der im Studio nachgebauten Kulisse des Stadtpanoramas von Chicago: Hintergrund der Hochhaussequenz

Von Kränen aus läßt sich ein weiträumiger Set filmisch gut einfangen – üblich bei Massenszenen und Landschaftsaufnahmen. Steven Spielberg (hier: «Das Reich der Sonne») verbindet mit einer derart mobilen Kamera oft Nahaufnahmen mit Totalen ohne Schnitt

Ein Experiment des Altmeisters: Bei «Der Fall Paradin» agierten Gregory Peck (unten links), Louis Jourdan (hinten) und Charles Laughton (rechts) wie im Theater – Hitchcock drehte mit drei Kameras gleichzeitig, um eine intensive Interaktion der Darsteller zu gewährleisten

weil Gott es uns draußen scheinen läßt. Es ist auch wichtig zu wissen, wie man natürliches Licht mit künstlichem imitiert. Wenn der Kameramann das alles verinnerlicht hat, kann er sich mit dem Regisseur auseinandersetzen – auf freundschaftlicher, politischer oder ästhetischer Ebene. Der Kopf ist dann frei für diese wichtigen Dinge. Er kann sich auf das Künstlerische konzentrieren».

«Das Wichtigste bei der Kameraarbeit ist das Licht», fährt Howe fort. «Nicht der Bildaufbau schafft Atmosphäre, sondern das Licht.» Kein noch so dokumentarisch denkender Kameramann wird jedoch das abfilmen wollen, was er vor sich sieht: «Naturalismus ist das, was eine Fotokamera einfangen würde, ohne etwas zu verändern», meint Zsigmond, «ich sehe mich eher als Realist. Beim Realismus muß man das Licht bewußt setzen, mit Lichtquellen spielen; man arrangiert das Mobiliar, man arbeitet ein wenig wie ein Maler, der ja auch nicht die Natur vollkommen kopiert. Ich

Rundfahrt gefällig? Für viele Kamerafahrten werden Schienen verlegt; jede Unebenheit wird bestmöglich ausgeglichen. Ohne störendes Wackeln und Rucken kann Marisa Tomei (in «Schlagzeilen») auf der Leinwand telefonieren

versuche zwar, die Dinge anders aussehen zu lassen, der Betrachter erkennt meine Bilder aber trotzdem als mögliche realistische Situationen.»

Besonders schwierig wird es für den Kameramann, wenn die Natur einfach nicht «echt» genug wirkt. «In ‹McCabe & Mrs. Miller› versuchten wir, den Regen so natürlich wie möglich zu filmen», erinnert sich Zsigmond. «In Vancouver regnete es die ganze Zeit, doch auf dem Filmmaterial kam das nicht zur Geltung. Also ging's zurück nach Hollywood mit Hintergrundlicht für unsere Regenmaschinen. Man muß einfach eine Menge tun, um dem Zuschauer das Gefühl zu geben, er sähe auf der Leinwand die Dinge wirklich passieren. Diese Arbeit macht sich bezahlt.»

Außenaufnahme im Kunstlicht: Ein weißes Dach mildert die Sonneneinstrahlung, und Scheinwerfer hellen Michael Douglas und Sharon Stone beim Strandbummel in «Basic Instinct» auf (oben links und rechts)

Besonders vorteilhaft fing Vilmos Zsigmond (großes Bild Mitte) Sharon Stone in «Sliver» ein. Regie führte Phillip Noyce (unten links)

VILMOS ZSIGMOND

Von der Revolution zum poetischen Realismus

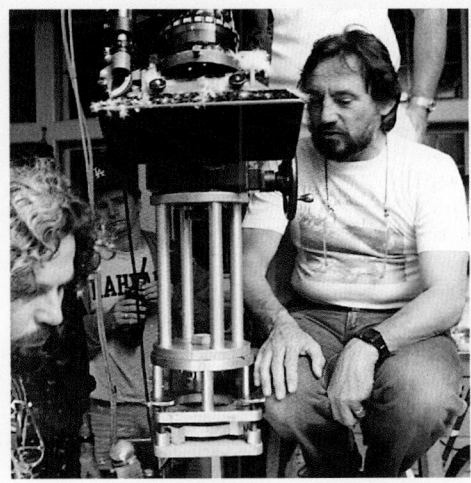

Nachdem Vilmos Zsigmond (*1930) die Ausbildung an der ungarischen Filmschule (sechs Tage die Woche jeweils 12 Stunden lang) absolviert hatte, wurde er Kameraassistent. Als die Sowjets 1956 Ungarn besetzten, floh er mit seinem Freund Laszlo Kovacs und einer Kopie seiner ersten Dokumentation «Die Revolte in Ungarn» nach Wien. Die beiden gingen in die USA, wo sie nicht gerade der Amerikanische Traum erwartete. Tagsüber arbeitete Zsigmond als Laborassistent, abends lernte er Englisch. Zwischen 1965 und 1970 drehte er rund 20 Low-budget-Filme, bis er 1968 endlich Gewerkschaftsmitglied werden durfte. Durch Kovacs lernte er Peter Fonda kennen. Fonda engagierte ihn als Kameramann für seinen «The Hired Hand» (Der weite Ritt, 1970).

Bekannt wurde Zsigmond mit Robert Altmans «McCabe & Mrs. Miller». Altman wollte eine möglichst realistische Darstellung des Wilden Westens. Mit blassen Pastelltönen gelang Zsigmond ein ungewöhnlich authentisch wirkendes Panorama ungeschminkter Wirklichkeit. 1972 drehte Zsigmond John Boormans «Deliverance» (Beim Sterben ist jeder der erste). Dann arbeitete er drei weitere Male mit Altman zusammen: «Images» (Spiegelbilder, 1972), «The Long Goodbye» (Der Tod kennt keine Wiederkehr, 1973) und «A Wedding» (Eine Hochzeit, 1978). Ein Superstar unter den Kameraleuten wurde er durch Kooperationen mit Michael Cimino und Steven Spielberg: «The Deer Hunter» (Die durch die Hölle gehen, Oscar-Nominierung, British Academy Award), «Heaven's Gate» (Heaven's Gate – Das Tor zum Himmel) und «Close Encounters of the Third Kind» (Unheimliche Begegnung der dritten Art, Oscar) festigten seinen Ruf als «poetischer Realist».

1985 gründete er mit seinem Kollegen Haskell Wexler die Werbefilm-Produktions CDI. Er sieht Werbespots als eigenständige Kunstform an und führt auch selbst Regie.

Als Kameramann gestaltete er seitdem George Millers «The Witches of Eastwick» (Die Hexen von Eastwick, 1986), Roland Joffés «Fat Man and Little Boy» (Die Schattenmacher, 1989), Jack Nicholsons «The Two Jakes» (Two Jakes – Die Spur führt zurück, 1990), Brian De Palmas «Bonfire of the Vanities» (Fegefeuer der Eitelkeiten, 1990), Phillip Noyces «Sliver» (Sliver, 1993), Richard Donners «Maverick» (Maverick, 1994), Mark Rydells «Intersection» (Begegnungen – Intersection, 1994), Richard Donners «Assassins» (Assassins – Die Killer, 1995), Sean Penns «Crossing Guard» (Crossing Guard – Es geschah auf offener Straße, 1995) und Stephen Hopkins' «The Ghost and the Darkness» (Der Geist und die Dunkelheit, 1996).

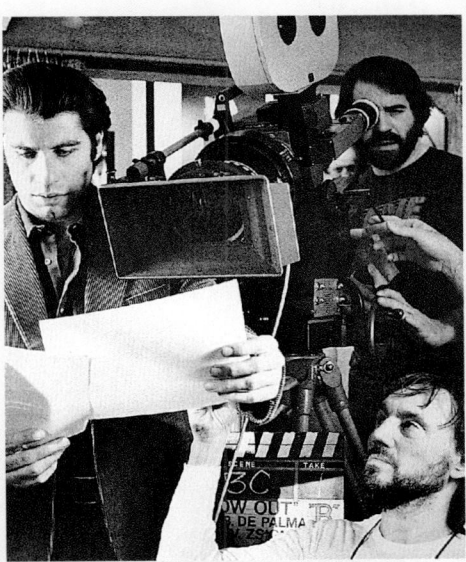

Das Auge, die Linse und das Abbild: Der «poetische Realist» Vilmos Zsigmond (rechts vorn) mit seinem Camera operator und Star John Travolta bei den Dreharbeiten zu «Blow Out – Der Tod löscht alle Spuren»

Ruckelfrei vor 60 Jahren: Für Kamerafahrten bei «Sylvia Scarlett» mit Katharine Hepburn verwendete Regisseur George Cukor (rechts, ganz in Weiß) einen luftgefederten Wagen auf Holzschienen. Das Vehikel konnte man unter Umständen auch ohne Schienen benutzen

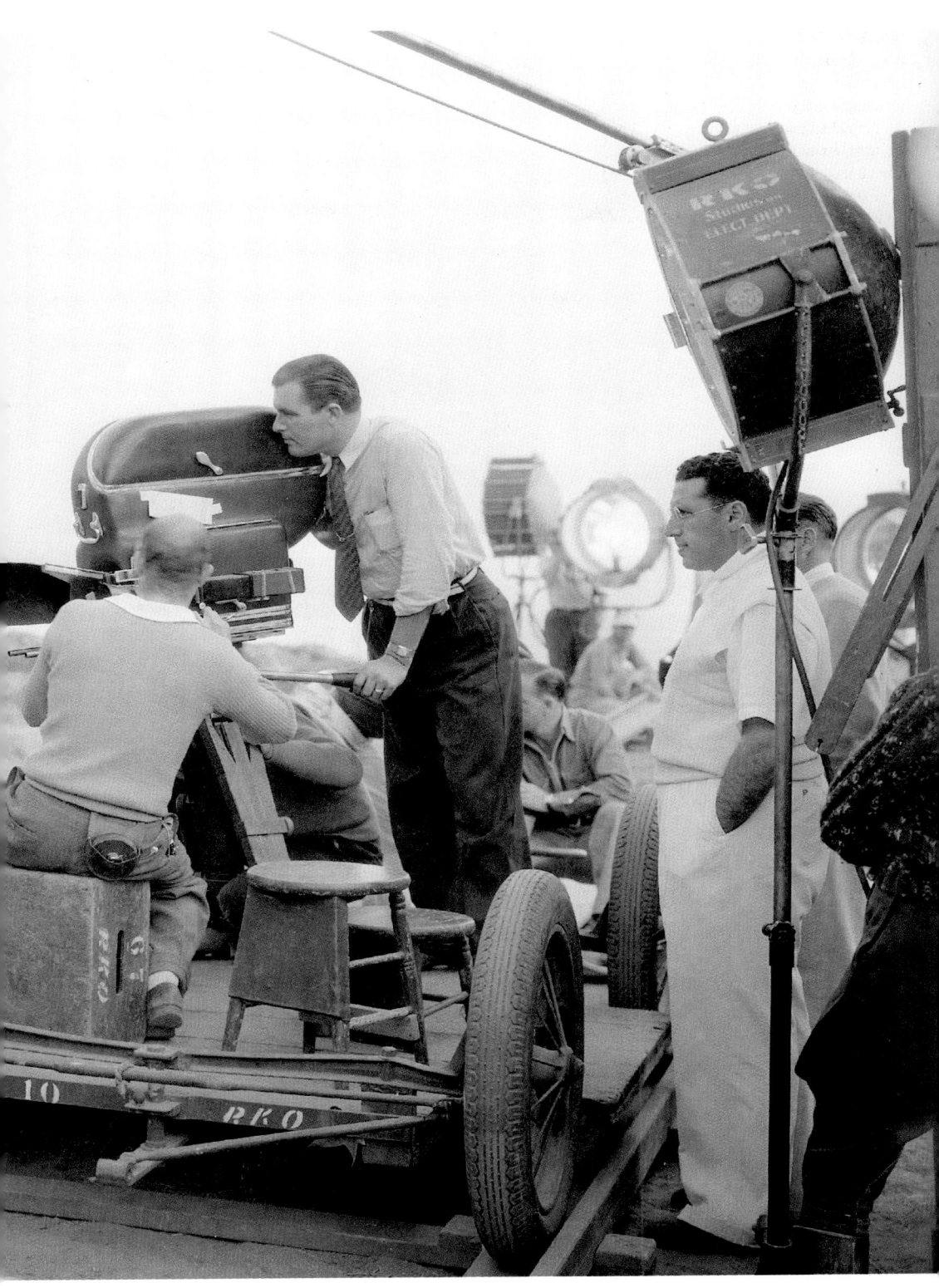

Die beste Aussicht: Kamerakräne verschaffen einen guten Überblick; durch ihre Mobilität werden sie auch oft für Massenszenen eingesetzt, wie hier bei «Mr. Smith geht nach Washington». Häufig mußten sie auf sehr engem Raum manövrieren, wie der Schatten auf dem gemalten Hintergrund einer Szene von «Born to Dance» belegt (unten)

Von vorgestern bis gestern: Seit der Stummfilmära leistete James Wong Howe Pionierarbeit mit seinen Schwarz-weißaufnahmen. Bis in die 70er Jahre hinein gestaltete er weit über 100 Filme als Kameramann, darunter auch «Der Gefangene von Zenda» mit Ronald Colman (Mitte, Howe hinter der Kamera mit Hut) und «Schrei der Gehetzten» mit Wallace Beery (unten, Howe mit Weste an der Kamera)

BERGMAN UND SVEN NYKVIST

Zwei Filmemacher
sind reif für die Insel Fårö

«Wenn die Intuition unser geistiges Instrument ist», sagt Ingmar Bergman, «dann ist die Kamera unser physisches Instrument. Ich empfinde die Kamera als erotisch. Sie ist die aufregendste Maschine der Welt. Die Zusammenarbeit mit meinem Kameramann Sven Nykvist, der Anblick eines menschlichen Gesichts, das man mit dem Teleobjektiv näherholen kann, die ablaufende Szene, das sich verändernde Gesicht im Sucher sind für mich die faszinierendsten Dinge, die es gibt.»

Wie kaum ein anderer Regisseur konnte Ingmar Bergman beim Konzipieren seiner Filme auf die Mitarbeit eines eingeschworenen Teams setzen, das ihm Jahrzehnte hindurch seine künstlerisch legendäre, aber durch diesen Umstand wirtschaftlich auch äußerst preiswerte Filmarbeit ermöglichte (die vierstündige TV-Serie «Szenen einer Ehe» kostete umgerechnet ganze 500 000 Mark).

Neben einer Riege inzwischen weltberühmter Darsteller wie Liv Ullmann, Bibi Andersson und Max von Sydow arbeitete Bergman in den 50ern vorwiegend mit Kameramann Gunnar Fischer, ab 1960 aber nur noch mit Sven Nykvist. Die Kluft zwischen Bergman und Fischer wurde zusehends tiefer, als Fischers grundsätzliche Unsicherheit den ebenfalls unsicheren Bergman in eine tyrannische Despotenhaltung trieb. Fischer erschien mehr und mehr gedemütigt, «während ich bei Sven Nykvist – der eine viel widerstandsfähigere Persönlichkeit ist – nie einen Anlaß gehabt habe, unangenehm zu werden». Bergman schreibt in seiner Autobiographie: «Unsere Kreativität tanzt. Sven Nykvist hat die Beleuchtung mit dieser schwer zu beschreibenden Intuition arrangiert, die sein Adelsprädikat ist und ihn zu einem der hervorragendsten Lichtmeister der Welt macht, vielleicht zum besten. Wenn man ihn fragt, wie er es anstellt, weist er auf ein paar einfache Grundregeln hin (aus denen ich in meiner Theaterarbeit großen Nutzen gezogen habe). Das eigentliche Geheimnis will er – oder kann er – nicht beschreiben. Wenn er sich aus irgendeinem Anlaß gestört fühlt, bedrängt oder übelgelaunt, geht alles schief, und er muß wieder von vorn anfangen. In unserer Zusammenarbeit herrschen Vertrauen und totale Geborgenheit. Gelegentlich trauere ich darum, daß wir nie mehr zusammenarbeiten werden.» Bergman schrieb dies, nachdem er erklärt hatte, daß «Fanny och Alexander» (Fanny und Alexander, 1982) seine letzte Filmregie bleiben würde.

Gemeinsam entdeckten die beiden die bei Gotland gelegene schwedische Insel Fårö, als Bergman einen Schauplatz für «Såsom i en spegel» (Wie in einem Spiegel) suchte. Bergman verliebte sich sofort in die einzigartige Landschaft und beschloß, direkt am Drehort sein Haus zu bauen. Und es war Nykvist, der ihm den Bauplatz aussuchte.

Sven Nykvist (*1922) wurde mit 19 Kamera-Assistent in den schwedischen Sandrews Studios. Seine erste Arbeit für Bergman bekam er als Assistent des Kameramanns Hilding Bladh, der ihm als eine Art Meisterprüfung die schwierigen Innenaufnahmen für «Gyklarnas afton» (Der Abend der Gaukler) übertrug. Nykvist folgt mit seinen kargen Landschaften der schwedischen Tradition, die die psychologische Stimmung der Figuren spiegeln. Seine Bildkompositionen sind von extremer Einfachheit geprägt, berühmt wurden seine Großaufnahmen von Gesichtern vor allem durch «Persona» (Persona). Wenn möglich, drehten die beiden an Originalschauplätzen, an denen sie das sich verändernde Tageslicht als dramaturgisches Mittel einsetzten. «Ein Zeichen seines Könnens ist es», weiß Bergman, «daß er mit drei Lampen und etwas Folie arbeiten kann. Worauf es ankommt, ist doch gerade, daß man eine Masse unnützer technischer Komplikationen eliminiert und damit die Maschinerie auf das Notwendigste reduziert.»

Während die Dreharbeiten mit dem eingespielten Team meist zügig vorangingen, legte Nykvist großen Wert auf eine intensive Vorbereitung. Lange bevorzugte er Schwarzweiß, doch als er bei «Før att inte tala om alla dessa kvinnor» (Ach, diese Frauen, 1963) Farbexperimente machte, mußte sich die gesamte technische Crew auf Farbenblindheit testen lassen. Schon vor Beginn der Dreharbeiten verbrauchte Nykvist 6000 Meter Film für Testaufnahmen. Der Film floppte allerdings und wird heute auch von seinen Machern nicht geschätzt. Doch fünf Jahre später entwickkelte Nykvist für «En passion» (Passion) seinen Stil, der geprägt ist von blassen, sanften Farben, die sein Markenzeichen wurden.

Neben seiner Zusammenarbeit mit Bergman drehte er ständig auch mit anderen schwedischen Regisseuren, und in den 70er Jahren begannen zudem andere europäische Meister (Polanski, Louis Malle, Schlöndorff, Tarkowskij) und Hollywood-Regisseure wie Norman Jewison und Alan J. Pakula seine Handschrift zu schätzen. Nicht nur Bergman-Fan Woody Allen engagierte ihn nach einer ersten Zusammenarbeit gern auch für weitere Filme. Zweimal wurde er mit dem Oscar ausgezeichnet, für «Viskningar och rop» (Schreie und Flüstern) und «Fanny und Alexander». Er hat sich auch mehrfach als Regisseur versucht, zum Beispiel in «Under södra korset» (Unter dem Kreuz des Südens) und «En och en» (Eins und eins), wobei er teilweise autobiographische Motive als Kind von Missionaren in Afrika einbrachte.

Mit seinen Bergman-Filmen hat er nicht nur dessen Arbeit zu unsterblichem Ruhm verholfen, sondern sie sind auch innerhalb seiner reichhaltigen internationalen Karriere immer die Höhepunkte geblieben. Bergman: «Man kann sagen, daß wir untereinander eine Geheimsprache entwickelt haben. Wir brauchen kaum etwas zu sagen. Vor dem Beginn der Aufnahmen besprechen wir sehr genau, wie wir uns den Film vom Licht her vorstellen, überprüfen die Lichtverhältnisse und versuchen dann, alle Probleme, die mit der Beleuchtung zusammenhängen, gemeinsam zu lösen.»

Selbst in seinen Träumen, die Bergman in seiner Autobiographie beschreibt, taucht Nykvist bei den nächtlichen «Dreharbeiten» im Kopf des Meisters auf: «Ich sehe sein höfliches, unzufriedenes Gesicht. Er verabscheut überstarkes Licht und Doppelschatten.»

Schweigendes Einverständnis: Ingmar Bergman und Sven Nykvist (oberes Bild, von links) schufen in symbiotischer Zusammenarbeit Meilensteine des skandinavischen Kinos.
Für «Fanny und Alexander» (Mitte und unten links) erhielt das Duo vier Oscars. Mit «Szenen einer Ehe» (unten rechts) wagten sie sich in das ihnen fremde Sujet Fernsehserie

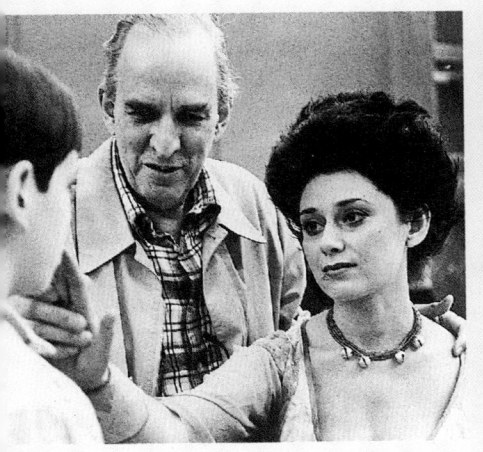

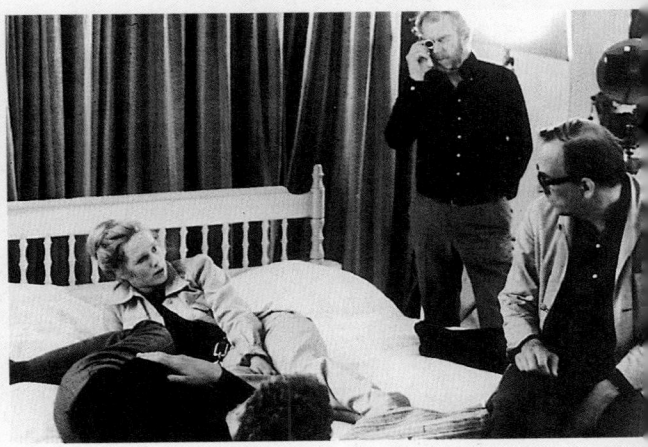

Die Bergman-Nykvist-Filme

1953	Gyklarnas afton (Der Abend der Gaukler)
1959	Jungfrukällan (Die Jungfrauenquelle)
1962	Såsom i en spegel (Wie in einem Spiegel)
1962	Tystnaden (Das Schweigen)
1963	Nattvardsgästerna (Licht im Winter)
1963	Før att inte tala om alla dessa kvinnor (Ach, diese Frauen)
1965	Persona (Persona)
1966	Vargtimmen (Die Stunde des Wolfs)
1967	Skammen (Schande)
1968	Riten (Der Ritus)
1969	En passion (Passion)
1970	Beröringen/The Touch (The Touch/Die Berührung)
1972	Viskningar och rop (Schreie und Flüstern), Oscar
1973	Scener ur ett aektenskap (Szenen einer Ehe)
1975	Trollflöjten (Die Zauberflöte)
1976	Ansikte mot Ansikte (Von Angesicht zu Angesicht)
1978	Höstsonaten (Herbstsonate)
1978	Das Schlangenei
1980	Aus dem Leben der Marionetten
1983	Fanny och Alexander (Fanny und Alexander), Oscar
1984	Efter repetitonen (Nach der Probe)

Bedeutende Werke: 21 Filme hat das schwedische Dream-Team gemeinsam fertiggestellt, darunter «Die Zauberflöte» (oben), «Fanny und Alexander» und «Szenen einer Ehe» (unten)

Auswahl aus Nykvists Post-Bergman-Karriere

1971	One Day in the Life of Ivan Denisovitch (Ein Tag im Leben des Iwan Denissowitsch)
1976	The Tenant (Der Mieter)
1981	The Postman Always Rings Twice (Wenn der Postmann zweimal klingelt)
1986	Offret (Opfer)
1988	Another Woman (Eine andere Frau)
1988	The Unbearable Lightness of Being (Die unerträgliche Leichtigkeit des Seins), Oscar-Nominierung
1989	Crimes and Misdemeanors (Verbrechen und andere Kleinigkeiten)
1989	New York Stories (New York Stories)
1992	Chaplin (Chaplin)
1993	Sleepless in Seattle (Schlaflos in Seattle)
1994	What's Eating Gilbert Grape (Gilbert Grape – Irgendwo in Iowa)

«Der Hauch des Todes»: James Bond (Timothy Dalton) kutschiert für die Kamera vor der Kulisse des Wiener Schlosses Schönbrunn

Auch «Die drei Musketiere» (1993) entstand an historischen Schauplätzen in Wien. Wenn Kiefer Sutherland von vorn auf dem Kutschbock gezeigt wird, peitscht er auf die Kamera ein: Die Karosse wird nicht von einem Pferdegespann, sondern von erheblich mehr PS gezogen

Schwarzeneggers Fahrt in «True Lies» (oben links) wird vom Kamerakran begleitet. Sharon Stone fährt mit Sly Stallone in «The Specialist» (rechts) nur scheinbar selbst. Tatsächlich transportiert ein Tieflader den Wagen und mehrere Kameras

Für «Das ausgekochte Schlitzohr ist wieder auf Achse» werden die Dialoge im Wagen von zwei Kameras aufgenommen (oben rechts) Gene Hackman und John Travolta planen in «Schnappt Shorty» ihr Filmprojekt im Auto (rechts). Die Kamera filmt gegen die Sonne, deswegen hellt ein rechteckiger Reflektor über dem Objektiv die der Kamera zugewandte Schattenseite der Stargesichter auf

VORSICHT ACHSENSPRUNG

Die 180-Grad-Regel oder:
Auch die Kamera muß Gesetzen gehorchen

Schon in den Amphitheatern der alten Griechen herrschten Konventionen, an denen sich die Zuschauer orientierten: Die Darsteller traten aus dem Zentrum der Bühne auf, der Chor von der Seite. Und wenn jemand mit dem Flaschenzug von oben auf die Bühne abgeseilt wurde, war das der «deus ex machina», der Gott, der vom Olymp herabstieg, um die verfahrene Situation unter den Sterblichen ein für allemal zu regeln.

Wir erleben das Theater heute meist als «Guckkastenbühne», die einem überdimensionierten Bildschirm oder der Leinwand nicht unähnlich ist: Wir schauen durch einen gigantischen Rahmen, hinter dem eine Handlung abläuft. Die Darsteller tun so, als ob die Öffnung zum Zuschauerraum die vierte Wand ihres Zimmers wäre, als ob das Publikum «Luft» sei.

Obwohl die Filmkamera sich durch ihre Beweglichkeit natürlich nicht auf diesen «Bühnenausschnitt» einer Filmszene beschränken muß, so hat sie dennoch einige Gesetze und Sehgewohnheiten übernommen. Wir Zuschauer akzeptieren zwar heute, daß Schnitte und Standortwechsel der Kamera innerhalb einer Szene die Handlung nicht unterbrechen. Zum Beispiel ist es üblich, einen Dialog zu zeigen, in dem die Kamera den einen Dialogpartner zeigt, während er spricht («Schuß»). Die Kamera steht zu seiner Linken, aus ihrem Blickwinkel blickt er links aus dem Bild auf seinen Gesprächspartner. Dann («Gegenschuß») spricht sein Gegenüber, und wir sehen ihn dabei über die Schulter des ersten Sprechers. Dabei steht die Kamera zu seiner Rechten, und er blickt rechts an der Kamera auf sein Gegenüber.

Denken wir uns eine Linie zwischen den beiden Darstellern als die «Achse» der Szene, so befolgt die Kamera auch heute noch das Guckkastengesetz des Theaters (180-Degree-rule): Sie darf beim Filmen des zweiten Partners (Gegenschuß) keine Position jenseits der Achse einnehmen (das wäre der «Achsensprung»). Denn die Kamera nimmt unmerklich die Position eines gedachten Theaterzuschauers ein, der die Handlung generell nur aus einem Blickwinkel verfolgen kann. Selbst die mobile Kamera muß beim Positionswechsel dieses Gesetz befolgen. Wenn nicht, also beim Achsensprung, reden die Dialogpartner nach den Gesetzen der Konvention, an die wir uns alle gewöhnt haben, «aneinander vorbei».

Das passiert unerfahrenen Kameraleuten mitunter. Aber normalerweise sind sie «gesetzestreu». Der berühmte Regisseur Yazujiro Ozu achtete bei seinem Film «Higan bana» (Sommerblüten, 1958) nicht auf den Kameramann, der die gesamten Dialogszenen konsequent falsch per Achsensprung filmte. Zu den Kommunikationsproblemen der handelnden Personen kam also auch noch das unüberwindliche Problem hinzu, daß sie während des ganzen Films buchstäblich aneinander vorbeireden. Aber auch bei Meistern wie John Ford kann man manchmal feststellen, daß der Kameramann gemogelt hat, wie unser Beispiel aus «Stagecoach» (Ringo, 1939) zeigt.

Auch bei solchen für den Film urtypischen Sequenzen wie der Verfolgungsjagd sind noch heute die Überbleibsel der Guckkastenbühne zu erkennen: Wenn der Held den Schurken verfolgt und dabei von links nach rechts durchs Bild reitet, dann behält er diese Richtung auch in den folgenden Einstellungen bei. Dasselbe gilt für das Auto des Helden: Wenn wir einen Wagen gezeigt bekommen, der von rechts nach links fährt, dann empfinden wir das so, als ob der Wagen dem Helden entgegenfährt, weil der ja links gestartet war. Pferde und Autos bewegen sich kameramäßig auf der Achse der Szene, und wir bleiben beim Betrachten gemäß der 180-Grad-Regel grundsätzlich nur auf einer Seite der Action.

Meister ihres Fachs wie Kameramann Michael Ballhaus gelingt es trotzdem, die Theatergesetze außer Kraft zu setzen. Ballhaus ist berühmt für seine kreisenden Kamerabewegungen von manchmal mehreren Minuten, mit denen er die Darsteller von allen Seiten zeigt. Wenn diese Einstellung ganz ohne Schnitt auskommt, der Zuschauer mit der Kamera die Szene kontinuierlich umkreist, dann bleibt das Beobachtergefühl intakt.

Die blaue «Achse» der Szene ist die gedachte Linie, auf der die Darsteller Blickkontakt herstellen. Die Kamera zeigt in «Ringo» zunächst Claire Trevor und John Wayne zusammen (1) und dann beide einzeln (A und B). Wenn der Winkel 0 Grad betragen würde, spräche man von «subjektiver Kamera»: Der Dialogpartner sieht und spricht direkt in die Kamera, als ob sie sein Gegenüber wäre. Üblicherweise steht die Kamera in 30–45 Grad (A) und 135–150 Grad (B) zu Sprecher a und blickt dabei dem Zuhörenden wie ein anwesender Beobachter über die Schulter. Mehr als 180 Grad, ausgehend vom Standpunkt des Sprechers b, darf die Kamera nie ihre Position verändern, denn dann tappt sie in die Falle «Achsensprung».

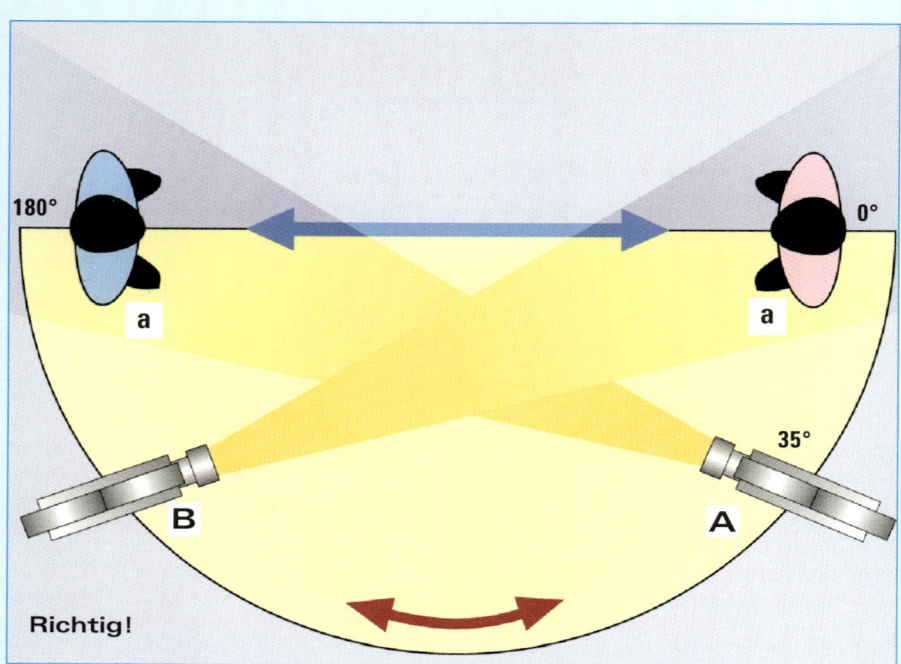

180° 0°

a a

35°

B A

Richtig!

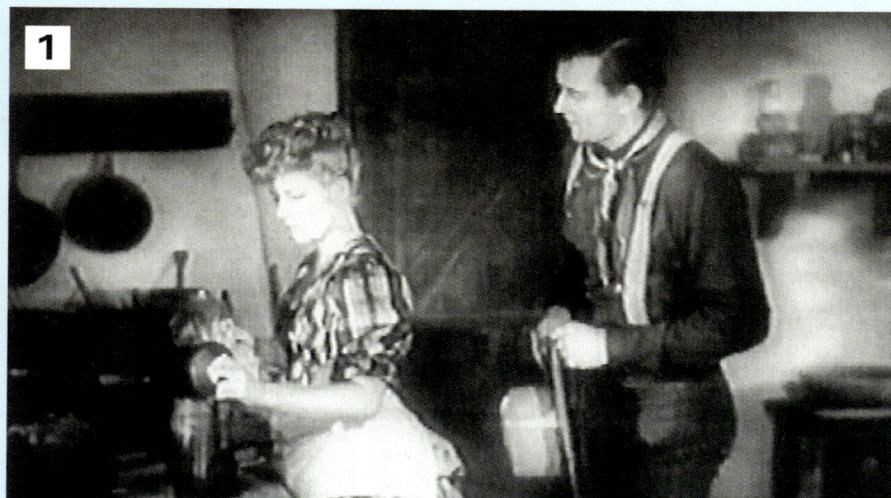

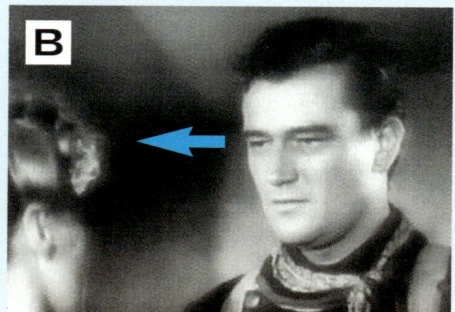

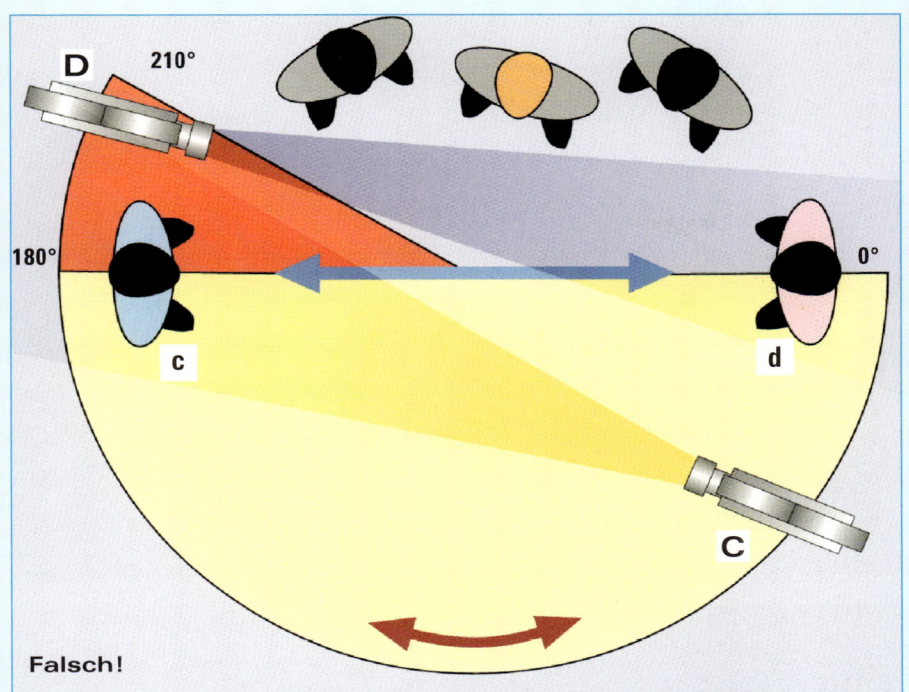

Die Akteure «kommunizieren» nur, wenn sie bei Schuß/Gegenschuß jeweils in die entgegengesetzte Richtung an der Kamera «vorbeisehen» (A–B). Wenn beide nach rechts sehen, bedeutet das Alarmstufe Rot: Achsensprung! (C–D)

D 210°

180° c d 0°

C

Falsch!

2

C

D

Alles echt: Die «Speed»-Szenen im Innern des rasenden Busses wurden nicht etwa im Studio, sondern als tatsächliche Fahraufnahmen gedreht. Ein Gerüst ermöglicht der Kamera auch während der Fahrt den Blick auf die Todesangst der Geisel-Passagiere

Ein Linienbus ist kein Filmstudio: Je mehr Regisseure — wie hier Jan de Bont — auf Realismus bestehen, desto komplizierter wird es für das Kamera-team, das sich auf die Enge des realen Schauplatzes einstellen muß

Auch die Zugluft bei über 50 Meilen in der Stunde kann den Angstschweiß nicht trocknen: Sandra Bullock und Keanu Reeves am Steuer in «Speed»

Damit Sandra sich auf ihre Darstellung konzentrieren konnte und nicht selbst steuern mußte, machte man den Bus mit einer unorthodoxen Vorrichtung vom Fahrersitz unabhängig: Der echte Fahrer steuerte das Filmgefährt vom Dach aus und ermöglichte der Kamera-Crew mehr Bewegungsfreiheit in der engen Fahrgastkabine

MICHAEL BALLHAUS

Der Blick für
das Wesentliche

Michael Ballhaus wurde am 5. August 1935 in Berlin geboren. Beide Eltern waren Schauspieler. Als er zwölf Jahre alt war, gründeten seine Eltern in Coburg ein Theaterensemble. Alle Mitglieder lebten in einem großen Schloß, das als Hauptquartier diente. Nach der Schule arbeitete Ballhaus als Regieassistent in der Theatergruppe und studierte dann zwei Jahre Fotografie. Seit seinem 16. Lebensjahr träumte er davon, beim Film zu arbeiten. Weil er mit dem berühmten Regisseur Max Ophüls verwandt war, durfte er mit 17 schon bei den Dreharbeiten zu «Lola Montez» (Lola Montez) dabeisein. Von da an wollte er Kameramann werden.

Nach seiner Fotografenausbildung arbeitete er drei Monate als Kameraassistent und später als Kameramann beim Fernsehen. Dort traf er Regisseur Peter Lilienthal. Die beiden beschlossen, gemeinsam Filme zu machen. Mit 25 drehte Ballhaus seinen ersten Fernsehfilm: «Der Klassenaufsatz» von Harald Benesch. Weitere Filme entstanden in den 60er Jahren: «Das Martyrium des Peter O'-Hey» (1964, Regie: Peter Lilienthal), «Große Liebe» (1965, Regie: Johannes Schaaf), «Deine Zärtlichkeiten» und «Wir zwei» (beide 1969) von Ulrich Schamoni.

«Whity» (1970) ist der Beginn einer 14 Filme dauernden Zusammenarbeit mit Rainer Werner Fassbinder: «Warnung vor einer heiligen Nutte» (1970), «Die bitteren Tränen der Petra von Kant» (1972, Bundesfilmpreis), «Welt am Draht» (1973), «Faustrecht der Freiheit» (1974), «Mutter Küsters Fahrt zum Himmel» (1975), «Ich will doch nur, daß ihr mich liebt» (TV, 1976), «Satansbraten» (1976), «Chinesisches Roulette» (1976), «Bolwieser» (1977), «Frauen in New York», «Despair/Eine Reise ins Licht» (1977), «Deutschland im Herbst» (1977/78, Fassbinder-Episode), «Die Ehe der Maria Braun» (1978). Weitere Filme in Deutschland (Auswahl): «Tschetan, der Indianerjunge» (1972, Regie: Hark Bohm), «Der Aufstand» (1979/80, Regie: Peter Lilienthal), «Looping» (1980, Regie: Walter

Bockmayer, Rolf Biermann), «Der Zauberberg» (1981, Regie: H. W. Geissendörfer).

Filme in den USA (Auswahl): «Baby, It's You» (Baby, It's You, 1982, Regie: John Sayles), «Reckless» (Reckless, 1983, Regie: James Foley), «The Glass Menagerie» (Die Glasmenagerie, 1986, Regie: Paul Newman), «After Hours» (Die Zeit nach Mitternacht, 1985, Regie: Martin Scorsese), «The Color of Money» (Die Farbe des Geldes, 1986, Regie: M. Scorsese), «Broadcast News» (Nachrichtenfieber – Broadcast News, 1987, Regie: James Brooks, Oscar-Nominierung), «Dirty Rotten Scoundrels» (Zwei hinreißend verdorbene Schurken, 1988, Regie: Frank Oz), «The Last Temptation of Christ» (Die letzte Versuchung Christi, 1988, Regie: Martin Scorsese), «Working Girl» (Die Waffen der Frauen, 1988, Regie: Mike Nichols), «The Fabulous Baker Boys» (Die fabelhaften Baker-Boys, 1989, Regie: Steve Kloves), «GoodFellas» (Good Fellas – Drei Jahrzehnte in der Mafia, 1989, Regie: Martin Scorsese), «Bram Stoker's Dracula» (Bram Stoker's Dracula, 1993, Regie: Francis Coppola), «The Age of Innocence» (Zeit der Unschuld, 1994, Regie: Martin Scorsese), «Quiz Show» (Quiz Show, 1994, Regie: Robert Redford), «Outbreak» (Outbreak – Lautlose Killer, 1995, Regie: Wolfgang Petersen), «Airforce One»/Airforce One, 1997, Regie: Wolfgang Petersen), «Primary Colors» (Mit aller Macht: Primary Colors, 1998, Regie: Mike Nichols).

Michael Ballhaus lebt mit seiner Frau und seinen beiden Söhnen Florian und Sebastian in New York. Beide Söhne arbeiten inzwischen selbst in der Branche. Schon bei «Die Waffen der Frauen» arbeitete Florian als Assistent des Kameraassistenten und Sebastian als Produktionsassistent. Michael Ballhaus ist seinem Wunsch, einmal selbst Regie zu führen, inzwischen näher gekommen. Sein erster eigener Film ist als deutschamerikanisches Projekt konzipiert und erzählt das Leben der berühmten Brecht-Interpretin Lotte Lenya.

Profis unter sich: Ballhaus mit Martin Scorsese bei den Dreharbeiten zu «Zeit der Unschuld» (oben)

Unten: Kameratechnischer Höhepunkt in Steve Kloves' «Die fabelhaften Baker-Boys» war Michelle Pfeiffers Song «Making Whoopee»: Ballhaus umkreist mit der Kamera den Konzertflügel, auf dem Michelle liegt, ohne Schnitt in einem 360-Grad-Schwenk

Michael Ballhaus
bei den Dreharbeiten
zu «Outbreak –
Lautlose Killer»
(oben und mit
Regisseur Wolfgang
Petersen)

Tommy-Guns, Armani-Anzüge und imposante Gebäude – Stephen H. Burum fing mit seiner Kamera die stilvoll brutale Szenerie von «Untouchables – Die Unbestechlichen» ein

Oben: Während der Kameramann die nächste Szene vorbereitet, lümmelt sich Kevin Costner unerlaubt auf einem Kamerawagen

Hommage an ein Meisterwerk: In dem Gangsterepos «Untouchables – Die Unbestechlichen» stellten der Regisseur Brian De Palma und der Kameramann Stephen H. Burum die berühmte Kinderwagensequenz aus Sergej M. Eisensteins «Panzerkreuzer Potemkin» nach. Auch 60 Jahre nach dem Original zündet die Spannung beim Treppensturz wieder – Babys Unschuld im Kugelhagel

Um mit der Kamera ganz dicht am rollenden Kinderwagen dranzubleiben, installierten Burums Mitarbeiter einen langen, wendigen mechanischen Arm, der von oben über die Brüstung lugt

Die Szene wurde nicht im Studio, sondern in der Chicagoer Union Station gedreht. Eine derart weiträumige Location muß entsprechend mit vielen Strahlern ausgeleuchtet werden. Unten: Regisseur Brian De Palma bespricht sich mit seinem Star Kevin Costner

Auch Rinder
verdienen den
richtigen Kamera-
winkel: Außenauf-
nahmen zu Lawrence
Kasdans «Wyatt
Earp»

Wenn die Kamera die unendliche Weite des Wilden Westens einfangen will, kommt sie nicht ohne Schienenfahrten und grandiose Schwenks aus (oben). Die Nahaufnahme des auf der Kutsche liegenden Schützen findet in wilder Fahrt, aber auf modernen Kamerafahrzeugen statt. Die Aufnahmekamera ist ganz links im Bild zu sehen (Mitte)

Wenn die gesamte Kutsche im Bild ist (links), muß sie tatsächlich durch die Wildnis rumpeln — aber der Kamerawagen nicht, denn er fährt (für den Zuschauer unsichtbar) auf einer befestigten Straße. Diese Voraussetzung ist wichtig, weil ein zu unebenes Gelände das gefilmte Bild wackeln lassen würde

«Leichte» Kameraeinstellungen gibt es weder in «Wyatt Earp» noch in anderen Filmen: Nahaufnahmen in Bewegung werfen Probleme bei Schärfe und verrutschendem Bildausschnitt auf (Mitte), bei Schwenks mit dem Kran achtet der Kameramann darauf, daß die moderne Ausrüstung nicht ins Bild kommt: In der Einstellung unten muß die pferdelose Deichsel der Kutsche im Bild ausgespart werden

Stuntmen, die von Felsen stürzen, fallen außerhalb des Kamerawinkels weich auf eine Matratze (links)

Egal ob Action oder Dialog — immer rückt die Kamera den Darstellern (hier versammelt sich die Earp-Familie unter Führung von Kevin Costner) unangenehm nah auf den Pelz. Ein guter Regisseur versucht jeweils, die Darsteller die einschüchternden Apparate vergessen zu lassen

Casting

**Eine Entscheidung
mit weitreichenden
Folgen: Wer spielt wen?**

Wahl: Die Bosse von Paramount Pictures rechneten anfangs nicht mit einem kommerziellen Erfolg der amerikanischen Gangsterfamilien-Saga, als sie die Filmrechte an Mario Puzos Roman erstanden. Folglich dachten sie zuerst an Darsteller, die damals keineswegs Superstar-Status besaßen, Edward G. Robinson, Charles Bronson oder auch den Komiker Danny Thomas.

Als Francis Ford Coppola, der damals unbekannte junge und ambitionierte Schüler von Roger Corman, die Regie übernahm, erkannte er sofort das Potential der Geschichte und wollte Brando als Don. Er schlug außerdem Laurence Olivier vor, doch der war zu krank, um die Rolle zu übernehmen. Bei Paramount war man der Meinung, Brando wäre Kassengift, nachdem er zehn Jahre lang nur in Flops aufgetreten war. Brando war jedoch so scharf auf die Rolle, daß er freiwillig Probeaufnahmen machte (bei denen er sich Kleenex in die Backen stopfte). Coppola bekam seinen Willen erst, als Brando Paramount ein Angebot machte, das man einfach nicht ablehnen konnte: Er wollte nur 100 000 Dollar Gage. Diese taktische Bescheidenheit hat sich ausgezahlt: Für seinen Gastauftritt als Vater von «Superman» (Superman) – Dauer seines Auftritts: fünf Minuten – bekam er nur sechs Jahre später runde drei Millionen Dollar.

Es gibt zwei Arten, einen Film zu besetzen: Viele Besetzungschefs begnügen sich damit, eine Liste der Schauspieler zusammenzustellen, die sie kennen, und dann dem Regisseur und Produzenten die Auswahl zu überlassen. Andere, wie die renommierte Besetzungschefin Joyce Selznick, analysieren das Drehbuch und versuchen auch schon mal eine ungewöhnliche Rollenbesetzung durchzusetzen. Denn mancher Film kann gerettet werden, wenn eine uninteressante Hauptrolle gegen den Typ besetzt wird. Um das zu erreichen, muß man als Casting-Chef allerdings großen Einfluß haben und das volle Vertrauen des Regisseurs genießen.

Gespür für das Talent eines Newcomers ist unabdingbar für diesen schwierigen Beruf. Häufig steht und fällt der Erfolg des Films mit den Darstellern. «Talent» besteht

Zwei Jahre ließ der Hollywood-Mogul David O. Selznick nach der Idealbesetzung von Scarlett O'Hara in «Vom Winde verweht» suchen. Den Zuschlag erhielt letztlich Vivien Leigh

Bis zu ein Dutzend Schauspieler können für eine Rolle in Betracht kommen, bevor die Dreharbeiten beginnen. Und sogar während der Dreharbeiten passiert es manchmal, daß der Produzent einen Schauspieler durch einen anderen ersetzt.

Marlon Brando beispielsweise bekam für seinen Don Corleone in «The Godfather» (Der Pate) einen Oscar. Er spielte die Rolle, als ob sie ihm auf den Leib geschrieben worden wäre. Doch er war nicht die erste

Fast hätte Tom Selleck (rechts) anstelle von Harrison Ford den Hut von Indiana Jones getragen. Wegen seiner Verpflichtungen für die Serie «Magnum» konnte er die Rolle jedoch nicht übernehmen

jedoch nicht nur in den schauspielerischen Fähigkeiten, sondern in der Leinwandpräsenz, im Charisma, das die Zuschauer packt. In vielen Fällen geht diese Fähigkeit über das in einer Schauspielschule Erlernbare hinaus.

Joyce Selznick hielt nichts davon, endlose Talentsuchen zu veranstalten: «Viele Regisseure sind nicht eher zufrieden, bis sie jeden Schauspieler in Hollywood getestet haben. Aber das verwirrt den Regisseur erst recht. Wenn er seinen Typ nicht unter den ersten 50 findet, will er meist auch noch 250 mehr testen. Und häufig entscheidet er sich dann für einen Schauspieler, der genau das

Für den Besetzungschef Michael Fenton stand von vornherein fest, wer in «Die Nacht hat viele Augen» neben Richard Dreyfuss spielen sollte: die damals unbekannte Madeleine Stowe. John Badhams Krimikomödie machte sie zum Star

Gegenteil dessen verkörpert, was die Rolle vorgibt.»

Selznick war überzeugt, daß zu ihrem Beruf vor allem Instinkt, ein sechster Sinn, gehört, der ihr half, die Eignung eines Nobody zu erkennen. Natürlich zählt auch die Ausbildung: «Ohne Schauspielschule darf man keinen Darsteller auf die Bühne stellen – das kann er nicht schaffen. Im Fernsehen ist das jedoch möglich. So habe ich David Hasselhoff entdeckt, der damals als Kellner arbeitete. Er hatte keinerlei Erfahrung. Zwei Tage haben wir ihn auf das Vorsprechen vorbereitet. Und er ergatterte so seine erste TV-Rolle in der Seifenoper ‹The Young and the Restless›. Die Seifenopern sind heute die Ausbildung vieler Nachwuchsdarsteller. Früher haben sie bei den Aufführungen im Sommertheater oder beim Film in den B-Pictures lernen können. Diese Funktion übernimmt jetzt das Fernsehen.»

Die Besetzungsagentur (casting agency) von Jane Feinberg und Michel Fenton gehört zu den bekanntesten in Hollywood. Fenton besetzt nicht nur die Hauptrollen – mehr als einmal hat er aus unbekannten Darstellern Stars gemacht, wenn er seinen guten Riecher auch beim Studio durchsetzen konnte. «Bei ‹Back to the Future› (Zurück in die Zukunft) stand Michael J. Fox als erster Name auf meiner Liste», erinnert sich Fenton. «Die Produzenten waren aber der Meinung, daß Eric Stoltz nach seinem Erfolg in Peter Bogdanovichs ‹Mask› (Die Maske) für die Rolle des Marty McFly der Richtige sei. Eric Stoltz ist zwar ein großartiger Schauspieler, doch in dieser Rolle

ARGENTINIEN, ZUM WEINEN

Die Besetzung von Evita

Andy und Tim ziehen die Ereigniskarte

Andrew L. Webber

Timothy Rice

Raquel Welch

Ann-Margret

«Don't cry for me, Argentina» – nachdem «Evita» bereits halb London begeistert hat, feiert das Musical von Andrew Lloyd Webber und Timothy Rice 1979 trotz mäßiger Kritiken auch am Broadway Triumphe. Ein anonymer Presseagent streut das unbestätigte Gerücht über eine Verfilmung mit Raquel Welch oder Ann-Margret in der Titelrolle.

Paramount-Boß Barry Diller kauft 1981 die Filmrechte zu «Evita», das inzwischen weltweit 83 Millionen Dollar eingespielt hat. Robert Stigwood («Saturday Night Fever»), Koproduzent der New Yorker Bühnenversion, will den Film (Budget: 15 Mio. Dollar) auf den Weg bringen. Problem: Seine Favoritinnen Barbra Streisand, Meryl Streep und Bette Midler wollen nicht.

Gemeinschaftsfeld-Gedränge

Barry Diller

Robert Stigwood

Bette Midler

Barbra Streisand

Paramount rückt vor bis auf Los

Ein Feld vor und drei zurück

Ken Russell
Exot Ken Russell will nur mit Liza Minnelli drehen – abgelehnt!

Gemeinschaftsfeld-Gedränge

Diane Keaton

Franco Zeffirelli

Hector Babenco

R. Attenborough

1983 ist Diane Keaton erste Wahl für den «Evita»-Part. Als Regie-Kandidaten tauchen in den Branchenblättern Sir Richard Attenborough, Herbert Ross, Alan J. Pakula, Hector Babenco, Francis Ford Coppola

---

Madonna is hot, verlangt aber musikalische Änderungen – Stigwood sagt no!

Madonna

Zur Strafe einmal aussetzen!

Langsam wird's grotesk. Als Stars gehandelt: Pia Zadora (Evita) und Sly Stallone (Che Guevara!). Noch besser: eine im «Grease»-Stil aufgezogene Filmversion mit John Travolta, Olivia Newton-John und Elton John!

Olivia Newton-John

Elton John

John Travolta

Gehen Sie direkt ins Gefängnis!

---

und Franco Zeffirelli auf. Doch keiner darf beziehungsweise will.

F. F. Coppola

Cyndi geht nicht über Los

Cyndi Lauper
1985 kontaktet Stigwood Pop-Sirene Cyndi Lauper, die überhaupt keine Lust verspürt.

Stone & Streep, zwei Felder vor

Oliver Stone

Meryl Streep

1987 tritt Oliver Stone auf den Plan. Er will ein aufwendiges Hollywood-Musical der klassischen Sorte inszenieren und reist nach Argentinien. Madonna ist wieder aktuell, doch der Regisseur möchte lieber Meryl Streep.

Neues Spiel, alle zurück auf Los!

Michelle Pfeiffer, Raul Julia (Péron), Antonio Banderas (Che) – Stones Besetzung steht, doch Staatschef Menem verweigert Dreherlaubnis in Buenos Aires, weil im Skript Evitas Weg nach oben durch diverse Betten führt (und das ist nicht ganz erlogen…). Projekt geplatzt!

Carlos Menem

Antonio Banderas

Michelle Pfeiffer

Letzte Runde – die Gewinner

Streep geht wegen zu geringer Gage, Stone wegen Streep – das Projekt liegt brach. 1996, nach 16 Jahren Ringen um die Besetzung, beginnen endlich die Dreharbeiten. Regie führt Alan Parker, seine Hauptdarsteller heißen Madonna, Antonio Banderas als Che Guevara und Jonathan Pryce als Juan Péron.

JOYCE SELZNICK

Gesucht: Gesichter aus der Menge

Joyce Selznick (1928–1981) war eine Cousine des Produzenten David O. Selznick und die Nichte der Warner Brothers. Eigentlich wollte sie Schriftstellerin werden. Mit 15 fing sie bei Warner als Sekretärin an. Innerhalb kurzer Zeit schrieb sie bereits Romane in vorläufige Drehbücher um. Doch dann sattelte sie um, als eine Stelle im Besetzungsbüro frei wurde. Mit 17 beschloß sie, Managerin für Schauspieler zu werden, und versuchte ihr Glück in New York. Dort sprach sie Bernie Schwartz, das Ghetto-Kid aus der Bronx, auf der Straße an und machte aus ihm ihren ersten Star: Tony Curtis. Für Columbia arbeitete sie in der PR-Abteilung, bis Studioboß Harry Cohn sie mit 26 zur Chefin der Nachwuchssucher an der Ostküste beförderte.

Zu den Stars, die sie entdeckte und förderte, gehören George C. Scott, Faye Dunaway, Ann-Margret, Candice Bergen, Telly Savalas, Harvey Keitel, Rob Reiner, Billy Dee Williams, Bo Derek und Tommy Lee Jones. Sie verschaffte Kurt Russell die Titelrolle in John Carpenters «Elvis: The Movie» (Elvis – The King) und Jessica Lange ihre Debütrolle in «King Kong» (King Kong). Erfolglos versuchte sie, Robert Redford und Barbra Streisand zu lancieren – doch zu dem Zeitpunkt wollten die Studios sie nicht. Berühmt wurden die beiden erst später.

Nebenbei übernahm Selznick auch die Drehbuchabteilung des Studios und wurde so eine der mächtigsten Frauen in Hollywood. 1967 wechselte sie zu Paramount, wo sie für Nachwuchs und Drehbücher weltweit zuständig war. 1974 machte sie sich selbständig, produzierte und besetzte für Film und Fernsehen. Sie betreute unter anderem die Serie «Welcome Back, Kotter» (Welcome Back, Kotter), mit der John Travolta seine Weltkarriere startete.

wirkt er nicht so herzlich, sympathisch und liebenswert, wie es eben Michael J. Fox' Naturell ist. Regisseur Bob Zemeckis äußerte diese Bedenken vor Drehbeginn auch Steven Spielberg gegenüber, doch die Produktionleitung hielt an ihrer Meinung fest. Nach vier Wochen Drehzeit saßen wir alle im Vorführraum, und angesichts der Muster überzeugte Steven endlich seinen Produzentenpartner Sid Sheinberg davon, daß Zemeckis recht hatte. Vor Drehstart hatten wir das Problem, daß Michael J. Fox als Star der TV-Serie ‹Family Ties› (Hilfe, wir werden erwachsen) vertraglich gebunden war und noch neun Wochen Drehzeit vor sich hatte. Jetzt hatte er aber bereits fünf Serienfolgen hinter sich, und man erlaubte uns, ihn über Nacht auszuleihen. Der arme Michael arbeitete also den ganzen Tag im Paramount-TV-Studio, dann holten wir ihn ab, drehten von 18 Uhr bis 3 Uhr morgens, steckten ihn ins Bett, und die Fernsehleute weckten ihn wieder auf. So ging das fünf Wochen lang. Aber mit ‹Back to the Future› hat seine Filmkarriere begonnen.»

Nicht immer gelingt es Fernsehstars, problemlos beim Film Fuß zu fassen. Als es darum ging, «Indiana Jones» zu besetzen, suchten George Lucas und Steven Spielberg ein neues Gesicht. Der unbekannte Tom Selleck war im Gespräch, aber er hatte gerade den Pilotfilm zu seiner Serie «Magnum P. I.» (Magnum) abgeschlossen, und CBS wollte ihn nicht freigeben. Im letzten Moment stand er zur Verfügung, doch dann vereitelte ein Schauspielerstreik der Gewerkschaft den Start der Dreharbeiten. «Lucas hatte ja schon mit Harrison Ford gearbeitet, und wir wußten alle, daß er auch die Indiana-Jones-Rolle meistern würde», sagt Fenton, «aber die Umstände waren zunächst ganz anders. Heute sagt natürlich jeder, daß kein anderer als Ford die Rolle hätte spielen können.»

Die Besetzungsagenturen greifen auf Nachschlagewerke mit Fotos und Adressen der Darsteller zurück, und sie archivieren selbst Fotos und Lebensläufe, die steckbriefartig entscheidende Informationen auflisten. So läßt sich schnell nach Kriterien wie Körpergröße oder Alter die Gruppe der Schauspieler eingrenzen, die für eine Rolle in Betracht kommen.

Sobald eine Produktion grünes Licht hat, wird der Agent vom Produzenten engagiert. Zu jeder der Hauptfiguren des Films erstellt er eine Liste mit Schauspielern, die für die Rolle in Frage kommen. Relativ einfach ist es, den Star zu finden, der den Film «trägt». Ist der besetzt, wird es meist schwieriger, für ihn Partner zu finden, die genau zu ihm passen. Fenton: «Als Richard Dreyfuss für ‹Stakeout› (Die Nacht hat viele Augen) feststand, war ich mir auch schon ziemlich sicher, wer die weibliche Hauptrolle spielen sollte – ganz im Gegensatz zu Regisseur John Badham und Richard Dreyfuss. Also bestellten wir eine Reihe kaum bekannter Darstellerinnen zum Vorsprechen. Ich stellte Madeleine Stowe schon am ersten Tag vor. Sie war mir in der Hauptrolle des Drogenthrillers ‹Tropical Snow› (Tropical Snow) aufgefallen, einem kolumbianischen Film über den Drogenhandel, der in den USA bislang nicht herausgekommen war. Ich mußte mit ihr dann vor all den Disney-Mächtigen, Jeff Katzenberg, Rich Frank und David Hoberman, eine Dialogstelle vorsprechen. Es klappte, und auch sie ist inzwischen ein Star.»

Eine ähnliche Geschichte weiß Fenton von der damals unbekannten Debra Winger zu berichten, die er in dem Film «Thank God, It's Friday» (Gottseidank, es ist Freitag) unterbrachte. Als er dann die Besetzung von James Bridges' «Urban Cowboy» (Urban Cowboy) übernahm, wollte er Produzent Bob Evans unbedingt davon überzeugen, daß Winger die Idealbesetzung war: «Evans mochte sie nicht, also überzeugte ich Debras Agenten davon, daß sie nach Texas fliegen müßte, um mit Bridges eine Probeszene zu drehen. Sie brachten diese Szene nach Los Angeles, sie wurde entwickelt, wir zeigten sie Robert Evans, und Debra hatte die Rolle in ‹Urban Cowboy›. Der Rest ist wieder mal Geschichte.»

Bei einem normalen Casting-Termin erscheint der Schauspieler und spricht einen Dialog aus dem Drehbuch vor, wobei ihm der Besetzungschef meist als Dialogpartner souffliert. Regisseur und Produzent hören zu und machen sich auf diese Weise ein Bild von dem Darsteller-Typ, der am besten zu der Rolle paßt. Denn im unmittelbaren Vergleich der Schauspieler wird meist bald

deutlich, wer geeignet ist und wer nicht. Manchmal zieht sich die Suche nach der perfekten Besetzung allerdings über Wochen hin. Besonders bei Kindern, die naturgemäß keine jahrelange Erfahrung vor der Kamera vorweisen können, ist die Suche nach einem geeigneten Darsteller eine heikle Angelegenheit. Um eine Suche auf das ganze Land auszudehnen, werden Darsteller heute häufig aufgefordert, Dialoge vor der Videokamera zu sprechen und die Kassette einzuschicken. So ging Steven Spielberg vor, als er für «Schindler's List» (Schindlers Liste) deutsche Darsteller für die Nazi-Schergen besetzen wollte. Merk-

Für seine Rolle des Don Vito Corleone in «Der Pate» (unten) erhielt Marlon Brando nur 100 000 Dollar. Doch die Minigage zahlte sich aus: Er gewann seinen zweiten Oscar, seine Karriere erlebte einen zweiten Frühling, und für den Fünf-Minuten-Auftritt als Vater von «Superman» (oben, mit Maria Schell) strich er gut drei Millionen Dollar ein

Erst auf Drängen von Casting-Chef Michael Fenton durfte Debra Winger in «Urban Cowboy» den Platz an John Travoltas Seite einnehmen

Vier Wochen lang hatte Eric Stoltz (oben) schon für «Zurück in die Zukunft» vor der Kamera gestanden, als er auf Wunsch von Robert Zemeckis durch Michael J. Fox ersetzt wurde

Im Academy Players Directory, einem Führer der Filmakademie, sind Tausende von Darstellern zu finden

würdigerweise wurden deutsche Stars wie Uwe Ochsenknecht und Heinz Hoenig persönlich angesprochen, sie sollten sich eine Kamera organisieren und die Aufnahme selbst machen. Stars, die ein professionelleres Casting mit einem Kamerateam gewohnt sind, lehnten diese Methode ab. Vielleicht ist das der Grund dafür, daß in «Schindler's List» wenige bekannte deutsche Namen auftauchen.

Die Agentur setzt dann auch die Verträge für die Darsteller auf, wenn sie engagiert sind. «Wir legen uns da mächtig ins Zeug, denn ich würde niemals einem Schauspie-

ler schaden wollen», sagt Fenton. «Der muß ja schließlich 12 bis 16 Stunden täglich sehr konzentriert mit dem Regisseur zusammenarbeiten. Und wenn er das Gefühl hat, einen schlechten Vertrag bekommen zu haben, dann kann dieses Verhältnis nicht funktionieren.»

Verträge mit Gagen unter 35 000 Dollar schließt die Agentur selbst ab. Was darüber liegt, wird mit dem Anwalt des Produzenten ausgehandelt. Auch noch drei Monate nach Drehschluß wird der Casting-Chef gebraucht – dann sucht der Produzent Sprecher für die Nachsynchronisation.

Der Unterschied zwischen der Besetzung in den USA und in Europa liegt vor allem in der Zahl der verfügbaren Schauspieler. Ganz Nordamerika spricht englisch, und natürlich zieht Hollywood eine gigantische Zahl von Möchtegern-Stars an, die – realistisch betrachtet – eine äußerst geringe Chance haben, sich gegen die Konkurrenz durchzusetzen. Die Screen Actors Guild (Gewerkschaft der Filmschauspieler) und die AFTA (American Federation of Television and Radio Artists) haben zusammen 107 000 Mitglieder. Pro Jahr schaffen es etwa 8000 von ihnen, 10 000 Dollar oder mehr zu verdienen. Das sind ungefähr sieben Prozent! Und natürlich reichen auch 10 000 Dollar längst nicht, um den Lebensunterhalt damit zu bestreiten ...

FILM	BESETZUNG	ZUNÄCHST VORGESEHEN
The Wizard of Oz (Das zauberhafte Land)	Judy Garland	Shirley Temple
Mr. Smith Goes to Washington (Mr. Smith geht nach Washington)	James Stewart	Gary Cooper
The Maltese Falcon (Die Spur des Falken)	Humphrey Bogart	George Raft
Casablanca (Casablanca)	Humphrey Bogart	Ronald Reagan
Sunset Boulevard (Boulevard der Dämmerung)	Gloria Swanson	Mae West
All About Eve (Alles über Eva)	Bette Davis	Claudette Colbert
High Noon (Zwölf Uhr mittags)	Gary Cooper	Gregory Peck
From Here to Eternity (Verdammt in alle Ewigkeit)	Burt Lancaster	Edmond O'Brien
On the Waterfront (Die Faust im Nacken)	Marlon Brando	Frank Sinatra
Rebel Without a Cause (...denn sie wissen nicht, was sie tun)	James Dean, Natalie Wood	Tab Hunter, Jayne Mansfield
Vertigo (Aus dem Reich der Toten)	Kim Novak	Vera Miles
Psycho (Psycho)	Janet Leigh	Shirley Jones
Cleopatra (Cleopatra)	Richard Burton	Stephen Boyd
Per un pugno di dollari (Für eine Handvoll Dollar)	Clint Eastwood	Henry Fonda
My Fair Lady (My Fair Lady)	Rex Harrison	Cary Grant, Rock Hudson
Dirty Harry (Dirty Harry)	Clint Eastwood	John Wayne, Frank Sinatra
The Godfather (Der Pate)	Marlon Brando	Laurence Olivier, Edward G. Robinson, Charles Bronson, Danny Thomas, John Marley
Superman: The Movie (Superman – Der Film)	Christopher Reeve	Charles Bronson, Sylvester Stallone
Raiders of the Lost Ark (Jäger des verlorenen Schatzes)	Harrison Ford	Tom Selleck
Back to the Future (Zurück in die Zukunft)	Michael J. Fox	Eric Stoltz
Beverly Hills Cop (Beverly Hills Cop)	Eddie Murphy	Sylvester Stallone
Peggy Sue Got Married (Peggy Sue hat geheiratet)	Kathleen Turner	Debra Winger
Big (Big)	Tom Hanks	Robert De Niro, Harrison Ford
Postcards from the Edge (Grüße aus Hollywood)	Meryl Streep	Debra Winger
Sister Act (Sister Act – Eine himmlische Karriere)	Whoopi Goldberg	Bette Midler
When a Man Loves a Woman (When a Man Loves a Woman)	Andy Garcia, Meg Ryan	Tom Hanks, Debra Winger
Batman Forever (Batman Forever)	Jim Carrey Chris O'Donnell Nicole Kidman	Robin Williams Michael J. Fox Rene Russo
The American President (Hallo Mr. President)	Michael Douglas	Robert Redford
Cutthroat Island (Die Piratenbraut)	Matthew Modine	Michael Douglas

«Wissen Sie, Louis», sagt Ronald Reagan, «ich denke, dies ist der Beginn einer wundervollen Freundschaft.» Ronald Reagan? Doch, wirklich: Der spätere US-Präsident sollte in «Casablanca» zuerst die Rolle des Rick Blaine übernehmen. Auf einen Blick: Hollywood-Klassiker, ihre Hauptdarsteller und wer hinter den Kulissen ausgebootet wurde

WETTBEWERB DER MEGA-STARS

Zwischen April 1937 und Januar 1939 machten 33 Schauspielerinnen offizielle Testaufnahmen für die Rolle der Scarlett. Paulette Goddard (oben) wurde neben Vivien Leigh als einzige in Farbe getestet. Sie bekam die Rolle dennoch nicht. Die letzte Bewerberin, die unbekannte Vivien Leigh (Seite gegenüber in einer Testaufnahme, mit Douglas Montgomery), erhielt den Zuschlag. Vergeblich auf die Rolle gehofft hatten (von oben) Jean Arthur, Susan Hayward (links im Bild, damals noch unter ihrem bürgerlichen Namen Edith Marrener), Lana Turner und Joan Bennett

Der lange Weg nach Tara

Wie die Hauptrolle in «Vom Winde verweht» besetzt wurde

Zweieinhalb Jahre dauerte die Suche nach der Idealbesetzung der Scarlett O'Hara in «Gone with the Wind» (Vom Winde verweht). Produzent David O. Selznick hatte sich die Filmrechte zögernd schon 1936 gesichert, bevor das Buch seinen Triumphzug durch die USA antrat. Weil dann die resolute Heldin des Bürgerkriegsdramas in jedem Leser eine individuelle Gestalt annahm, entwickelte sich Selznicks Suche wie ein Spießrutenlaufen durch die selbsternannten Kritiker unter den Millionen Fans.

In offiziellen und inoffiziellen Umfragen, die 70 000 Briefe zur Folge hatten, tauchten praktisch alle damaligen Hollywood-Stars als Besetzung für die Scarlett auf. Joan Crawford und Bette Davis waren von Anfang an im Gespräch. Katharine Hepburn bemühte sich aktiv darum, daß ihr Vertragsstudio RKO die Filmrechte erwarb – erfolglos. Zunächst stellten sich Miriam Hopkins und Margaret Sullavan als die Favoritinnen heraus – sie hatten bereits Südstaaten-Belles gespielt. Die PR-Maschine war im vollen Gange, bevor es überhaupt ein Drehbuch gab. Im ganzen Land führte man Casting-Termine als Massenveranstaltungen durch, an Provinzbühnen, Colleges und High-Schools. Alle amerikanischen Schauspielerinnen schienen sich für Scarlett zu halten und überschwemmten das Studio mit Fotos.

Im Juni 1938 teilte Selznick der Presse mit, daß Clark Gable und MGM-Spitzenstar Norma Shearer die Hauptrollen spielen sollten. Die Fans schrien auf, sie hielten die Shearer für zu alt und zu damenhaft. Sie

selbst hörte auf ihre Fans und lehnte ab. Ende Juli 1938 zog Selznick Jean Arthur, Loretta Young, Doris Jordan, Katharine Hepburn und Paulette Goddard in die engere Wahl. Die Tests, die George Cukor mit der Goddard drehte, zeigten sie als fähigste Kandidatin in der Rolle. Allerdings gab es Publicity-Gründe, die gegen sie sprachen: Niemand wußte genau, ob sie mit ihrem Entdecker Charlie Chaplin verheiratet war, mit dem sie seit «Modern Times» (Moderne Zeiten) zusammenlebte. Auch galt sie als sehr ablehnend der Presse gegenüber.

Und genau die würde rigoros über das Privatleben der Scarlett-Darstellerin herfallen. Selznicks Pressechef sprach in diesem Zusammenhang von «Dynamit, das wir direkt ins Gesicht kriegen, falls sie (die Goddard) die Rolle bekommt».

Zu den 33 Schauspielerinnen, die zwischen April 1937 und Januar 1939 offiziell Testaufnahmen machten, gehörten neben Paulette Goddard die Stars Jean Arthur und Joan Bennett und damals noch unbekannte Namen wie Talullah Bankhead, Susan Hayward (unter ihrem bürgerlichen Namen Edith Marrener), Anita Louise, Frances Dee und Lana Turner.

Bette Davis führte aufgrund von Umfragen im Oktober 1938 klar die Scarlett-Charts der Fans an. Katharine Hepburn lag auf Platz 2, es folgten Miriam Hopkins, Margaret Sullavan, Joan Crawford und Barbara Stanwyck. Auch Carole Lombard, in die Clark Gable sich verliebt hatte, bekam einige Stimmen. Aber viele Kinogänger wünschten sich eine unbekannte Darstellerin, die der Scarlett ein frisches Profil verleihen sollte. Und genauso beschrieb auch Selznick seine Idealbesetzung, die die anfangs 16jährige Scarlett glaubhaft verkörpern sollte. Denn jede bekannte Schauspielerin würde der Heldin ihr schon etabliertes Image aufdrücken. «Ich will dem amerikanischen Publikum, wenn möglich, eine neue Darstellerin bescheren», sagte Selznick. «Für diesen Zweck habe ich annähernd 50 000 Dollar ausgegeben. George Cukor und ich haben uns praktisch jede Statistin und junge Schauspielerin angesehen, die auch nur annähernd in Frage kam, und außerdem Hunderte, sogar Tausende, bei denen das nicht der Fall war. Wir ließen uns vorsprechen, wir machten Probeaufnahmen, wir probierten gründlich mit jungen Mädchen, die vom Aussehen her paßten, über deren Talent jedoch Zweifel bestanden. Darüber hinaus beteiligte sich

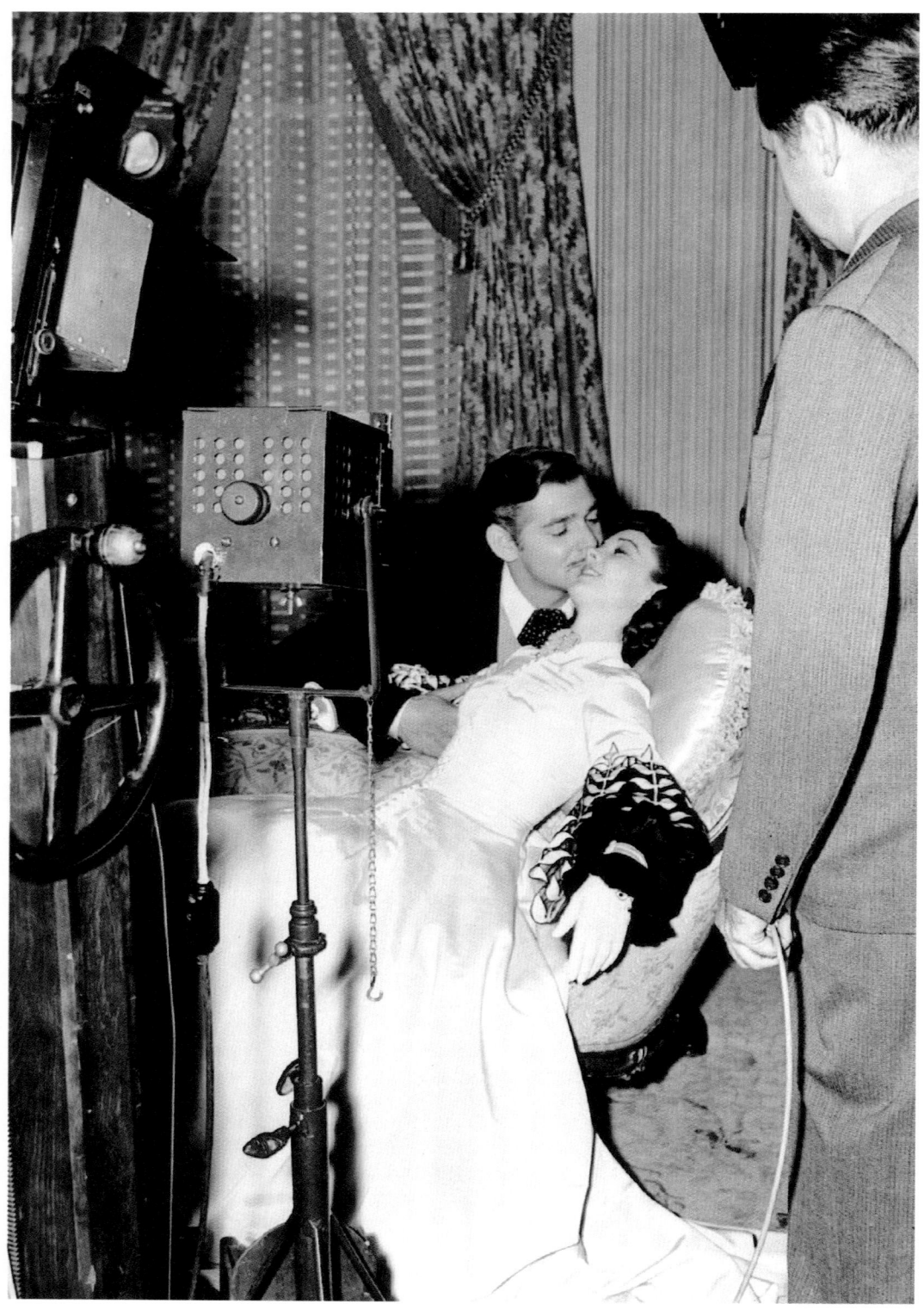

auch noch jedes Studio bereitwillig an dem Versuch, ein neues Gesicht zu finden.»

10. Dezember 1938: Alle damals verfügbaren Technicolor-Kameras sind auf den gewaltigen Brand von «Atlanta» gerichtet, das als Kulissenstadt auf dem Studiogelände nachgebaut worden war. Auch das große Tor aus «King Kong» (King Kong und die weiße Frau) ging dabei in Flammen auf. Während Produzent Selznick mit seinen Gästen gebannt auf das Feuerinferno starrte, das Produktionsleiter Ray Klune entfesselte, stellte ihm sein Bruder Myron die 25jährige Vivien Leigh vor: «Hier ist deine Scarlett.» Sie befand sich auf einem Kurzurlaub in Hollywood, um Laurence Olivier zu besuchen, mit dem sie eine leidenschaftliche Affäre hatte, obwohl beide anderweitig verheiratet waren. Olivier drehte gerade «Wuthering Heights» (Sturmhöhe). Sie konnte eigentlich nur fünf Tage bleiben, weil in London ein Theaterengagement auf sie wartete. Selbstbewußt nutzte sie die Zeit, um für die Scarlett-Rolle zu kämpfen. Sie kam vorbereitet, hatte die Rolle einstudiert. Und günstigerweise hieß Oliviers Agent Myron Selznick.

Am Morgen nach den Brand-Aufnahmen fand der Vorsprechtermin mit Regisseur George Cukor statt, der sie «sehr aufregend» fand. Zwei Wochen später machte sie offizielle Probeaufnahmen – zu diesem Zeitpunkt war Paulette Goddard schon abgemeldet: Selznick und Cukor hatten endlich ihre Scarlett gefunden – obwohl die Freude nicht ganz ungetrübt war: Ihren britischen Akzent mußte die Leigh noch fleißig abschleifen, und auch ihre Affäre mit Olivier konnte die amerikanischen Moralapostel auf den Plan rufen. Vor allem erwartete man eine Welle der Entrüstung unter amerikanischen Patrioten besonders im Süden, weil ausgerechnet eine Engländerin die begehrte Rolle spielen sollte. Doch keines der erwarteten Probleme weitete sich aus, als am 13. Januar 1939 offiziell die komplette Besetzung bekanntgegeben wurde: Endlich füllte der «Wind» die Segel, die eigentlichen Dreharbeiten des berühmtesten Films aller Zeiten konnten beginnen.

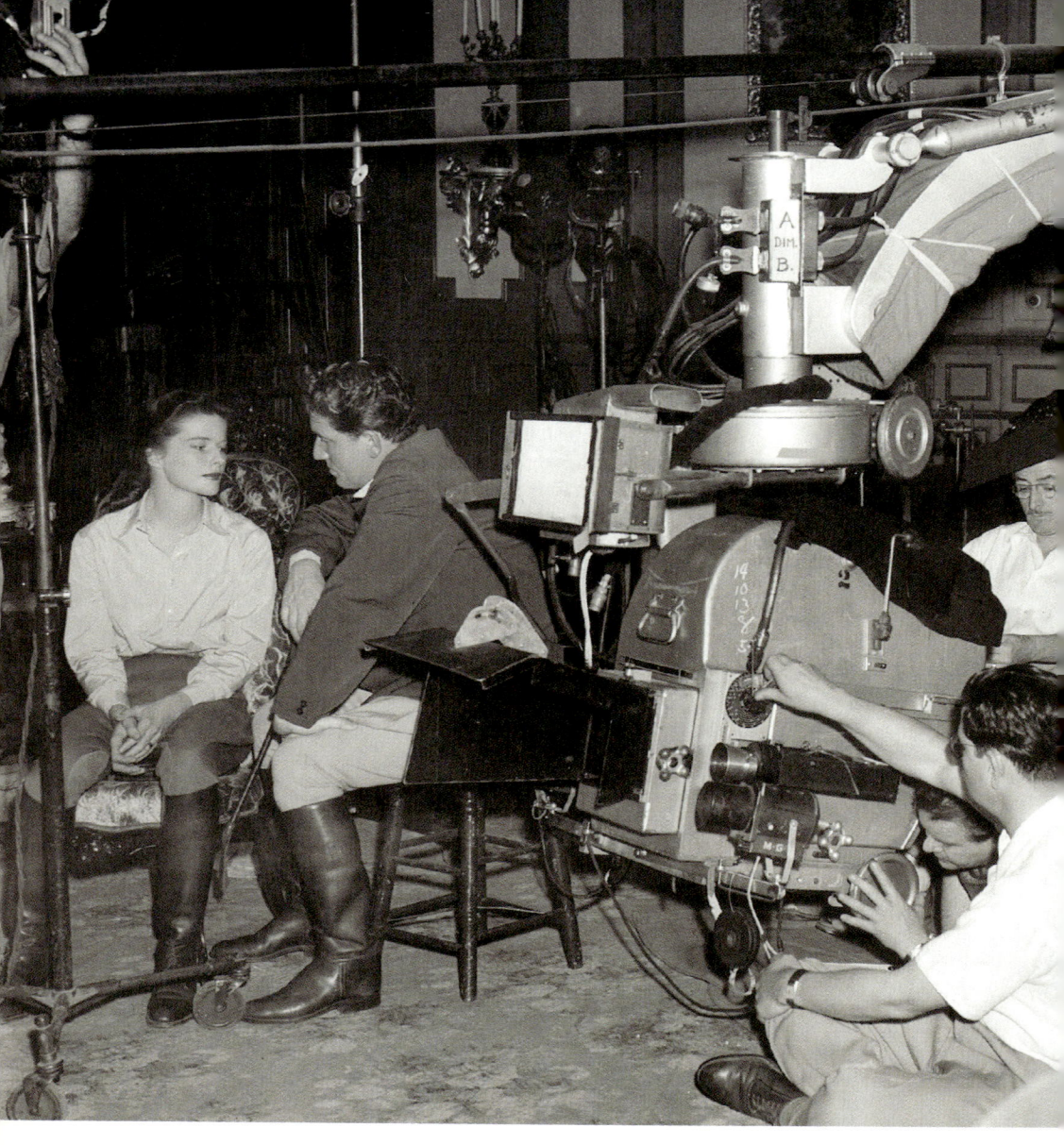

Schauspieler

Vom Darsteller zum Star

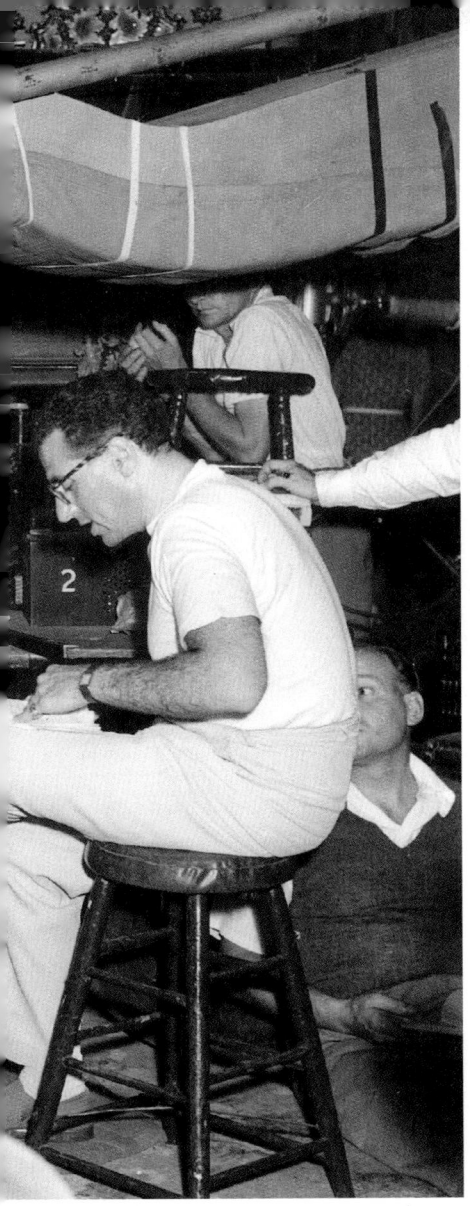

neue Jahrmarktsattraktion herab, zumal es sie ihrer Sprache beraubte. Erst 1908 kam es in Frankreich zu einer Verbrüderung der beiden Medien, als die Produktionsfirma Film d'Art mit der Comédie-Française einen Vertrag schloß: Etliche berühmte Inszenierungen wurden auf Film aufgezeichnet. Dadurch sind auch Aufnahmen von damaligen Bühnengiganten wie Sarah Bernhardt auf Film erhalten. Der gestenreiche, übertrieben deklamatorische Stil des damaligen Theaters wirkte im Film pompös bis lächerlich, doch die Filme kamen an und fanden besonders in Italien und den USA bald Nachahmer.

Bereits 1909 erkannte der Regisseur David Wark Griffith die Tendenz der Kamera, das Spiel der Akteure nicht zuletzt durch die Größe der Leinwand zu intensivieren. Es mußte also darum gehen, die Darsteller auf ein subtileres Spiel zu trainieren. Er gewöhnte seiner Truppe junger Schauspieler ab, für die obersten Theaterränge zu spielen. Sie lernten, eher auf lebensnahe, realistische Emotionen zu setzen.

Auf der Bühne spielt sich ein Theaterstück in der zeitlichen Kontinuität und szenischen Reihenfolge ab, in der es vom Autor konzipiert wurde. Der Darsteller kann sich in jeder Vorstellung ganz auf die Dramaturgie einstellen. Diese für den Spannungsbogen der Darstellung idealen Bedingungen sind beim Film nicht gegeben. Bette Davis, die ihre Karriere auf der Bühne begann, sprach aus Erfahrung: «Das Tragische beim Film ist, daß man nicht in der richtigen Reihenfolge der Szenen dreht. Bei dieser Arbeitsweise braucht man eine Menge Erfahrung, aber man kann sie lernen. Schlimm beim Filmen ist auch, daß man sehr häufig, wenn man die fertige Szene sieht, feststellt: ‹Ach, das hätte ich noch besser gekonnt.› Die Bühne bietet die Möglichkeit, jeden Abend weiter an der Rolle zu feilen. Und ein großer Vorteil liegt im dramaturgisch geschlossenen Ablauf der Theatervorstellung, die es bei Filmaufnahmen nicht geben kann. Kollege George Arliss hat mir mal gesagt: ‹Dreh keinen Meter Film, ohne dich zu vergewissern, was vor dieser Szene passiert und was anschließend kommt.› Das hat mir sehr geholfen.»

Jederzeit muß der Filmschauspieler die

Ein Star-Paar bei der Arbeit: Katharine Hepburn und ihr Lebenspartner Spencer Tracy proben ihren Text am Set von «Dunkle Spur» (1942). Regisseur George Cukor (rechts, sitzend) gibt die Stichworte. Er war bekannt dafür, sich stark auf seine Darsteller einzulassen und sie in den kreativen Prozeß miteinzubeziehen

In vielerlei Hinsicht ist der Filmschauspieler der Jahrtausendealten Bühnentradition verpflichtet. Dennoch haben sich im Laufe dieses Jahrhunderts deutliche Unterschiede zum Theater entwickelt. Die ersten Filmemacher filmten – wie die Lumière-Brüder – Laien, die sich selbst darstellten. Doch sobald das Kino begann, Geschichten zu erzählen, brauchte man Profidarsteller. Die Bühnenstars blickten zu Anfang des Jahrhunderts äußerst geringschätzig auf die

Gottähnliche Verehrung genossen die charmanten Draufgänger Douglas Fairbanks (links) und Errol Flynn (rechts) in den «goldenen Jahren» Hollywoods

Bei Dreharbeiten von Alfred Hitchcock lachten Stars und Regisseur selten gleichzeitig, wie hier James Stewart, John Dall und Farley Granger (Mitte, von rechts). Carol Reed (unten Mitte) inszeniert seinen Kollegen Orson Welles (links) als «dritten Mann»

BOB ANDERSON

Meister des Schwertes

Es kann nur einen geben! Sean Connery lehrt «Highlander» Christopher Lambert die höhere Schule der Fechtkunst

Im Film-Busineß wimmelt es von Experten: Für sprechende Schweine holt man einen Dompteur, Explosionen werden von Feuerwerkern gezündet. Geht es um klirrende Degen, dann ruft man irgendeinen Fechtlehrer – doch für ein unvergeßliches Duell engagiert man Bob Anderson. Englands olympischer Fechttrainer a. D. steht in seiner Zunft seit Jahrzehnten einsam an der Spitze – trotz seines fortgeschrittenen Alters (Jahrgang 1923). Andersons Karriere begann, als er 1952 im olympischen Team in Helsinki (vergeblich) um Medaillen focht. Damals engagierte ihn Warner Bros., um Errol Flynn auf seine älteren Tage neue Florett-Finten für «The Master of Ballantrae» (Der Freibeuter) einzubleuen. Seitdem hat der Fechter beim Film alle Großen trainiert oder ist in Kampfszenen für sie eingesprungen: Douglas Fairbanks jr., David Niven, Peter Ustinov, Peter O'Toole, Sean Connery, um nur einige zu nennen. Bis heute hat er fast jeden Schwertkampf choreographiert, der im Gedächtnis bleibt: sei es Christopher Lamberts Ringen um den «Preis» in «Highlander» (Highlander – Es kann nur einen geben), Cary Elwes' parodistisches Duell gegen Mandy Patinkin in «The Princess Bride» (Die Braut des Prinzen), Mark Hamills Kraftakt gegen Darth Vader in der «Star Wars»-Trilogie (Krieg der Sterne) oder Richard Geres elegante Klingenkunst in «First Knight» (Der 1. Ritter).

«Das Schwert ist die ultimative Waffe. Wenn jemand 30 Schritt entfernt aus einem Hinterhalt mit dem Gewehr auf dich zielt, wirkt das im Film längst nicht so bedrohlich, wie wenn du Fuß an Fuß und Aug' in Aug' einem Gegner gegenüberstehst, der dich aufspießen oder tranchieren möchte – das nenne ich spannend!» Bei den Kampfsequenzen legt Anderson Wert auf Thrill und vernachlässigt dabei gern historische Genauigkeit: «Mittelalterliche Schwertkämpfe waren blutig und brachial. Keine Technik, nur schiere Kraft und ein flinkes Auge. Moderne Fechtkunst entstand erst um 1600. Was bringt es aber, geschichtlich korrekt zu sein? Die Zuschauer würden sich zu Tode langweilen.» Also benutzt Bob Anderson leichtere Klingen und erarbeitet zusammen mit den Schauspielern eine Technik, die der Rolle angemessen erscheint. «Es erleichtert meine Arbeit enorm, wenn die Darsteller in guter körperlicher Verfassung sind und asiatische Kampfsportarten beherrschen. Niven, Lambert, Patinkin und Gere – alle meine besten Schüler waren agil und engagiert. Nicht so Errol

Flynn, der zwar Talent besaß, aber stets erst kurz vor den Szenen fragte: ‹Was muß ich heute können, Bob?›»

Flynns Leichtmut wurde dadurch begünstigt, daß man damals die Kampfszenen mit 18 statt 24 Bildern pro Sekunde filmte, um die Action rasanter wirken zu lassen. Auf diesen Trick verläßt sich Anderson heute nicht mehr. Schweißtreibendes Training und eine präzise Choreographie stehen im Zentrum seiner Arbeit. Mit seinen Eleven übt der Schwertmeister mehrere Stunden täglich Schrittfolgen, Paraden und Attacken – manchmal Wochen, bevor die Dreharbeiten beginnen. Dabei geht es oft gefährlich zu. Richard Gere erinnert sich: «Mancher harte Hieb verfehlte mich nur um einen Zentimeter. In manchen Einstellungen wechselte ich mit meinen Gegnern Abfolgen von 50 bis 100 Schlägen. Schon ein einziger Treffer hätte tatsächlich verletzen können.» Auch am Set überwacht Anderson die Kampfszenen, spricht mit dem Regisseur die Abläufe ab und feilt mit den Akteuren an der Finesse der Streiche. Seiner Meinung nach ist das Schwert selbst eine Filmlegende: «Das Timing und der Rhythmus der Choreographie macht jeden Schwertkampf einzigartig. Man hört das Geräusch zweier sich kreuzender Klingen und spürt das Tempo. An Spannung und Eleganz gibt es auf der Leinwand nichts, was einen guten Kampf aufwiegen könnte.»

Beide Darsteller wurden vorher vom Schwertmeister Bob Anderson unterrichtet, der auch Richard Gere für «Der 1. Ritter» Attacken und Paraden einbleute

Gefühlsstimmung der aktuellen Szene abrufen können. Deswegen legen viele Regisseure in der Vorbereitungsphase großen Wert auf Proben und Diskussionen mit den Darstellern, um – wie auf der Bühne – ein umfassendes Verständnis für jede Rolle zu erarbeiten. Bei den Dreharbeiten fällt es dann um so leichter, an jedem beliebigen Punkt der Handlung in die gespielte Figur einzusteigen. Der Vorteil der Filmarbeit: Der Darsteller muß sich meist nur auf kurze Dialoge konzentrieren, denn die Szene wird aus mehreren Einstellungen zusammengesetzt. Um aber den optimalen Effekt zu erreichen, kommt es vor, daß der Regisseur viele Wiederholungen befiehlt, bevor er zufrieden ist. Bis in die 50er Jahre war es eine verbreitete Regietechnik, die gesamte Szene aus allen erdenklichen Kamerapositionen nacheinander aufzunehmen, um dann erst am Schneidetisch eine Priorität der Einstellungen festzulegen. Für die Schauspieler ist diese Art der Wiederholungen jedenfalls kein Vergnügen.

Das Phänomen des auf einen Typ abonnierten Filmstars hat sich auf der Bühne nie so deutlich ausgeprägt. Denn dem Theaterschauspieler kann ohne eine umfassende Ausbildung keine «Projektion» einer Rolle in den Zuschauerraum gelingen. Im Kino bildete sich dagegen sehr bald der Starkult heraus, der zum Teil darauf basiert, daß die Darsteller auf ein zugkräftiges Klischee festgelegt werden. Man verlangt von ihnen keine Schauspielkunst, sondern vor allem Varianten einer immer gleichen Rolle, die möglichst genau ihrer Persönlichkeit und damit den Erwartungen des Publikums entspricht.

Die Starnamen auf den Plakaten entwickelten sich zum entscheidenden Kriterium, für das die Zuschauer Schlange standen. Es machte wenig Unterschied, ob Douglas Fairbanks als Dieb von Bagdad oder als d'Artagnan über die Fassaden kletterte. Errol Flynn spielte zwar Robin Hood und General Custer – vor allem aber sich selbst. Fotogenität und Leinwandcharisma machen einen «Star» aus. «Man sollte das Schauspielen nicht zum Dogma erheben,» weiß Charlton Heston. «Wenn man spielt, dann zählt einzig und allein, daß es auch funktioniert.» Immer wieder gelingt es

Seiteneinsteigern wie zum Beispiel den Models aus der Werbebranche, beim Film Karriere zu machen. Sie kommen beim Publikum an, obwohl sie nie formal gelernt haben, eine Rolle zu spielen.

Es gibt Theoretiker, die diesen Umstand als Grundsatzthese formulieren: Da die Kamera dem Darsteller sehr nahekommt und jede noch so leise Regung seines Gesichts aufzeichnet, dürfen die Akteure gar nicht spielen, sie müssen sich selbst darstellen – alles andere kann nicht authentisch wirken. Ganze Schulen von Regisseuren setzten wie im russischen Revolutionsfilm der 20er Jahre oder zur Zeit des italienischen Neorealismus auf eine möglichst unverstellte Sicht der abgefilmten Realität. Deshalb arbeiteten sie gern mit Laien, die vor der Kamera sich selbst spielten.

Jedenfalls ist der Schauspieler bei den Dreharbeiten im Fokus der Aufmerksamkeit starken Zwängen ausgesetzt. Der Regisseur, der als Leiter des Unternehmens Kompetenz und Autorität mitbringen muß, fungiert häufig auch als Psychologe, denn es gilt, die Unsicherheiten der Darsteller, von denen selbst ein Clark Gable als «König von Hollywood» nicht frei war, abzubauen und in überzeugende Leistungen umzumünzen. «Unsichere Schauspieler lassen sich nur schwer von ihrem Konzept der Rolle abbringen», meint Charlton Heston. «Wer von vornherein selbstsicher ist, wird auch eher akzeptieren, daß man eine Szene auf mehr als eine Art gestalten kann.»

Regisseuren, die selbst vor der Kamera gestanden haben, fällt das Verständnis für die Darsteller naturgemäß leichter. «Als mir vor Jahren ein Regisseur vor versammelter Mannschaft immer sehr laute und sehr klare Anweisungen gab», erinnert sich Sidney Poitier, «konnte ich einfach nicht arbeiten. Wenn ich selbst Regie führe, diskutiere ich nie mit meinen Schauspielern, während die anderen zuhören können. Vielleicht liegt das an meiner Neurose als Schauspieler. Aber wenn alle Anwesenden im Studio mithören, was ein Regisseur mir aufträgt, dann glauben sie doch auch beurteilen zu können, wie ich diese Anweisung umsetze. Der Schauspieler fühlt sich dadurch gehemmt, es schränkt ihn unnötig ein.»

➡ Lesen Sie weiter
auf Seite 170

AKZENTE SETZEN

Auch Briten müssen manchmal Englisch lernen: ein Job für die Sprachlehrer der Stars

Daß Arnold Schwarzenegger mit seinem Sprachlehrer wahrscheinlich ewig büffeln wird, um nicht sofort als Grazer Bub aus dem Rahmen zu fallen – das verzeihen ihm seine Produzenten angesichts seiner Kassenerfolge mit nachsichtigem Lächeln. Aber meist haben es die Akzentspezialisten (Dialect coach) in Hollywood und in Großbritannien mit durchaus astrein englischsprechenden Klienten zu tun. Sie müssen den Schauspielern helfen, ihren heimatlichen Akzent der jeweiligen Rolle anzupassen.

Englisch als Weltsprache sichert Hollywoods Filmen zunächst einen Primärmarkt, der das wirtschaftliche Fundament der Studios weit über die Grenzen der USA hinaus bildet. Doch englisch ist nicht gleich englisch: Amerikaner rollen das «R» stärker als Briten, und die lächeln mitleidig über den sofort erkennbaren Akzent der Australier.

Briten können also nicht automatisch die Heldenrolle in Amerika übernehmen – die Einheimischen identifizieren sie per Ohr als Zugereiste. Deswegen werden Engländer in Hollywood gern als Bösewichte besetzt (zum Beispiel Alan Rickman und Jeremy Irons in der «Die Hard»/ Stirb-langsam-Serie). Umgekehrt wirkte Kevin Costner mit seinem kalifornischen Akzent als Robin Hood im Sherwood Forest deutlich deplaziert.

Für «Rob Roy» (Rob Roy) mußten der Ire Liam Neeson und die Amerikaner Jessica Lange und Eric Stoltz Schottisch büffeln. Dasselbe galt für den Australo-Amerikaner Mel Gibson, der in «Braveheart» (Braveheart) einen Schotten spielt. Für «Circle of Friends» (Circle of Friends – Im Kreis der Freunde) übten die Engländerinnen Minnie Driver und Saffron Burrows ebenso den irischen Tonfall wie der Amerikaner Chris O'Donnell.

Erheblich schwerer tun sich Briten oder Iren mit dem mehr gesungenen als gesprochenen walisischen Akzent. Hugh Grant hatte Glück: Er spielte in «The Englishman Who Went Up a Hill, But Came Down a Mountain» (Der Engländer, der auf einen Hügel stieg und von einem Berg herunterkam) den Fremden in Wales mit gewohnt englischem Akzent. Sprachlehrerin Penny Dyer hatte allerdings einige Mühe, aus dem Iren Colm Meaney und den Engländern Tara Fitzgerald und Ian Hart glaubhafte Film-Waliser zu machen. Der Waliser Regisseur Christopher Monger legte größten Wert darauf. Denn mit Schaudern erinnert er sich an John Fords Klassiker «How Green Was My Valley» (So grün war mein Tal), in dem die Film-Waliser von Iren und Engländern mit irischem Akzent gespielt wurden.

Gloria Swanson (oben links und großes Bild) eroberte zu Stummfilmzeiten die Leinwände. Mit Einführung des Tonfilms startete sie mehrere Comeback-Versuche. 1950 spielte sie ihr eigenes Schicksal in Billy Wilders ironischer Abrechnung mit Hollywood, «Boulevard der Dämmerung»

Bildreihe unten, von links:
Joan Crawford, startete in den 20er Jahren ihre Karriere zuerst unter dem Namen Billie Cassin (eigentlich hieß sie Lucille le Sueur). Sie legte sich fest auf die Rolle der Karrierefrau und Verführerin («Die Frauen», 1939). Mit 56 Jahren belebte sie ihre Karriere 1962 mit «Was geschah wirklich mit Baby Jane?» wieder

Unten rechts:
Marlene Dietrich siedelte 1930 nach Amerika über. In «Marokko» (mit Gary Cooper) sprach sie ihre Dialoge nach Lautschrift, da sie kaum ein Wort Englisch verstand

Einst die schönsten
Beine der Traumfa-
brik: Ginger Rogers
wurde an der Seite
von Fred Astaire zur
gefragtesten
Tänzerin der 30er
und 40er Jahre
(großes Bild Mitte in
«Follow the Fleet»).
Katharine Hepburn
beschrieb das
Traumpaar einmal:
«Er verleiht ihr
Klasse, sie verleiht
ihm Sex»

Aufreizend, aber
unnahbar — vor 60
Jahren lebten die
Filmdiven noch den
ganzen Starkult aus:
mit Abendrobe in
den Jazzclub,
hochgespielte
Allüren vor
Auftritten und
lancierten Skandäl-
chen für die Presse.
Das Starkino bot für
die Frauen außer-
halb der Dreharbei-
ten eine weitere
Bühne — ihr
inszeniertes Leben
(oben, von links:
Barbara Stanwyk,
und zweimal Bette
Davis)

Vom Talent zweitklassig, erklomm Charlton Heston durch sein Anpassungsvermögen den Film-Olymp. Unter William Wylers (rechts) akribischer Regie bei «Ben Hur» erarbeitete Heston sich den Oscar

Sidney Poitier (in «Lilien auf dem Felde») wurde als erster Farbiger von einem breiten Publikum als seriöser Hauptdarsteller anerkannt

Während in Amerika das Starsystem das Filmgeschäft bestimmte, legten europäische Regisseure mehr Wert auf ihre Geschichten und arbeiteten sogar vollständig mit Laien, wie Roberto Rossellini bei «Paisà» (rechts) und Luchino Visconti bei «Die Erde bebt» (unten)

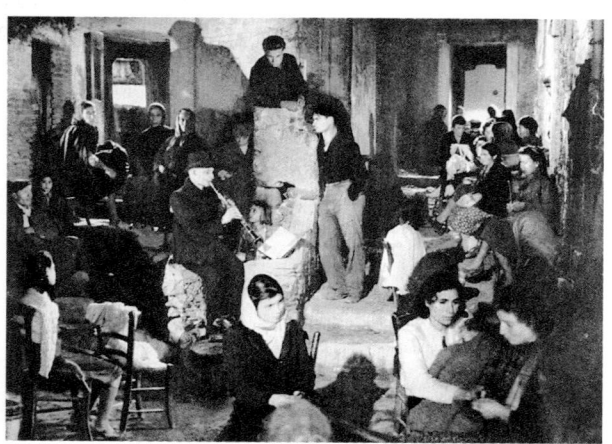

Mit der Erfindung des Tonfilms waren die letzten Spuren des stilisierten, weil pantomimisch exaltierten Schauspiels passé. Eine neue Darstellergeneration etablierte sich im Film. Denn die Stummfilmstars besaßen häufig nicht die Stimme, die ihrem Image entsprach. Ausländer waren wegen ihres Akzents plötzlich auf exotische Rollen reduziert. Die Bühnendarsteller, die jetzt in hellen Scharen für den Film engagiert wurden, konnten sich oft nicht an den subtileren Sprachstil vor der Kamera gewöhnen.

Die Regisseure etablierten sich bei der künstlerischen Kontrolle eines Films immer deutlicher als treibende Kraft. Sie praktizierten sehr verschiedene Techniken beim Umgang mit ihren Schauspielern. «Erstaunlich, unter welch unterschiedlichen Regisseuren ich gut arbeiten konnte», erinnert sich Charlton Heston. «Manche setzten auf Improvisation, andere auf Proben, andere wußten genau, wie die Szene läuft, bevor sie ins Studio kamen. Ich wundere mich, wie leicht ich mich anpassen konnte.» Sprichwörtliche «Schauspieler-Regisseure» wie George Cukor oder John Cassavetes konzentrierten sich besonders auf die Leistung ihrer Stars vor der Kamera. Cassavetes war dafür bekannt, starkes Gewicht auf spontanes, improvisiertes Spiel zu legen. Alfred Hitchcock oder Fritz Lang dagegen benutzten ihre Darsteller wie Schachfiguren, die den minutiös ausgearbeiteten Drehbüchern untergeordnet wurden.

«Ich habe sehr schnell gelernt, daß der Schauspieler der Diener der Kamera ist», definiert Charlton Heston seinen Beruf. «Es ist die Kamera, die die Geschichte erzählt, und der Darsteller ist gewissermaßen das wichtigste Requisit. Der Schmetterling auf der Hand des Toten am Ende von ‹All Quiet on the Western Front› (Im Westen nichts Neues, 1931) spricht Bände, er drückt sehr viel mehr aus als alles, was ein Schauspieler an dieser Stelle darstellen könnte. Deswegen habe ich mich nie vom Theater verabschiedet, denn es gehört dem Schauspieler. Auf der Bühne geht es um das Stück, und nur der Darsteller kann es dem Publikum vermitteln. Auch der begabteste Theaterregisseur muß seine Inszenierung am Premierenabend den Schauspielern überlassen.»

Selbst heute ist der «Schauspieler-Star» nicht ausgestorben, der sich der Bühnentradition verpflichtet fühlt. Vor allem die «method actors» in der Tradition der Schauspiellehrer Stanislawski und Lee Strasberg erregen durch die ihnen eigene, extreme Identifizierung mit ihren Rollen auch im Kino Aufsehen. Marlon Brando und James Dean machten diese «method» in den 50er Jahren berühmt. Robert De Niro nahm 25 Kilogramm zu, um den alternden Boxer Jake La Motta in «Raging Bull» (Wie ein wilder Stier, 1980) glaubhaft darstellen zu können. Dustin Hoffman schrie sich stundenlang heiser und verlieh so der Stimme des 121jährigen «Little Big Man» (Little Big Man, 1970) die richtige Brüchigkeit. Als «Marathon-Man» (Der Marathon-Mann, 1976) blieb er drei Tage lang wach, weil der Held authentisch übernächtigt wirken sollte. Die meisten Stars haben jedoch bescheidenere Ansprüche. Nach der Vorbereitung auf seine Rollen gefragt, antwortete Claude Rains («Casablanca»/Casablanca): «Ich lerne meinen Text und bete!»

Method actors bei der Arbeit: Robert De Niro (oben und links) futterte sich für die Boxer-Biographie «Wie ein wilder Stier» 25 Kilo Fett an. Dustin Hoffman (Mitte) blieb drei Tage wach, um den «Marathon-Mann» authentisch darzustellen

ENGAGEMENT WIE IN «GAGE»

Wie Stars sich über Spitzenhonorare definieren

Stöhnen gehört zum Geschäft: Wenn in Hollywood viele Dollars umgesetzt werden, so klagen die «armen» Studios, heißt das noch lange nicht, daß auch viel verdient wird. Angeblich liegt das Durchschnittsbudget eines typischen Hollywood-Films inzwischen bei angstschweißtreibenden 54 Millionen Dollar. Alle reden vom Sparen – nur die Stars haben dafür kein Verständnis. Denn offensichtlich sitzen sie beim Gagenpoker nach wie vor am längeren Hebel. Sicher fördert es das egobildende Prestige, per Vertrag zum höchstbezahlten Star der Branche aufzusteigen – allerdings immer nur für kurze Zeit. Denn Prestige erzeugt Neid – und noch härtere Verhandlungen der konkurrierenden Agenten (die immerhin zehn Prozent der Gage kassieren). Jim Carrey durchbrach als erster die Schallmauer der 20 Millionen Dollar. Soviel bekommt er für die Komödie «Cable Guy», die insgesamt auf nur 40 Millionen Dollar veranschlagt war. Viel Qualität kann sich die Produktion bei diesem Salär in den Abteilungen Drehbuch und Regie nicht mehr leisten.

Inzwischen haben etliche von Carreys Kollegen ebenfalls auf dem 20-Millionen-Olymp Platz genommen: Sylvester Stallone, Arnold Schwarzenegger, Harrison Ford, Bruce Willis, John Travolta, Tom Hanks und Tom Cruise können damit rechnen, für ihre jeweils nächsten fünf Filme insgesamt 100 Millionen einzusacken.

Demi Moore, die 12,5 Millionen Dollar für «Striptease» scheffelt und damit Julia Roberts (zwölf Millionen für «Mary Reilly») entthront, gibt sich frauenbewegt – sieht sie sich doch als Honorar-Vorreiterin der nach wie vor deutlich schlechter bezahlten weiblichen Stars. Im Kopf-an-Kopf-Rennen der zugkräftigsten Schauspielerinnen folgen Geena Davis und Sandra Bullock mit jeweils elf Millionen pro Film.

Amerikanische Stars, besonders Actionstars wie Stallone und Schwarzenegger halten ihren Marktwert, obwohl das amerikanische Einspielergebnis ihrer Filme dies eigentlich nicht zuläßt. Sie lassen sich nämlich für ihre immense Popularität im Ausland bezahlen – mittelprächtige US-Starts rentieren sich häufig durch ein weltweit sehr viel besseres Kassenergebnis. Inzwischen rechnet man bei realistischen Kalkulationen in Hollywood damit, daß ein Film nur 60 Prozent seines Umsatzes in den Vereinigten Staaten macht – der Rest wird in Übersee eingefahren.

Teure Stars sind daher automatisch Weltstars. Deutsche Stars, die ihre Fangemeinde üblicherweise auf den deutschen Sprachraum beschränkt sehen, backen entsprechend

kleinere Brötchen. Jürgen Prochnow verdient als internationaler Bösewicht gut genug, um deutsche Angebote unter 10 000 DM pro Drehtag auszuschlagen. Erst die privaten TV-Sender schafften es, mit hoch budgetierten Prestige-Sendungen den Exilanten nach Deutschland zurückzulocken: Für den Pro-7-Krimi «Tödliche Fesseln» kassierte er mehr als 12 000 DM pro Drehtag. Ein Fernsehfilm wird in etwa 20 Tagen abgedreht, beim Kinofilm dauert es durchschnittlich 35 Tage – nur daß die Gagen kaum höher sind. Spitzenverdiener wie Götz George und Mario Adorf bekommen für einen Mehrteiler wie «Das Schwein» oder «Tresko» etwa eine Mio. Mark. Solche Supergagen von 15 000 bis 20 000 DM pro Tag werden von weiblichen Stars auch bei uns nicht erreicht. Marktführerin ist Uschi Glas als Serienheldin, die 13 000 – 15 000 Mark täglich mit nach Hause nimmt. Katja Riemann und Til Schweiger sind kaum billiger zu haben, Heiner Lauterbach und Uwe Ochsenknecht verlangen 8000 Mark. Die steil nach oben zeigende Gagenkurve verdanken die Stars dem Quotenpoker der privaten Sender. Bei denen wird auch kräftig gejammert: Wenn die Kosten derart explodieren, kann man sich insgesamt immer weniger Filme leisten – der Rest der Sendezeit muß wieder mit Billigimporten und Wiederholungen aufgefüllt werden.

Schallmauern sind für den Lärm bekannt, der bei ihrer Überwindung entsteht. Nach der 20-Millionen-Hürde, von Jim Carrey im Galopp genommen, kündigen sich die 25 Millionen mit fernem Donner an: Angeblich bot Warner Bros. diese Summe dem «Lethal Weapon»-Star Mel Gibson, um dem sequel-müden Star (3 x «Mad Max», 3 x «Lethal Weapon») einen vierten Teil schmackhaft zu machen. Teil des Package-Deals war ein weiteres Spitzenprojekt, die Actionkomödie «Fletchers Visionen». Und wenn Mel schlau genug war, um wie Jack Nicholson bei «Batman» auf Prozenten der Merchandising-Einnahmen zu bestehen, dürfte er mit «Lethal Weapon 4» genug verdienen, um auf seiner Ranch in Australien goldene Kälber zu züchten.

20 Millionen Dollar Gage — Hollywood glaubt noch immer an die Zugkraft der Stars, zumindest wenn sie Stallone, Carrey oder Travolta, Moore, Bullock, Davis oder Roberts heißen ... Auch deutsche Superstars leben manierlich: Katja Riemann, Til Schweiger, Jürgen Prochnow und Götz George erhalten bis zu 20 000 Mark pro Tag. Links: Warner Bros. bot Mel Gibson 25 Millionen Dollar für «Lethal Weapon 4»

Filmkarriere über den Laufsteg

Die berühmtesten Gesichter der Welt: Models und ihre Filmkarrieren

Laufsteg und Leinwand haben von Anfang an ihre enge Verwandtschaft demonstriert: Als zu Beginn der 20er Jahre in New York erstmals junge Frauen mit der neuesten Mode vor Publikum posierten, engagierte man vorwiegend arbeitslose Schauspielerinnen – für fünf Dollar die Stunde. Daß Cindy Crawford und Naomi Campbell heute das Tausendfache kassieren, hält sie nicht davon ab, ihre Schönheit auch im Kino zu Markte zu tragen.

Nicht nur die Models träumen vom Film, auch die Produzenten setzen gern auf die teuersten Gesichter der Welt. Joel Silver, der Cindy Crawford für «Fair Game» (Fair Game) engagierte, weiß, warum: «Immer wieder haben Models von der Foto- zur Filmkarriere gewechselt. Die Gründe mag analysieren, wer will: Fest steht, daß die Leute ins Kino strömen, um sie zu sehen. Wenn sich das Publikum für jemanden interessiert, dann scheut es keine Mühe.»

Crawfords Kinodebüt erwies sich allerdings nicht gerade als Blockbuster, denn in eine Filmrolle zu schlüpfen stellt grundsätzlich höhere Ansprüche als der Kostümwechsel hinter der Bühne. Doch immer wieder haben Models Karriere auf der Leinwand gemacht, obwohl sie selten einen Spitzenstatus erreichten wie Ex-Levi's-Werber Brad Pitt.

Das berühmte Model Anita Colby war in den 30ern als «The Face» bekannt und drehte etliche Filme («Mary of Scotland»/Maria von Schottland), ging aber bald auf Nummer Sicher und bewährte sich als Anzeigenmaklerin und Presseagentin. Model Jane Russell wurde von Howard Hughes für den notorischen «Outlaw» (Verfemt) entdeckt und stieg zum Star auf, doch bis auf wenige Ausnahmen zehrten alle ihre Auftritte von ihrem Ruhm als «Miss BH». Tippi Hedren begann als Model und spielte auch in ihrer ersten Filmrolle ein Model als «Miss Icebox». Kein Wunder, daß Hitchcock sie später als kühle Blonde in der Nachfolge von Grace Kelly und Janet Leigh für geeignet hielt. Doch nach den Hitchcock-Klassikern «The Birds» (Die Vögel) und «Marnie» (Marnie) kam ihre Karriere ins Stocken. Sehr viel erfolgreicher war Kim Novak, die bereits mit elf gemodelt hatte und später bei Columbia zum hausgemachten Superstar aufgebaut wurde. Dori-

twen

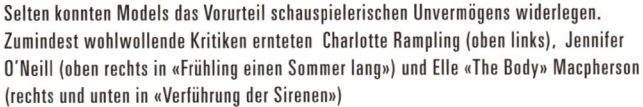

Selten konnten Models das Vorurteil schauspielerischen Unvermögens widerlegen. Zumindest wohlwollende Kritiken ernteten Charlotte Rampling (oben links), Jennifer O'Neill (oben rechts in «Frühling einen Sommer lang») und Elle «The Body» Macpherson (rechts und unten in «Verführung der Sirenen»)

an Leigh Parker war in den 50ern die Traumfrau der Modewelt, und sie setzte ihre Macht ein, um auch aus ihrer kleinen häßlichen Schwester Suzy einen schönen Schwan zu machen, der von Fotograf Richard Avedon ins rechte Licht gesetzt wurde. Suzy spielte in «Ten North Frederick» (Ein Mann in den besten Jahren) die Partnerin von Gary Cooper, wurde aber in den zehn Jahren ihrer Filmkarriere vom Publikum nie recht akzeptiert.

In den 60ern verblaßte das kunstvoll stilisierte Image der in den USA erschaffenen Modeschönheiten zugunsten natürlicherer britischer Typen wie Charlotte Rampling, die als Teenie Profimodel wurde und mit 19 ihre profilierte Filmkarriere begann, die mittlerweile 30 Jahre währt. Auch Twiggy, damals der flachbrüstige letzte Schrei, zeigte in mehreren Filmrollen ein durchaus rundes Talent. Lauren Hutton und Jennifer O'Neill vertraten auf amerikanischer Seite

Vier, die den Sprung ins Filmgeschäft schafften: Lauren Hutton (linke Seite oben, mit Richard Gere in «Ein Mann für gewisse Stunden»), Margaux Hemingway (linke Seite unten, in «Eine Frau sieht rot»), Twiggy (oben in «Boyfriend») und Sharon Stone (unten), die als Model für Versandhauskataloge arbeitete, bevor sie zur Millionenverdienerin avancierte. Margaux Hemingway konnte nach einem guten Einstieg jedoch nur noch auf B-Filmangebote zurückgreifen

Model, bleib auf deinem Laufsteg: Supermodel Cindy Crawford (unten) mimte in «Fair Game» eine Actionheldin und geriet als Filmstar genauso schnell in Vergessenheit wie Tatjana Patitz nach ihrem Kurzauftritt als Leiche in «Die Wiege der Sonne» (rechte Seite). Dress woman und David-Bowie-Gattin Iman überzeugte wider Erwarten als gestaltenwandelndes Biest in «Star Trek VI – Das unentdeckte Land» (oben).

den neuen klaren, gesunden Typ. Es gelang beiden, respektable Rollen in guten Filmen zu ergattern («American Gigolo»/Ein Mann für gewisse Stunden, «The Summer of 42»/Sommer 42). Ähnlich begannen Candice Bergen (mit «The Group»/Die Clique) und Jessica Lange (mit «King Kong»/King Kong) ihre Karrieren. Weniger erfolgreich waren Marisa Berenson («Morte a Venezia»/ Der Tod in Vendig) und Margaux Hemingway («Lipstick»/Eine Frau sieht rot). Letztere konnte ihr Image als Supermodel der 70er nur unvollkommen auf die Leinwand übertragen. Bis zu ihrem frühen Tod im Sommer 1996 spielte sie nur in B-Filmen.

Das hielt die Models der 80er und 90er Jahre nicht davon ab, den Sprung auf die Leinwand zu wagen. Aus der bekannten Eileen-Ford-Agentur gingen Superstars wie Kim Basinger und Sharon Stone hervor. Und der heutige Filmproduzent Allan Mindel («My Own Private Idaho»/My Private Idaho) half mit seiner Agentur «Click Models», die Filmkarrieren von Isabella Ros-

sellini, Lorraine Bracco, Uma Thurman, Kelly Lynch und Annabella Sciorra anzuschieben. Cameron Diaz hat nach ihrém gefeierten Einstand in «The Mask» (Jim Carrey ist Die Maske) die Hauptrolle in der schwarzen Komödie «The Last Supper» übernommen. Iman beschränkt sich auf kleinere Auftritte wie in «Out of Africa» (Jenseits von Afrika) und «Star Trek VI: The Undiscovered Country» (Star Trek VI – Das unentdeckte Land). Tatjana Patitz begnügte sich mit der Rolle als schöne Leiche in «Rising Sun» (Die Wiege der Sonne).

Christy Turlington muß in «Catwalk» nicht viel mehr als sich selbst darstellen, der Film ist praktisch eine Dokumentation ihrer Arbeit auf den Laufstegen in Mailand, Paris und New York. Naomi Campbell versucht sich nach einer kleinen Rolle in «Miami Rhapsody» (Miami Rhapsody) in

Spike Lees «Girl 6» (Girl 6) als Spezialistin für Telefonsex. Elle Macpherson, die bereits in Woody Allens «Alice» (Alice) Joe Mantegna anturnte, durfte in ihrer ersten richtigen Filmrolle in «Sirens» (Verführung der Sirenen) nicht viel mehr als hüllenlos schön sein – was ihr zugegebenermaßen wunderbar gelingt. Sie ist aber klug genug, sich nicht als Beauty vom Dienst verheizen zu lassen. In ihrem neuen Film «If Lucy Fell» (Wenn Lucy springt) bestand sie darauf, die als «Bimbo» angelegte Rolle zu entschärfen und intelligenter zu machen. Auch die durchweg angezogene Rolle in Zeffirellis Kostümdrama «Jane Eyre» und ein Gastauftritt in Barbra Streisands «The Mirror Has Two Faces» beweisen, daß sie mit Bedacht Rollen auswählt, die eher ihr Renommee als ihr Bankkonto stärken.

Tiere im Film

Schauspieler

ganz besonderer Art

Willy» (Free Willy) und «Babe – The Gallant Pig» (Ein Schweinchen namens Babe) die Zuschauer in Scharen ins Kino. Angesichts der Kunststücke, die schon vor Jahrzehnten der witzige Foxterrier Asta in «The Thin Man» (Der dünne Mann), die schöne Collie-Hündin Lassie oder der noble Schäferhund Jerry Lee in «K-9» (Mein Partner mit der kalten Schnauze) zeigten, von den atemberaubenden Leistungen anderer Tierarten beziehungsweise dem enormen Tierpark in «Babe» ganz zu schweigen, stellen sich sowohl kritischen als auch begeisterten Zuschauern immer wieder zwei Fragen: 1. Wie machen die das bloß?, und 2. Ist das nicht Tierquälerei?

In der Vergangenheit mußte letztere Frage häufig mit «ja» beantwortet werden. Die Einstellung zu Tieren war eine materialistische: Sie hatten ungeachtet ihrer eigenen Bedürfnisse zu funktionieren. So wurde Lassie mit Stacheldraht daran gewöhnt, ihren Menschen ganz sachte anzupacken, und für die «Flipper»- Serie mußten 13 Delphine ihr Leben lassen, weil die sensiblen Meeressäuger dem Streß der Dreharbeiten nicht gewachsen waren. Die Liste des Grauens kann endlos fortgesetzt werden – heute wissen wir auch, daß Filme wie «The Living Desert» (Die Wüste lebt) nicht nur auf Naturbeobachtungen in freier Wildbahn beruhten, sondern auch auf gestellten Szenen, über deren Zustandekommen man lieber nicht nachdenken möchte. Zum Glück sorgen heutzutage Naturschützer und Tierfreunde dafür, daß unseren Mitgeschöpfen solche Qualen bei der Filmarbeit erspart bleiben. Wann immer ein Tier in einem Spielfilm auftritt, sind Vertreter verschiedener Tierschutzvereine am Drehort und achten auf Einhaltung der Schutzbestimmungen.

Bleibt die erste Frage nach dem «Wie». Was Kinobesucher heute auf der Leinwand sehen, ist eine geschickte Mischung aus Tricks (so wurden in «Braveheart» Pferdeattrappen in die Schlacht geschickt), raffinierten Schnitten und vor allem der unglaublich langwierigen und faszinierenden Arbeit von Tiertrainern. Karl Miller, Cheftrainer am Set von «Ein Schweinchen namens Babe» ist einer der Berühmtesten von ihnen. Mit 36 Jahren Praxis ist er sicher

Der Orca-Wal Keiko war mit «Free Willy» einer der erfolgreichsten tierischen Filmstars der letzten Jahre. Gerade an seinem Schicksal schieden sich die Geister: Das Becken, in dem der begabte Meeressäuger «wohnte», war viel zu klein. Mittlerweile wurde Willy umquartiert

Seit Anbeginn der Kinogeschichte gibt es Filmstars, die in ganz besonderer Weise die Herzen der Menschen zu bewegen vermochten: die Tiere. Ob als Teil der menschenfeindlichen entfesselten Naturgewalt, als kluge und hilfreiche Partner des Menschen oder als Hauptdarsteller in von Tieren dominierten Spiel- beziehungsweise Dokumentarfilmen – Tiere verfehlen nie ihre faszinierende Wirkung auf uns.

In den letzten Jahren lockten «Free

Foxterrier Asta brachte schon in den 40er Jahren die Zuschauer mit seinen Tricks zum Staunen. Nicht minder hilfreich bei der Detektiv- beziehungsweise Polizeiarbeit war der von Karl Miller trainierte Schäferhund Jerry Lee in «Mein Partner mit der kalten Schnauze» mit James Belushi (Mitte und unten)

auch einer der erfahrensten Schauspiellehrer für alle möglichen haarigen, gefiederten, geschuppten und sonstigen Wesen, die in Drehbüchern vorkommen. In seinen Augen ist die wichtigste Voraussetzung für einen Tiertrainer eine wahrhaftige und echte Liebe für die Kreatur: «Man kann Tieren nichts vormachen oder sie für dumm verkaufen. Man muß wirklich gerne mit ihnen zusammensein und alles mögliche für sie tun wollen.» Darüber hinaus muß man die Bereitschaft haben, sein ganzes Leben den Tieren zu widmen. Miller beschreibt seine Arbeit als einen 25-Stunden-Job an acht Tagen in der Woche.

Tiere, die in Filmen mitwirken, müssen sowohl physisch wie auch psychisch dieser Arbeit gewachsen sein. Um immer wieder fähig zu sein, neue Tricks zu lernen, müssen sie in Übung bleiben und natürlich ihrem Trainer vertrauen. Das bedeutet, sich täglich mit dem Tier zu beschäftigen und auch in arbeitslosen Zeiten etwas einzustudieren. Außerdem muß ein Filmtier in der Lage sein, mit Schauspielern zu arbeiten, die es nicht kennt – und vielleicht auch nicht mag. Letzteres wirkt sich bei einem Yorkshire-Terrier wahrscheinlich nur auf seine «performance» aus, bei einem Löwen kann es dagegen andere Folgen haben ... Da die meisten Tiertrainer nur mit ihren eigenen Tieren arbeiten, haben sie alle einen

Babe, das allerliebste Schweinchen bei der Arbeit. Tatsächlich spielten 48 Ferkel seine Rolle: Trainer Karl Miller (mit Brille) mußte die schnell wachsenden Tiere alle paar Wochen austauschen

Mini-Zoo zu Hause. Karl Miller zählt 47 Hunde, 12 Katzen, mehrere Vögel und Fische zu seiner Familie, wobei Tochter Teresa inzwischen dabei hilft, die Mitbewohner in Bewegung zu halten. Sie ist auch die Besitzerin und Cheftrainerin von «Kommissar Rex», dem Polizei-Schäferhund einer deutschen Serienproduktion. Bei anderen Trainern sieht es zu Hause ähnlich aus. Während Miller nur mit Tieren arbeitet, die nicht größer sind als er selbst, hat Hollywood-Trainer Hubert Wells auch Löwen, Menschenaffen und Elefanten auf seiner Farm. In Deutschlands bekanntester Filmtierschule von Trainer Joe Bodemann leben neben vielen Kleintieren und der Sau Ilse, Kevin, der schwarze Panther, Löwe Ken (durch die «Schwarzwaldklinik» zu Berühmtheit gelangt), Grizzlybär Sam und ein Tiger. Der größte Teil des Tages geht damit herum, die Tiere zu füttern, mit ihnen zu spielen und ihre Bedürfnisse zu erfüllen. Cheryl Shawver, eine Mitarbeiterin von Hubert Wells, kümmert sich zum Beispiel um drei Elefanten. Ihr Tag beginnt morgens früh damit, die Tiere nacheinander aus ihren Ställen zu holen, abzubürsten und Fußpflege zu betreiben. Nach dem Tierfrühstück wird ein Spaziergang gemacht, bei dem einzelne Kommandos geübt werden. Dann ist Zeit für die nächste Fütterung – da Elefanten in der freien Natur den

ganzen Tag fressen, wird auch bei ihr das Füttern über den Tag verteilt. Später wird mit jedem Tier trainiert, bis es gegen 11 Uhr abends Zeit ist, die Tiere ein letztes Mal zu füttern und ins «Bett» zu bringen.

Im Gegensatz zu früher (und leider auch heute noch den Ansichten vieler Tierbesitzer nach), als Trainingsmethoden vor allem in Belohnung und Bestrafung bestanden, wird heute mit Anerkennung und Korrektur gearbeitet. Verglichen mit einem Schultest besteht der Unterschied darin, daß keine guten und schlechten Zensuren mehr verteilt werden, die den Schüler bewerten und ablenken, sondern die Ergebnisse als rich-

Begriff ist, Ihren Finger abzubeißen oder
ein Elefant plant, Sie mit seinem Rüssel zu
packen und auf den Boden zu schleudern»,
sagt Hubert Wells. «Das Faszinierende an
Tieren ist ja gerade ihre Körperlichkeit.
Man kann Tiere nicht immer mit Worten
allein in Schach halten. Ein Löwe wird nicht
unbedingt sein Verhalten ändern, weil Sie
ihm etwas sagen, was ihm peinlich ist.»

Karl Miller beschreibt seine Arbeitsweise
folgendermaßen: «Mein normales Training
besteht nicht darin, daß ich Tiere antreibe,
etwas von ihnen verlange oder sie zwinge,
etwas zu tun. Ich zeige ihnen, was sie tun
können, wie sie es tun sollen und daß sie
sich dabei wohl fühlen können. Auf diese
Weise haben sie Spaß an der Arbeit und
kommen am nächsten Tag gerne wieder
zum Unterricht. Für meine Tiere ist die Arbeit Spiel. Die Tiere in «Babe» hatten nicht
einen Tag das Gefühl zu arbeiten. Es war wie
ein Club Mediterranee für Tiere. Ab und zu
muß man natürlich auch mal schimpfen,
wenn sie sich schlecht benehmen. Aber mit
meiner Methode, ihnen zu zeigen, was sie
tun sollen, besteht nur sehr selten Bedarf an
Disziplinierung. Wir bringen den Tieren
«klugen Ungehorsam» bei und erlauben ihnen, Dinge auf ihre eigene Art zu machen.
So benutze ich selten Ein-Wort-Komman-
dos, die dazu führen, daß das Tier einen ab-
rupt ansieht und dann gehorcht. Wir be-

tig anerkannt oder korrigiert werden, was
den Schüler über seinen Wissensstand in-
formiert und ihm die Selbstkorrektur erlaubt. «Korrektur» bei der Arbeit mit Tieren besteht manchmal einfach nur darin,
das unerwünschte Verhalten des Tieres zu
ignorieren anstatt es – wie früher – zu
schlagen. Anerkennung wird meistens mit
einem Leckerbissen und/oder Streicheleinheiten
heiten gegeben. «Der Bär reagiert eher auf
Futter», erklärt Joe Bodemann, «während
der Löwe stolz ist, wenn er gelobt wird und
sich auch Schmuseeinheiten nicht abge-
neigt zeigt.» Natürlich sind Korrekturen
auch mal physischer Art, was meistens die
Tierschützer auf den Plan bringt. «Ein Vor-
trag über ethisches Verhalten nützt Ihnen
nicht viel, wenn ein Schimpanse gerade im

nutzen mehrere Kommandos, bitten freundlich, was dazu führt, daß das Tier zum Beispiel erst nach rechts guckt, dann nach links, gähnt und schließlich tut, was es soll. Das sieht meistens viel natürlicher aus.»

«Babe» war für Miller eine große Herausforderung, nicht nur wegen der enormen Anzahl der Tiere – insgesamt wirkten 970 Tiere mit! –, sondern weil er seine eigenen aus Quarantänegründen nicht zu den Dreharbeiten nach Australien mitbringen konnte. So mußten alle Tiere für den Film neu trainiert werden. Dennoch kein Problem für Miller, der den Standpunkt vertritt, daß jedes Tier etwas lernen kann. «Es gibt keine dummen Tiere oder Tiere, die dümmer sind als andere. Es kann höchstens sein, daß ein Tier leichter zu trainieren ist als ein anderes, wobei der Hund sich am besten eignet, weil er, wie ich glaube, das einzige Tier ist, das gerne mit dem Menschen zusammen ist und seine Zuwendung wünscht. Kein anderes Tier hat eigentlich Interesse, mit Menschen zusammenzusein.» Angesichts der Höchstleistungen der Tiere in «Babe» nach den Grenzen befragt, die einem Tiertrainer gesetzt sind, antwortet Miller: «Das einzige, was ich einem Tier nicht beibringen kann, ist etwas gegen seinen Willen zu tun. Abgesehen davon ist alles möglich. Früher wurden Tiere gezwun-

gen, Dinge zu tun, und dann sah man ein Tier mit gefletschten Zähnen und purer Angst im Gesicht irgendwelche Aktionen vorführen. Zum Glück wird so etwas heute nicht mehr akzeptiert. Wir haben bewiesen, daß Tiere bei dieser Arbeit ihren Spaß haben und sie gerne tun.»

Forschungen haben mittlerweile gezeigt, daß Tiere nicht nur viel intelligenter sind, als wir bisher dachten, sie haben auch anderes im Kopf als nur Fressen, Schlafen und Fortpflanzung. Sie spielen gern (eine Eigenschaft, die der Homo ludens bisher für sich allein in Anspruch nahm) und treffen auch ganz eigene Entscheidungen, die vielleicht auch darin bestehen, Filmschauspieler zu werden. Manche Menschen sehen ja bereits in der Haustierhaltung eine unzulässige Art der Ausbeutung. In den – leider häufigen – Fällen, in denen Tiere als lebendiger «Rumstehmops» oder Projektionsfläche für die Neurosen ihrer Besitzer benutzt werden, ist dies sicher richtig. Aber es gibt eben auch viele Partnerschaften zwischen Mensch und Tier, die auf gegenseitigem Respekt und tiefer Zuneigung beruhen und dem Tier, auch wenn es – ebenso wie der Mensch übrigens – nicht mehr so «natürlich» lebt wie in der Steinzeit, ein sichtlich freudvolles Dasein ermöglichen.

Kostüme

Kleider
machen
Leinwand-Stars

Element, das den Look des Films beeinflußt. Entsprechend wichtig ist der Kostümbildner im Produktionsstab.

Die Integration in das Filmteam steht für Anthea Sylbert («Chinatown»/Chinatown) bei jedem Auftrag im Vordergrund: «Der Kostümbildner arbeitet dem Autor, dem Regisseur, dem Darsteller zu. Wenn er seinen Job gut macht, dann hilft er diesen Kollegen. Wenn nicht, dann sabotiert er ihre Arbeit. Das Drehbuch gibt Ort und Zeit vor. Was aus dem Buch nicht ersichtlich ist, muß mit Autor oder Regisseur abgestimmt werden: Welcher sozialen Schicht gehört der Held an? Wenn er reich ist, war er das schon immer? Es geht also um viel mehr als nur darum, Leute anzuziehen. Aber der Film darf nie von Kostümen handeln, die Figuren müssen immer im Mittelpunkt bleiben. Ein Kostümbildner darf sich nie dazu hinreißen lassen, die Modewelt beeindrucken zu wollen.»

Kostümbildnerin Marilyn Vance, die für «The Untouchables» (Untouchables – Die Unbestechlichen) eine Oscar-Nominierung erhielt, erklärt ihren Ansatz: «Der Kostümbildner macht die Psychologie der Filmfigur sichtbar. Ich helfe den Darstellern außerordentlich, wenn ich mit meiner Kleiderauswahl richtig liege.» Eine Erfahrung, die Anthea Sylbert nur bestätigen kann: «Warum kümmere ich mich um Unterwäsche, wenn man sie im Film gar nicht sieht? Sie hilft den Akteuren, sich in die Rolle einzufühlen. Denn alles, was der Schauspieler fühlt, soll sich auf die Zuschauer übertragen. Wenn ich Julie Christie (für ‹Shampoo›/Shampoo) einen BH mit ausgestopften Körbchen gebe, macht er aus ihr einen anderen Menschen.»

Aber bitte mit Stil: Richard Gere und Julia Roberts mischen sich in «Pretty Woman» unter die polobegeisterte High-Snobiety – da muß schon ein echter Stardesigner für die Kostüme her. Nino Cerruti kleidete das Filmpaar 1989 ein. Gut zu erkennen: Bis das Kostüm geschneidert wird, durchläuft der Entwurf noch mehrere Änderungen in Farbe und Schnitt (links)

äßt sich Faye Dunaway ihren Rock tatsächlich an 16 verschiedenen Stellen enger machen? Die Antwort ist ja», berichtet Regisseur Sidney Lumet. «Und sie hat recht. Nichts ist den Schauspielern angenehmer oder unangenehmer als die Kleidung, die sie vor der Kamera tragen müssen. Doch neben der Bequemlichkeit tragen die Kostüme ungeheuer zum Stil des Films bei.»

Lumet hält neben Kamera und Produktionsdesign die Kostüme für das wichtigste

Für die Kostümbildner ist es somit die größte Genugtuung, vom Schauspieler die Bestätigung dieser psychologischen Untergrundarbeit zu bekommen. Bette Davis erinnert sich an die Vorbereitung auf «What Ever Happened to Baby Jane?» (Was geschah wirklich mit Baby Jane?, 1962): «Ich hatte keine Ahnung, wie ich die Rolle anpacken sollte – bis ich das Kostüm anzog. Eine Woche lang saßen wir mit allen Darstellern um einen Tisch und probten, und ich probierte verschiedene Stimmlagen aus, das ganze Repertoire. Aber als ich dann das Kleid anzog, waren alle Zweifel wie weggeblasen.»

Sylbert sieht ihre Arbeit nicht auf Textilien beschränkt. Sie besorgt nicht nur Handtaschen, sondern füllt sie auch mit den Utensilien, die die Rolle der Darstellerin intensiver definieren helfen. «Die Schauspieler müssen die Kleider tragen, sich daran gewöhnen», sagt sie. «Falls das finanziell möglich ist, hilft es, die Frauen echten Schmuck tragen zu lassen – sie sehen dadurch nicht anders aus, aber sie fühlen sich anders. Ich habe Kleidungsstücke für Jack Nicholson in ‹The Last Tycoon› (Der letzte

Trenchcoat forever: Harrison Fords Garderobe in «BladeRunner» sollte an die Detektiv-Helden der Schwarzen Serie erinnern. Charles Knode und Michael Kaplan entwarfen eine Dark-future-Variante des klassischen Mantels

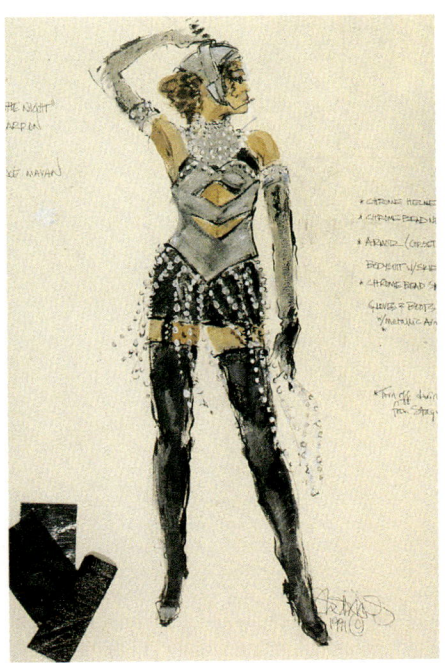

The Body suit: Damit Whitney Houstons Gesangsnummern in «Body-guard» den rechten Glamour versprühten, entwarf Susan Nininger futuristische Bühnen-Outfits mit viel Chrom und Leder. Für das Kostüm zu «Queen of the Night» lieferte sie sogar eine Rückenansicht

Tycoon, 1975) angefertigt und sie ihm vor den Dreharbeiten per Kurier nach New York geschickt – mit der Anweisung: Tragen Sie sie ständig, auch im Flugzeug, genau wie die Figur, die Sie spielen, es tun würde. Und weil er ein guter Schauspieler ist, hat er sich daran gehalten.»

Üblicherweise glauben die Zuschauer, daß der Kostümbildner bei einem in der Gegenwart spielenden Film kaum etwas zu tun hat, während die Historienfilme den großen Aufwand bedeuten.

«Das Gegenteil ist der Fall!» weiß Marilyn Vance. «Mein Job ist es doch, durch Farben und Stoffe die handelnden Figuren des Films auf die Möglichkeiten der Epoche festzulegen. Vor 200 Jahren gab es vielleicht drei oder vier verschiedene Modestile, die akzeptiert wurden. Heute gibt es unzählige Möglichkeiten, sich zu kleiden. Das erschwert die Festlegung. Es gibt keine Regeln mehr. Daß ich so viel Lob für ‹Untouchables – Die Unbestechlichen› bekam, fand ich natürlich toll, aber die besten Kostüme sind eigentlich diejenigen, die den Charakter der Figuren unterstützen, ohne groß aufzufallen.»

Obwohl der Gegenwartsfilm die Kostümbildner vor die Qual der Wahl stellt, ist

EDITH HEAD

Zauber
und Tarnung

Ebenso wie Hitchcock verstand es auch Kostümdesignerin Edith Head, ihren Berufsstand ins Licht der Öffentlichkeit zu rücken, indem sie häufig in Talk-Shows ihre Unermüdlichkeit und Schlagfertigkeit unter Beweis stellte. Sie trat in Radiosendungen auf, hielt Vorlesungen, schrieb Bücher, aber dies natürlich nur, weil ihr Name praktisch in jedem Filmvorspann aufzutauchen schien: Edith Head (1907–1981) hat für mehr als 1000 Filme die Kostüme entworfen, fast jedes Jahr seit Einführung des Kostüm-Oscars 1948 (34mal!) ist sie nominiert gewesen, achtmal hat sie den Goldjungen gewonnen.

Die in Los Angeles geborene Edith Head war Spanisch- und Kunstlehrerin, als sie sich 1923 auf eine Anzeige bei Paramount bewarb, denn ihr Gehalt reichte nicht über die Sommerferien. Um Chefdesigner Howard Greer beim Vorstellungsgespräch zu beeindrucken, borgte sie sich in ihrer Kunstschule alle möglichen Skizzen zusammen. Greer war beeindruckt: «Noch nie habe ich derart gute Bilder in einer Mappe versammelt gesehen.» Sie bekam den Job, aber am nächsten Tag schon fiel Greer auf, daß ihre eigenen Skizzen längst nicht so perfekt waren. Glücklicherweise hatte er Humor und schluckte ihren Betrug.

Jahrelang arbeitete sie als Zeichnerin und Assistentin, betreute B-Western, bis sie 1938 Greers Nachfolge antrat und dann 30 Jahre lang bei Paramount das Sagen hatte. 1967 wechselte sie zu Universal, wo sie bis zu ihrem Tod unter Vertrag stand. Im Gegensatz zu den meisten Kollegen entwarf sie Kostüme sowohl für Männer als auch für Frauen, und sie fühlte sich in allen Genres zu Hause, vom Western über DeMilles Bibelepen bis zum Science-fiction-Film.

Berühmt wurde sie durch die «spanische» Garderobe, die Barbara Stanwyck 1941 in «The Lady Eve» (Die Falschspielerin) trug. Der Film war Trendsetter der Modesaison ebenso wie zehn Jahre später ihr Ballkleid für Liz Taylor in «A Place in the Sun» (Ein Platz an der Sonne): Der Entwurf wurde von einer Firma kopiert, die Debütantinnen-Kleider herstellte – auf einem einzigen Ball zählte man 37 tanzende Elizabeth Taylors.

Auch als weltberühmte Designerin war Edith Head immer abhängig vom Interesse des jeweiligen Regisseurs für ihr Fach: «Als wir ‹The Sting› (Der Clou) und ‹Butch Cassidy and the Sundance Kid› (Zwei Banditen) vorbereiteten, re-

cherchierte George Roy Hill noch intensiver als ich, einfach perfektionistisch. Ich erlebte ihn als echten Designer-Kollegen. Auch William Wyler war Perfektionist. In ‹The Heiress› (Die Erbin), der im 19. Jahrhundert spielt, gab es Szenen, in denen Olivia de Havilland sich ankleidet, Petticoats, Korsetts. Wyler schickte mich sogar nach New York in ein Modeinstitut, das eine wunderbare Sammlung besaß, damit ich sicher sein konnte, daß jeder Knopf und jedes Knopfloch akkurat saß. ‹Die Erbin› war unter all meinen Filmen der absolut perfekte – weil Wyler darauf bestand.»

Den Regisseur Joseph Mankiewicz bekam sie bei «All About Eve» (Alles über Eva) nie zu Gesicht: Er rief sie nur an und sagte: «Ich bewundere Ihre Kunst – machen Sie einfach, was Sie für richtig halten!»

Ihr Lieblingsfilm war «To Catch a Thief» (Über den Dächern von Nizza), und Hitchcock, der genaue Kostümanweisungen schon ins Drehbuch schrieb, wußte, was er an Edith Head hatte – bis zu «Family Plot» (Familiengrab) und dem letzten, durch seinen Tod nicht mehr realisierten Film «The Short Night» arbeitete er immer wieder mit ihr zusammen.

Im Gegensatz zum Theater, wo das Kostüm auch auf den hintersten Rängen noch wirken und so haltbar sein muß, daß es eine Tournee übersteht, kommt es im Film auf die Nahaufnahme an: «Als Marlene Dietrich einmal ein perlenbesticktes Kleid anprobierte, brauchten wir dafür acht Stunden: ‹Diese Perle versetzen wir hierhin, und diese dahin.› Zwei Assistentinnen brachen zusammen, aber nicht Marlene. Im Film stimmte das Kleid dann bis ins letzte Detail. Im Theater wäre das belanglos gewesen.»

Edith Heads Credo: «Wir schaffen die Illusion, daß der Star jemand anderes ist – es handelt sich um eine Mischung aus Zaubertrick und Tarnung. Normalerweise tragen wir Kleidung, um uns zu wärmen oder um gut auszusehen. Im Film dagegen hilft das Kostüm dem Star, in die Rolle zu schlüpfen, die er darstellt. Die drei Zauberer Friseur, Maskenbildner und Kostümdesigner machen den Zuschauern vor, daß sie nicht Paul Newman sehen, sondern Butch Cassidy. Mit dem Medium der Kleidung haben wir die Macht, Menschen in alles zu verwandeln, was wir uns vorstellen können.»

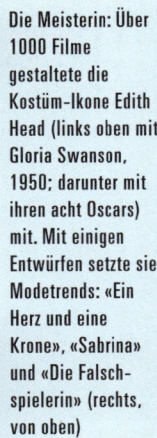

Die Meisterin: Über 1000 Filme gestaltete die Kostüm-Ikone Edith Head (links oben mit Gloria Swanson, 1950; darunter mit ihren acht Oscars) mit. Mit einigen Entwürfen setzte sie Modetrends: «Ein Herz und eine Krone», «Sabrina» und «Die Falschspielerin» (rechts, von oben)

Bei ihren Entwürfen zu «Der Clou» (links) mußte alles bis auf die letzte Knopflochnaht stimmen, denn der Regisseur George Roy Hill achtete akribisch auf den authentischen 30er-Jahre-Look

EDITH HEADS OSCARS

1949 The Heiress (Die Erbin)
1950 All About Eve
(Alles über Eva)
1950 Samson and Delilah
(Samson und Delilah)
1951 A Place in the Sun (Ein
Platz an der Sonne)
1953 Roman Holiday
(Ein Herz und eine Krone)
1954 Sabrina (Sabrina)
1960 The Facts of Life
(So eine Affäre)
1973 The Sting (Der Clou)

MARK   LFL©81

Weltraum-Ritter: Keine glänzende Rüstung, sondern ein praktischer Dreiteiler kleidete den Jedi Luke Skywalker (Mark Hamill). Beim dritten Teil der «Krieg der Sterne»-Saga teilten sich für die Kostüme Aggie Guerard Rodgers und Nilo Rodis-Jamero die Arbeit

auch die Beschwörung vergangener Epochen wahrlich kein Honiglecken. Marilyn Vance erinnert sich an ihren Einstieg in die 30er Jahre, jene Zeit, als Eliot Ness Al Capone jagte: «Brian De Palma ist Perfektionist. Er paßt unglaublich auf und merkt sich kleinste Details in der Kleidung. Ich mußte ihm meine Ideen präsentieren, nachdem ich das Drehbuch gelesen hatte. Die Recherche bestand vor allem im Zusammentragen vieler alter Modemagazine (Harper's Bazaar, Vogue) und gewaltiger Folianten mit Modeillustrationen. Extra angeheuerte Assistenten halfen mir dabei.

Der Meister: Modezar Giorgio Armani (l.) stellt seine Fähigkeiten auch für Hollywood zur Verfügung. Viele Stars tragen privat auch gern einen italienischen Edelzwirn, wie hier Robert De Niro

Dann ging ich zu Western Costumes, Hollywoods größtem Kostümverleih, und wählte 30er-Jahre-Kleidung aus. Unser größtes Problem stellte der Look für Sean Connery dar: Es gab sehr unterschiedliche Gruppen von Straßenpolizisten im Chicago der 30er Jahre. Er hätte Knickerbocker tragen können, das wäre allerdings seiner Statur nicht gerecht geworden. Also entschieden wir uns für weite Hosen. Dabei machten wir sogar Anleihen bei der damaligen deutschen Motorradpolizei. Manchmal muß man sich eben auch Freiheiten nehmen. Wir arbeiteten fünf harte Wochen an den Kleidern und ließen sogar Anzüge von Armani in Italien schneidern. Brian war jedenfalls begeistert.»

Im Gegensatz zu Vance hält Anthea Sylbert nicht viel von Modemagazinen als Inspiration für ihre Arbeit. Denn was damals wirklich getragen wurde, kann durchaus anders aussehen, als Anzeigen suggerieren. Viel lieber besorgt Sylbert sich Alben mit Privatfotos aus der entsprechenden Epoche: «Man kann dann immer noch entscheiden, ob aus dramaturgischen Gründen eine Variation des authentischen Kostüms besser wäre. Aber diese Entscheidung kann man ja erst fällen, wenn deutlich wird, wie die Realität damals aussah.»

Dieses dokumentarische Prinzip funktioniert allerdings nur, wenn es sich um eine Epoche handelt, die vom Zeitalter der Fotografie abgedeckt wird. Als Kostümbildnerin und Produktionsdesignerin Kristi Zea Lawrence Kasdans «Silverado» (Silverado) vorbereitete, hatte sie Glück: «Mir standen umfangreiche Sammlungen von zeitgenössischen Fotografien zur Verfügung, die natürlich schwarzweiß waren. Leider erfuhr ich erst, nachdem der Film fertig war, daß es in Lubbock, Texas, ein Textilmuseum gibt. Ich habe es mir angesehen und durfte viele der Kostüme auch in die Hand nehmen. Logischerweise habe ich bedauert, daß ich diesen Besuch nicht vor dem Film machen konnte. Ich habe mich jedoch damit getröstet, daß ich die meisten Kostüme, manchmal rein instinktiv, richtig hinbekommen habe.»

Marilyn Vance stattet manchmal drei Produktionen gleichzeitig mit Kostümen aus, arbeitet also mit drei verschiedenen Garderoben-Teams. Eine Assistentin hilft dabei, für jede Filmfigur große Pinnwände mit Kopien von Modezeichnungen zusammenzustellen, die das Konzept, den Look für jede Figur illustrieren. Gemeinsam suchen die beiden Kleidung in Trödelläden, auf Flohmärkten und bei Kostümverleihen.

Am Drehort übernehmen ein oder zwei leitende Kostümausstatter (Costume supervisor) die Verantwortung für die Herren- und Frauenkleidung. Sie achten darauf, daß die Näherinnen (Seamstress – für

die Damen) und die Schneider (Tailor – für die Herren) die richtigen Anweisungen bekommen und daß die Kostüme passen. In den USA stellt meist die Gewerkschaft die Schneider und Schneiderinnen. Gewerk-

Viermal Cleopatra: Traum eines jeden Kostümbildners ist, einmal die Königin vom Nil einzukleiden. Beispiele aus der Filmgeschichte sind: Theda Bara mit Schlangen am Busen (1917, oben), Rhonda Fleming (1953, unten), Claudette Colbert als Art-déco-Cleo (1934, gegenüber oben links) und Elizabeth Taylor als Goldmarie (1963, gegenüber oben rechts)

schaftsmitglieder bekommen mehr Geld als freie Mitarbeiter – ein Grund dafür, daß das Budget sich zum Teil sprunghaft erhöht. Bei «Untouchables – Die Unbestechlichen» arbeiteten zwölf enge Mitarbeiter und drei bis sechs Schneider am Drehort unter Marilyn Vance. Häufig kommt noch ein Spezialist hinzu, der die Kleidung bearbeitet, damit sie gebraucht und abgetragen wirkt.

Die Kostümausstatter übernehmen teilweise auch Aufgaben, die an die Arbeit des Script supervisor/ Skriptgirl heranreichen. Der Ablauf der Dreharbeiten zu jeder Szene wird genau beobachtet: Wenn der Schauspieler sein Kostüm auf eine bestimmte Art trägt, achten sie darauf, daß er es in der Anschlußszene genauso anzieht. Zur Kontrolle machen sie Polaroidfotos und können so exakt prüfen, ob der Schlips

Dorothy Jenkins achtete bei George Roy Hills Drama «Hawaii» nicht nur auf die Genauigkeit des Schnitts, sondern auch auf die verwendeten Stoffe, als sie Julie Andrews und Max von Sydow (Entwurf links) einkleidete

KOSTÜMGESCHICHTE

Kleines Hollywood-Brevier über Schnitte, bei denen der Cutter nichts zu melden hat

Der MGM-Löwe war über 25 Jahre auch das Symbol für die prachtvollsten Kostüme und Kulissen. Nicht zuletzt die meisterhaften Entwürfe von Adrian Rosenberg machten Joan Crawford und Greta Garbo zu Göttinnen des Films. Übertreibung war sein Konzept. Joans Starpräsenz (enorme Augen, großer Mund) war eindrucksvoller als ihre Figur mit den breiten Schultern, der langen Taille und den relativ kurzen Beinen, die oftmals unvorteilhaft wirken konnten. Rosenbergs Trick: Er machte ihre Schultern noch breiter, wodurch ihre Hüften schmaler wirkten. In «Letty Lynton» (1932, Regie: Clarence Brown) hüllte er ihre Schultern in voluminöse Rüschen. Obwohl dieses Kostüm im Film nur kurz auftauchte, entwickelte es sich bei den Zuschauerinnen zu einer Sensation. Tausende Kopien dieses Kleides wurden für den Verkauf nachgeschneidert.

Rosenberg war von dem berühmten Komponisten Irvin Berlin nach Hollywood geholt worden. Mitchell Leisen, damals Kostümbildner von Cecil B. DeMille und später ein erfolgreicher Komödienregisseur («Midnight»/Enthüllung um Mitternacht, 1939), brachte Rosenberg bei, wie er seine farbigen Kostüme optimal auf dem damals noch üblichen Schwarzweiß-Filmmaterial zur Geltung bringen konnte. Er vermied schwer zu filmende, schwache Kontraste. Weiß gekleidete Figuren wurden leicht unscharf und entwickelten häufig eine störend «strahlende» Aura, während schwarze Figuren wie ein «Höhleneingang» wirkten, alle Details ihrer Kleidung wurden vom Licht geschluckt. Gerade bei den Details arbeitete Rosenberg gern mit starken Hell-dunkel-Effekten. Wegen der häufig angewandten Nahaufnahmen entschied er sich dafür, die ausdrucksvollsten Details des Kostüms oberhalb der Hüfte anzubringen. In «No More Ladies» (1935, Regie: Edward H. Griffith, George Cukor) trägt die Crawford einen riesigen Segelkragen, der es ihr sogar unmöglich macht, eine Zigarette zu rauchen.

Von 1929 bis 1941 war Rosenberg der Designer der göttlichen Garbo. Sie hatte keine Kurven, die zu glätten waren, wie bei Joan Crawford. Nur ihre relativ breiten Schultern mußten in historischen Filmen wie «Anna Karenina» (Anna Karenina, 1935, Regie: Clarence Brown) und «Queen Christina» (Königin Christine, 1933, Regie: Rouben Mamoulian) etwas «geschmälert» werden. Ihre schmalen Hüften, die langen Beine und die expressiven Gesichtskonturen machten sie zu einem Wesen von unnahbarer Kühle und Eleganz. In «Romance» (1930, Regie: Clarence Brown) trug sie den berühmten Eugénie-Hut, unverwechselbar nur mit der riesigen schwarzen Blume. Rosenberg erlöste die Damenwelt vom «Helm»-Look der 20er Jahre und prägte damit die Mode des folgenden Jahrzehnts. In «Mata Hari» (Mata Hari, 1931, Regie: George Fitzmaurice) festigte er schließlich Greta Garbos Legende.

Walter Plunkett schuf für «Gone with the Wind» (Vom Winde verweht, 1939, Regie: Victor Fleming) einige der

Oft kopiert: Adrian Rosenbergs Kostüme für Joan Crawford und Greta Garbo. Als Robert Kalloch Clark Gables Unterhemd wegließ, stagnierte der Feinripp-Umsatz. Selbst Travis Bantons Robe für Marlene Dietrich fand Nachahmer (von oben)

prunkvollsten Kostüme aller Zeiten. Er verbrachte Monate mit den Recherchen und bereiste die Südstaaten auf der Suche nach Zeitzeugen des Bürgerkriegs. Die gastfreundlichen Südstaatler zeigten ihm stolz, was von der Garderobe ihrer Groß- und Urgroßeltern übriggeblieben war.

«An American in Paris» (Ein Amerikaner in Paris, 1951, Regie: Vincente Minnelli) bildete den Höhepunkt des Hollywood-Musicals der Nachkriegszeit und gehört noch heute zu den populärsten Filmen aller Zeiten. Plunkett entwarf dafür die ganz in Schwarzweiß gehaltenen Ballkleider und alle Männerkostüme. Die großartige Designerin Irene Sharaff kreierte Leslie Carons Kleid und die Ballettszenen. Die Kostüme für die übrigen Darstellerinnen entwarf Orry Kelly.

Marlene Dietrich wirkt in «Shanghai Express» (Shanghai-Express, 1932, Regie: Josef von Sternberg) in Travis Bantons Kleid wie das Nonplusultra der Femme fatale. Ihre Laszivität wird durch Federn und Perlen suggeriert, die auf schwarzem Krepp glänzen. Marlenes Gesicht ist hinter einem Schleier verborgen, Handschuhe komplettieren den atemberaubenden Effekt.

Die 30er Jahre waren der Höhepunkt des Filmdesigns; in jener Zeit entstand der Hollywood-Look. Cecil B. DeMille prägte das Motto: «Ich will Kleidung, die die Leute staunen läßt. Entwerft ja nichts, was man auch in einem Laden kaufen könnte!» Die Armut der Depressionszeit fand ihren logischen Gegenpol in dem Glamour, den die Leinwand ausstrahlte: «The Devil is a Woman» (Die spanische Tänzerin, 1935, Regie: Josef von Sternberg) und «The Garden of Allah» (Der Garten Allahs, 1936, Regie Richard Boleslawski) festigten das Gespann Banton/Dietrich. Walter Plunkett entwarf zu «The Gold Diggers of 1933» (Die Goldgräber von 1933, Regie: Mervyn LeRoy) das Kostüm für Ginger Rogers, das alle Extravaganzen der 30er Jahre am besten zusammenfaßte. Dieses und alle anderen Musicals des grandiosen Choreographen Busby Berkeley waren populäre Fluchten aus der traurigen Realität der Massen.

In einer der bekanntesten Komödien aller Zeiten, «It Happened One Night» (Es geschah in einer Nacht, 1934, Regie: Frank Capra), zieht Clark Gable sein Oberhemd aus und entblößt die blanke Brust. Folge: Gravierende Umsatzverluste in der Unterhemd-Branche. In «Dark Victory» (Opfer einer

Filmgöttinnen bestimmten die Mode und wurden immer mit ihrer Kleidung identifiziert: Rita Hayworth in «Gilda», Liz Taylor in «Die Katze auf dem heißen Blechdach», Marilyn Monroe in «Das verflixte siebte Jahr», Audrey Hepburn in «Ein süßer Fratz»

großen Liebe, 1939, Regie: Edmund Goulding) spielt Bette Davis eine lebenslustige Gesellschaftsdame, die erfährt, daß sie an einem Gehirntumor sterben wird. Die «Pillendose» auf ihrem Kopf leitete die Hutmode der 40er Jahre ein. Die Budgets für die Ausstattung der Filme des Kriegsjahrzehnts waren bescheidener als in den barocken 30ern, dennoch regierten die Glamour-Göttinnen weiter.

Rita Hayworth verkörperte als «Gilda» (Gilda, 1946, Regie: Charles Vidor) die Sinnlichkeit der Kriegsjahre. Jean Louis entwarf ihre Kleider in diesem Film. Weniger suggestiv, aber um so romantischer erschienen die Kostüme der

Die alte Garde Hollywoods und Britanniens tapfere Schneiderlein: Audrey Hepburn wirkte in «Charade» (oben links) wie auf dem Laufsteg – Hubert de Givenchy sei Dank. Die englischen Designer Milena Canonero (oben rechts: «Uhrwerk Orange», Mitte: «Die Stunde des Siegers») und James Acheson (unten: «Gefährliche Liebschaften») passen sich bei ihren Entwürfen den sozialen Schichten der Rollen an – eine Londoner Straßengang trägt eben kein Armani. Aber ihre Boots lösten einen Trend aus

nächsten Dekade: Audrey Hepburn war zwar keine Sexbombe wie Rita Hayworth, aber ihre mädchenhafte Erscheinung leitete den ersten Siegeszug der Haute Couture in die Filmwelt ein. In «Funny Face» (Ein süßer Fratz, 1956, Regie: Stanley Donen) wird sie als schüchterne Buchverkäuferin vom Modefotografen Fred Astaire entdeckt. Der berühmte französische Couturier Hubert de Givenchy entwarf ihre Garderobe in diesem Film ebenso wie später in «Charade» (Charade, 1963, Regie: Stanley Donen). Elizabeth Taylor trägt in «Cat on a Hot Tin Roof» (Die Katze auf dem heißen Blechdach, 1958, Regie: Richard Brooks) ein weißes Chiffon-Kleid mit V-Ausschnitt, dessen Imitationen während ihrer Romanze mit Schlagerstar Eddie Fisher tausendfach über den Ladentisch gingen. Das Design stammte von Helen Rose. Marilyn Monroe symbolisierte in «The Seven Year Itch» (Das verflixte siebte Jahr, 1955, Regie: Billy Wilder) die Nachkriegsjahre am besten. Ihr über dem U-Bahn-Schacht flatterndes Nackenhalterkleid bestand aus weißem Krepp und – war von der Stange gekauft.

Milena Canoneros Kostüme für Kubricks «A Clockwork Orange» (Uhrwerk Orange, 1971) machten Filmgeschichte und inspirierten Londoner Jugendbanden zur Nachahmung. Malcolm McDowell und seine «Droogs»-Bande trugen «Bovvers», schwarze Stiefel. Sie inspirierten die bösen «Bovver Boys», die daraufhin die Straßen unsicher machten. Die grellen Haarfarben einiger «Clockwork»-Mädchen fanden fünf Jahre später im Punk-Rock weltweite Verbreitung. Mit ihren Kleidern für Kubricks Kostümepos «Barry Lyndon» (Barry Lyndon, 1975) gewann die Canonero ihren ersten Oscar. Den zweiten erhielt sie für Hugh Hudsons «Chariots of Fire» (Die Stunde des Siegers, 1980). Die Kostüme der Athleten der 20er Jahre machten Mode zusammen mit der Miniserie «Brideshead Revisited» (Wiedersehen in Brideshead). Tweed-Jacken und Westen wurden besonders durch die Herrenmode-Designer Ralph Lauren und Jeffrey Banks hergestellt.

In der Beverly-Hills-Filiale von Banana Republic, der Ladenkette für Reise- und Safarikleidung, fragten die Kunden kurz nach der Premiere von «Out of Africa» (Jenseits von Afrika, 1985, Regie: Sydney Pollack) nach der entsprechenden Ausstattung. Milena Canonero recherchierte vor Drehbeginn monatelang in Büchereien und Museen in Nairobi und London. Ein dritter Oscar belohnte ihre Mühe 1986.

Der Brite James Acheson ist sicherlich einer der profiliertesten Kostümbildner der 80er Jahre. In Terry Gilliams satirischer Tour de force «Brazil» (Brazil, 1985) mischte er Straßenkleidung mit ausgeflippten Phantasiestilen. Die opulenten Ausstattungsfilme «The Last Emperor» (Der letzte Kaiser, 1987, Regie: Bernardo Bertolucci) und «Dangerous Liaisons» (Gefährliche Liebschaften, 1988, Regie: Stephen Frears) bescherten ihm Oscars in zwei aufeinanderfolgenden Jahren.

in der Mitte saß oder ein Knopf nicht zugeknöpft war.

Nicht nur historisch korrekte Mode steht oben auf der Liste der zehn Gebote eines Kostümdesigners. Er muß auch ganz prosaische, praktische Gegebenheiten beachten. Als der Tonfilm eingeführt wurde, waren raschelnde Stoffe passé – sie konnten den Dialogen akustisch in die Quere kommen. Satin und Tüll waren out, klappernde Perlenketten oder Armbänder wurden auf der Innenseite mit Filz gepolstert oder gar festgeklebt. Erste Technicolor-Experimente zeigten, daß der Film die Farben übertrieben grell wiedergab – alle Kostüme mußten von nun an in zarten Pastelltönen gehalten sein. Und je größer die Leinwand wurde, desto mehr Details konnte man auf ihr erkennen. Also mußten historische Kostüme wieder mit der Hand genäht werden, denn der Unterschied zu Nähmaschinennähten blieb dem Publikum nicht verborgen.

Sean Connery ist allergisch gegen Wolle, was sein Hofschneider Giorgio Armani bei all seinen Filmkostümen beachtet. Wenn die Filmemacher den Armani-Stil in ihr Konzept integrieren können, übernimmt

Großkariert: Ruth Carter empfand für «Malcom X» (oben) den ausgeflippten Bekleidungsstil amerikanischer Schwarzer in den 40er Jahren nach. Äffisch: Für die naturfarbenen «Planet der Affen»-Anzüge erhielt Morton Haack 1968 eine Oscar-Nominierung. Die weiße Uniform wurde vom Hauptdarsteller Charlton Heston getragen. Lächerlich, aber elegant: Nicholsons Garderobe von Nino Cerutti in «Die Hexen von Eastwick» (unten)

der Stardesigner gern Aufträge aus Hollywood. Richard Geres Vorliebe für edlen Armani-Zwirn löste nach «American Gigolo» (Ein Mann für gewisse Stunden) einen wahren Armani-Boom aus. Auch Catherine Deneuve, Lauren Bacall, Robert De Niro und Robin Williams lassen mit Vorliebe bei dem italienischen Edel-Couturier Maß nehmen. Ähnlich oft wird Nino Cerutti hinter die Kameras gerufen: Michael Douglas' bevorzugter Schneider veredelte «Philadelphia» (Philadelphia), «Clear and Present Danger» (Das Kartell), «Sliver» (Sliver) und «The Silence of the Lambs» (Das Schweigen der Lämmer). Nur eins darf man von den Laufsteg-Champions

nicht verlangen – daß sie von ihrem Stil ablassen und etwa einen historischen Film ausstatten: Kostümbildner sind sie natürlich nicht.

Alle Designer schneidern daran, die Stars reibungslos in den Film zu integrieren. Während der Arbeit an «Family Business» (Family Business, 1988) kam Sean Connery zufrieden von der Anprobe bei Kostümbildnerin Ann Roth zurück: «Eine traumhafte Frau! Sie hat mir das Konzept für meine Rolle komplett vorgegeben.» Sidney Lumets Kommentar: «Ein größeres Kompliment kann ein Schauspieler gar nicht machen. Er könnte ebensogut sagen: ‹Jetzt arbeiten wir wirklich am selben Film!› »

Aufwirbelnd: «Kaum vorstellbar, daß Frauen damals wirklich in solchen Gewändern durch den Staub marschierten!» Jodie Foster gewöhnte sich für «Maverick» dennoch an die bodenlangen Röcke

Prärie-Haute-Couture: April Ferry legte bei der Westernkomödie «Maverick» Wert auf stilvolle Plünnen – ob Indianerhäuptling (Graham Greene) oder Spieler (Mel Gibson)

Produktionsdesign

Vom Look zur Ausstattung

bekam sie den Oscar. «Bei Filmen, wie ich sie mache, wird der Produktionsdesigner häufig schon engagiert, bevor der Produktionsvertrag überhaupt steht. Das Studio will zu Anfang wissen, in welchem Maßstab man den Film ansiedeln muß – wieviel er kosten wird. Nachdem ich das Skript gelesen habe, kann ich sehr genaue Ratschläge geben, indem ich eine Überschlagsrechnung aufstelle. Ich kann sagen, was sich machen läßt und was nicht.»

«Am Anfang steht die Recherche», sagt Produktionsdesigner Lawrence G. Paull. «Ich arbeite mit dem Research Department bei MGM zusammen, und auf Anfrage bekomme ich jede Menge Bücher und Fotografien aus der jeweiligen Epoche zugeschickt. Mit meinen Recherchen will ich die richtige Atmosphäre für den Film schaffen. Zweck hat das aber nur, wenn man sich dabei auf die Hauptfigur konzentriert. Durch die Vorbereitung findet man heraus, wer diese Person ist, und erst dann entwirft man die dazugehörige Ausstattung. Wie es das Method acting gibt, so gibt es auch ein Method design: Man entwickelt eine Figur auch durch ihre Umgebung. Dabei stelle ich bestimmte Fragen: Wie würde diese Person leben? Mit welchen Gegenständen und Möbeln umgibt sie sich? Alle diese Elemente versuche ich in der Ausstattungsabteilung in die Gestaltung einfließen zu lassen.»

Der Produktionsdesigner verantwortet den visuellen Gesamteindruck des Films. Er entwirft die Sets, zeichnet erste Entwürfe, legt die Farbgebung fest. Alles, was man im Hintergrund der Handlung zu sehen bekommt, wird von ihm konzipiert: Gebäude, Straßen, Fahrzeuge. Das gleiche gilt natürlich für die Innendekorationen, ob sie

Am schönsten finde ich, daß ich in andere Welten und Epochen eintauchen kann, die sich von meiner Umgebung unterscheiden. Jeder Film, den ich übernehme, spricht mich auf die eine oder andere Art ganz persönlich an, verführt mich geradezu», beschreibt Patrizia von Brandenstein ihren Beruf. Sie hat «A Chorus Line» (A Chorus Line) und «The Untouchables» (Untouchables – Die Unbestechlichen) ausgestattet, für «Amadeus» (Amadeus)

Netter Swimmingpool, Mister Bond! Wüßte man es nicht besser, glaubte man fast, Starlett Barbara Bach, Produzent Albert C. Broccoli und Dressman Roger Moore säßen wirklich in einer Militär-Basis: Extra für die U-Boot-Station im zehnten James-Bond-Abenteuer «Der Spion, der mich liebte» errichteten die Londoner Pinewood Studios die riesige «007 Stage». Hier konnten die groß angelegten Entwürfe von Ken Adam in die Praxis umgesetzt werden

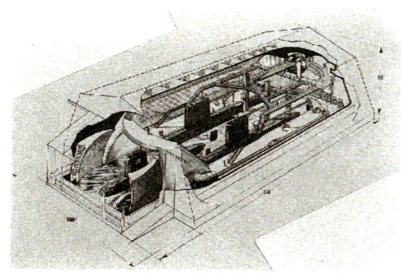

Die 20 Meter hohe Bond-Halle mißt 60 Meter in der Breite und 130 Meter in der Länge – genug Platz für eine U-Boot-Flotte und eine Privatarmee. Der gebürtige Berliner Ken Adam ließ bei «Der Spion, der mich liebte» seiner Phantasie freien Lauf: Stilvoll futuristisch in Schwarz lebt Schurke Stromberg in seinem spinnenartigen, submarinen Stützpunkt, während 007 im strahlend weißen und wasserfesten Lotus anrückt

nun in realen Gebäuden oder im Studio gefilmt werden. «Man darf nicht so fixiert sein auf die Arbeit, daß man nur Skizzen anfertigt und Drehorte sucht», weiß Ken Adam, der durch seine futuristischen Dekorationen für die Bond-Filme berühmt wurde. «Film ist die totale Zusammenarbeit, die einzige wirklich kollektive Kunstform. Natürlich habe ich gerne freie Hand beim Skizzieren der ersten Ideen. Aber dann möchte ich eine Reaktion vom Regisseur.»

Bis in die 50er Jahre fertigte Adam Entwürfe nach dem Lehrbuch an: Er zeichnete einen Grundriß des geplanten Sets und übertrug ihn dann auf eine maßstabgerechte Zeichnung. Doch er empfand diese Zeichnungen als geometrische Übung – die Kreativität blieb auf der Strecke. «Ich mußte mehr von mir zeigen. Und das gelang mir mit Hilfe des Filzstifts. Die breiten Striche zwingen mich ‹loszulassen›, und dadurch werden die Entwürfe großzügiger. Ich kehrte den künstlerischen Prozeß um, begann nicht mehr mit Grundrissen.»

Auch Harry Horner, der für die Ausstattung von «The Heiress» (Die Erbin, 1949) und «The Hustler» (Haie der Großstadt, 1961) jeweils einen Oscar gewann, hat die Erfahrung gemacht, daß weniger durchaus mehr sein kann: «Ein Produktionsdesigner, der jede Kameraeinstellung plant, kann gefährlich werden – er tut so, als ob seine Entwürfe zusammen schon den Film ergeben würden. Ein Regisseur, der leicht zu beeindrucken ist, läuft dann Gefahr, sich mehr an diesen visuellen Vorgaben zu orientieren als an der Entwicklung der Filmfiguren. Andere Regisseure wehren sich, wenn es zu dieser Situation kommt. Ich habe es immer als praktisch angesehen, Skizzen für etliche Varianten zu zeichnen, aus denen der Regisseur aussuchen kann. Es ist billiger, eine Skizze wegzuwerfen, als eine Szene in verschiedenen Versionen zu drehen.»

Ein spezieller Production illustrator setzt die Entwürfe in 80 x 100 cm großen Rein-

➡ Lesen Sie weiter auf Seite 208

KEN ADAM

Von Caligari
bis James Bond

Ken Adam wurde 1921 in Berlin geboren. Schon als Kind war er wie sein Vater begeisterter Kinogänger. Schwer beeindruckt war er von der expressionistischen Ausstattung des Klassikers «Das Cabinett des Dr. Caligari» (1919). Die kalte, bedrohliche, stark stilisierte Architektur dieses Films hat ihn immer wieder in seiner Arbeit beeinflußt.

1934 wanderte die jüdische Familie Adam nach London aus. Ken Adam studierte Architektur an der Bartlett School of Architecture. Im Zweiten Weltkrieg diente er als RAF-Pilot. Zum Film kam er 1947 als Zeichner. Mitte der 50er Jahre stieg er zum Ausstatter auf. Seit Anfang der 60er Jahre nannte er sich Produktionsdesigner.

Seine Einfälle sind von ausgeprägtem Stilwillen und einem Quentchen Humor gekennzeichnet. Schon früh erkannte er das Paradoxon seiner Arbeit: Die simple Reproduktion von Gegebenheiten wirkt auf Zelluloid langweilig und alltäglich, erst die Übertreibung macht eine Ausstattung filmisch interessant. Als Produktionsdesigner von Glamour-Action à la James Bond war Ken Adam also genau der richtige Mann. Mit Stanley Kubrick gab es Unstimmigkeiten, weil Kubrick für «Barry Lyndon» (Barry Lyndon) größtmögliche Authentizität in jedem Detail vorschrieb. Adams eigene Interpretation war nicht gefragt, und die Ironie des Schicksals will es, daß er ausgerechnet für diese in seinen Augen unbefriedigende Kopie der Realität mit dem Oscar ausgezeichnet wurde.

Die Supergangster der Bond-Filme fühlen sich dagegen in den von Adam entworfenen Kommandozentralen sehr wohl: gigantische, furchteinflößende, steril eingerichtete Hallen, die Adam den Ruf eines Meisterarchitekten des Décor noir

einbrachten. Sieben der Thriller mit dem Doppelnull-Agenten verlieh er den architektonischen Schliff und sorgte darüber hinaus auch für futuristische Waffen und Fahrzeuge, die sein besonderes Faible sind. Hinter «Q» steckt im Grunde also Ken Adam. Er konzipierte den Aston Martin aus «Goldfinger» (Goldfinger), der mit MGs, drehbaren Kennzeichen, kugelsicherem Schutzschild und Schleudersitz ausgerüstet ist. Den Lotus Esprit für «The Spy Who Loved Me» (Der Spion, der mich liebte) verwandelte er in ein Mini-U-Boot. Und auch der in den handlichen Koffer zerlegbare Ein-Mann-Hubschrauber aus «You Only Live Twice» (Man lebt nur zweimal) entstand auf Adams Reißbrett.

Die Idee für die Raketenrampe in dem Vulkankrater für «Man lebt nur zweimal» kam Adam selbst, als er auf Location-Suche über die Vulkaninsel Kyushu flog: «Dieser Set sollte Höhepunkt des ganzen Films werden, doch zu dem Zeitpunkt gab es für diese Sequenz noch keine einzige Drehbuchseite. Zum erstenmal entwarf ich etwas, wofür es noch keine Anleitung gab. Bei den folgenden Bond-Filmen war das dann schon Usus. Sie bedeuteten eine ungeheure Befreiung meiner Phantasie. Und irgendwer würde schon etwas schreiben, was zu diesem Traum paßt.»

Seit 1947 hat Adam mehr als 60 Filme ausgestattet. Seine bizarren Einfälle prägten auch Barry Sonnenfelds «The Addams Family Values» (Die Addams Family in verrückter Tradition). Bei der Gestaltung des gruseligen Friedhofs erlaubten sich Adams Stukkateure übrigens eine augenzwinkernde Hommage an den Designer-Veteranen: Eine der Grabsteinskulpturen trägt Ken Adams Züge – mit dem charakteristischen Grinsen und der unvermeidlichen Zigarre.

Dann hebt sie ab: Rechtzeitig zu den ersten erfolgreichen Space-shuttle-Missionen der NASA Ende der 70er Jahre lieferte Adam für «Moonraker – Streng geheim» das Leinwand-Pendant zur Raumfähre (rechts)

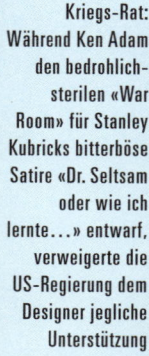

Kriegs-Rat: Während Ken Adam den bedrohlich-sterilen «War Room» für Stanley Kubricks bitterböse Satire «Dr. Seltsam oder wie ich lernte...» entwarf, verweigerte die US-Regierung dem Designer jegliche Unterstützung

Ken-Adam-Highlights

1956 Around the World in 80 Days (In 80 Tagen um die Welt) Oscar-Nominierung

1960 The Trials of Oscar Wilde (Der Mann mit der grünen Nelke) Beste Ausstattung, Moskau 1960

1961 Sodoma e Gomorra (Sodom und Gomorrha)

1962 Dr. No (James Bond 007 jagt Dr. No)

1963 Dr. Strangelove or: How I Learned to Stop Worrying and Love the Bomb (Dr. Seltsam oder Wie ich lernte, die Bombe zu lieben) British Academy Award

1964 Goldfinger (Goldfinger) Nominierung für British Academy Award

1965 The Ipcress File (Ipcress – Streng geheim) British Academy Award

1965 Thunderball (Feuerball)

1967 You Only Live Twice (Man lebt nur zweimal)

1968 Chitty Chitty Bang Bang (Tschitti Tschitti bäng bäng)

1971 Diamonds Are Forever (Diamantenfieber)

1972 Sleuth (Mord mit kleinen Fehlern) Nominierung für British Academy Award

1975 Barry Lyndon (Barry Lyndon) Oscar

1976 The Sever-Per-Cent Solution (Kein Koks für Sherlock Holmes)

1977 The Spy Who Loved Me (Der Spion, der mich liebte) Nominierung für British Academy Award

1979 Moonraker (Moonraker – Streng geheim)

1981 Pennies from Heaven (Tanz in den Wolken) New York Independent Critics Award

1983 Fanny och Alexander (Fanny und Alexander), Oscar

1985 King David (König David)

1990 The Freshman (Der Freshman)

1991 Company Business (Company Business)

1991 The Doctor (Der Doktor – Ein ganz normaler Patient)

1993 Undercover Blues (Undercover Blues – Ein absolut cooles Trio)

1993 The Addams Family Values (Die Addams Family in verrückter Tradition)

1994 The Madness of King George (King George – Ein Königreich für mehr Verstand)

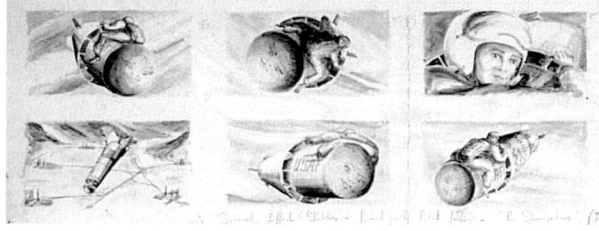

Eine Vorliebe für Geschosse: Der Ritt auf der Bombe in «Dr. Seltsam» entstand auf Adams Zeichenbrett, ebenso wie die Raketen-Basis im Vulkan aus «Man lebt nur zweimal»

zeichnungen um, die eine konkrete Vorstellung des angestrebten Gesamteindrucks geben.

«Den künstlerischen Ansatz nenne ich die Seele des Films», sagt Patrizia von Brandenstein. «In ihn bringe ich Pläne, Zeichnungen, Modelle ein, um dem Regisseur konkrete Informationen zu geben. Dabei kann alles helfen: Fotos, Skizzen, Gemälde, Musikstücke, Zeitungsausschnitte, ein Stück Stoff, die Aussicht aus einem Fenster, Licht von besonderer Qualität.»

Der Art-director oder Ausstatter ist der Assistent des Produktionsdesigners. Ken Adam über die Hierarchie in seiner Abteilung: «Der Unterschied zwischen dem Art-director und dem Production designer sieht so aus: Ein Art-director baut einzelne Sets oder sucht die Schauplätze aus, ein Production designer hingegen entwirft das visuelle Konzept des Films, er ist gewissermaßen das Auge des Regisseurs.»

Der Titel Production designer wurde erstmals verwendet, als William Cameron Menzies bei «Gone with the Wind» (Vom Winde verweht, 1939) die Verantwortung für alle visuellen Aspekte des Films übernahm: Er überwachte nicht nur die Kostüme und Kulissen, sondern auch die Kameraarbeit, die Special-effects (den Brand von Atlanta) und schließlich sogar die Qualität der Filmkopien, die aus dem Kopierwerk geliefert wurden. Manche Regisseure statten den Produktionsdesigner auch heute mit dieser weitreichenden Verantwortung aus. Tony Walton, der sieben Filme mit Regisseur Sidney Lumet gemacht hat, beschränkt sich nicht auf die Sets oder Kostüme, sondern berät den Regisseur auch in bezug auf das Drehbuch, die Besetzung, den Schnitt und die Kameraeinstellungen.

Der heutige Art-director verantwortet die physische Ausführung der Entwürfe, also die benötigten Bauten, und leitet das Ausstattungsteam. Und der sogenannte Set designer ist im amerikanischen Filmstab für bauliche Details am Drehort verantwortlich. Der Scenic artist (Kulissenmaler) ist dafür zuständig, Laden- und Straßenschilder zu malen oder Kulissen künstlich altern zu lassen. Der Set decorator (Innenrequisiteur) kümmert sich um die Inneneinrichtung der Räume, also um Möbel und Teppiche. Requisiten werden vom Property maker (Requisitenhersteller) angefertigt und vom Property master (Requisiteur) verwaltet. An einer großen Produktion wie «Blade Runner» (Blade Runner) sind in der Ausstattungsabteilung 25 verantwortliche Mitarbeiter beschäftigt, die von über hundert Arbeitern unterstützt werden.

Paull sieht seine Aufgabe darin, die Figuren des Films, wie sie von Regisseur und Darsteller konzipiert werden, durch das geographische Ambiente zu unterstützen, in dem sich die handelnden Personen des Films bewegen: «Der Schauspieler muß sich praktisch wie zu Hause fühlen, wenn er mit dem Regisseur den Set betritt.»

Produktionsdesignerin Polly Platt arbeitete mit ihrem Exehemann Peter Bogdanovich bis in die Mitte der 70er Jahre zusammen. Sie nennt ein Beispiel für Paulls Ansatz: «Ich war überzeugt, daß ich den neureichen, aufgeblasenen Typ in ‹What's Up, Doc?› (Is' was, Doc?), den Austin Pendleton spielt, am besten durch die Inneneinrichtung seines Hauses charakterisieren konnte: Einer wie er würde es fertigbringen, einen wunderbaren viktorianischen Altbau auszuweiden und durch eine Plexiglaseinrichtung zu ersetzen.» Bogdanovich war von dieser Idee begeistert, schrieb das Buch um und stellte die gläserne Treppe ins Zentrum der Verfolgungsjagd – ein Beispiel perfekter künstlerischer Ergänzung.

Diese 007-Kulisse zu «Man lebt nur zweimal» ist bisher die größte, die jemals in Europa für einen Film errichtet wurde: Die Innendiagonale des Vulkans maß 130 Meter, der künstliche Berg ragte 40 Meter in die Höhe. Unten: Ken Adam mit Roger Moore bei den Dreharbeiten zu «Der Spion, der mich liebte»

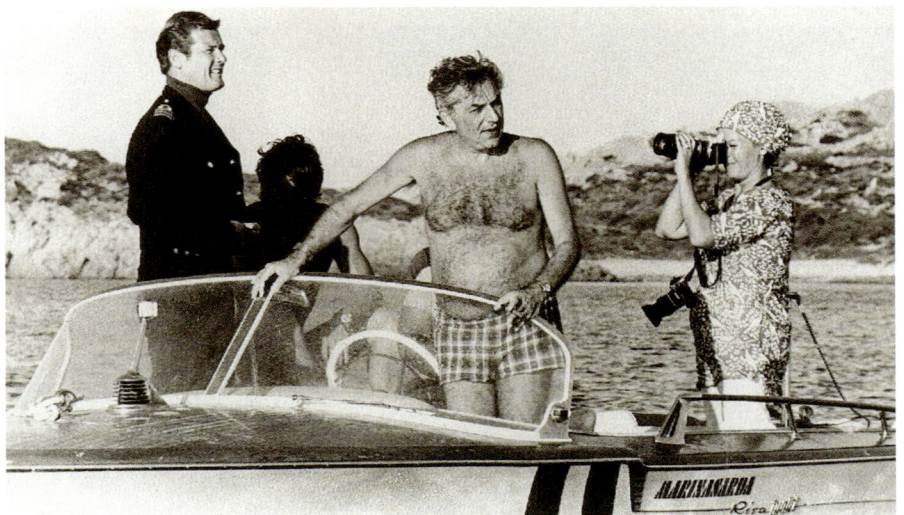

Utopisch und doch realistisch: Die Designer Tony Masters, Harry Lange und Ernie Archer erfanden das technikdominierte Umfeld von Kubricks «2001 – Odyssee im Weltraum». Sie legten Wert auf glaubhafte Apparate: Kein piepsender Schnickschnack, sondern praxisnahe Hardware bestimmten die Quartiere des Raumschiffs «Discovery»

Ein Trip ins All: Mit den kompakten Beibooten starten die Astronauten der «Discovery» kleine Abstecher in den Weltraum. Zwar sehen die Kapseln aus wie Designer-Waschmaschinen, aber auch hier beherrscht Schlichtheit und praktischer Nutzen die Konstruktion. Schließlich mußten die Darsteller an Leinen hängend aus dem Gefährt aus- und einsteigen können, ohne an Haken oder Lämpchen hängenzubleiben

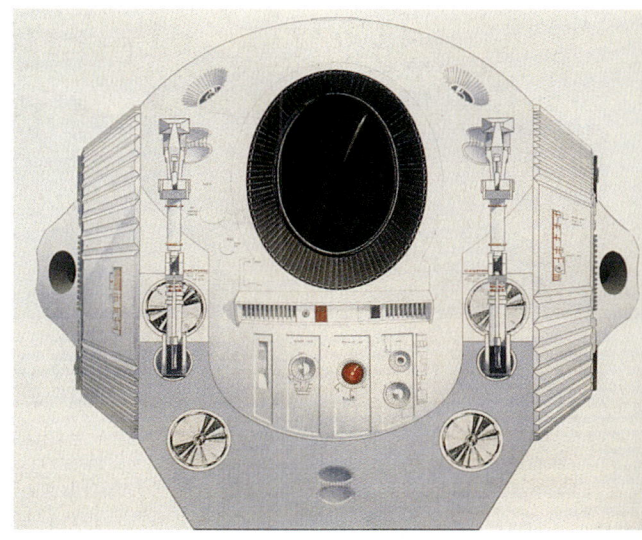

«Ein Entwurf, der nur die Realität reproduziert, ist es nicht wert, ausgeführt zu werden», definiert Ken Adam sein Credo. «Man fängt Realität nicht ein, indem man sie kopiert, sondern indem man sie gerade nicht kopiert. Die Production designer der 30er und 40er Jahre waren darin Meister ihres Fachs. Aber Ehrlichkeit ist wichtig. Um reiner Show-Effekte willen sollte man nichts bauen. Jeder Entwurf und jeder Bau muß vom Drehbuch her begründet sein.»

Ähnlich formuliert es Harry Horner: «Das Konzept eines Films hat nichts mit dem Dekor per se zu tun. Das kommt erst später und ist sekundär. Technische Dinge interessieren mich eigentlich nicht. Als Bühnenbildner beim Theater habe ich die Kulissen gehaßt, weil sie so aufdringlich wirken. Gute Filme und gute Stücke entstehen aus den Texten, niemals aus dem Design.»

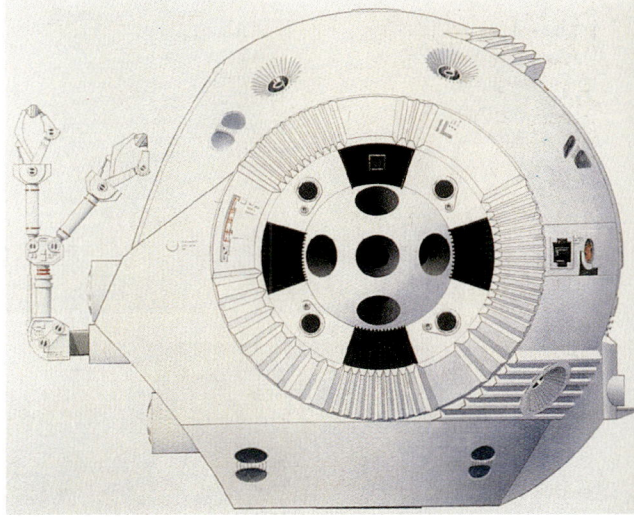

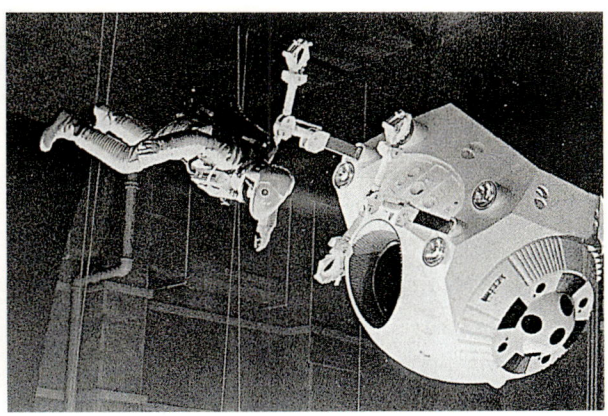

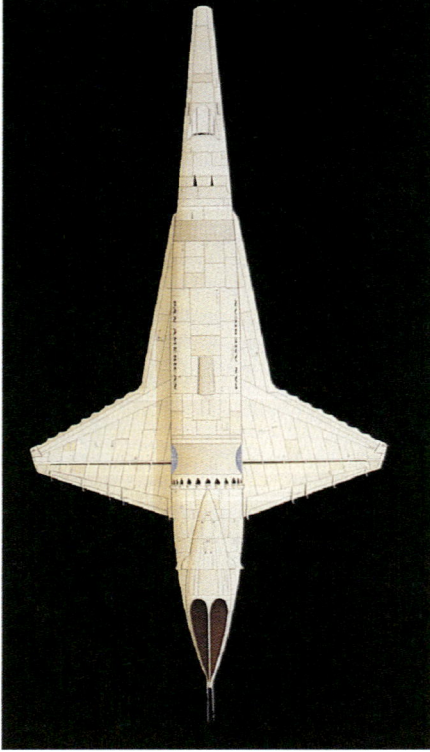

Von der Erde zum Mond: Trotz des melancholischen Tenors von «2001» — in einem Punkt zeigte Kubrick blinden Optimismus: Seine Raumfähren werden vom mittlerweile bankrotten Unternehmen Pan Am betrieben

Außendienst vorm Jupiter: Die detaillierten Storyboards integrierten die entworfenen Raumschiffe. Die Umsetzung war schwierig, weil in der Szene der Darsteller zusammen mit Modellen verschiedenen Maßstabs und einem Sternenhintergrund kombiniert werden mußte

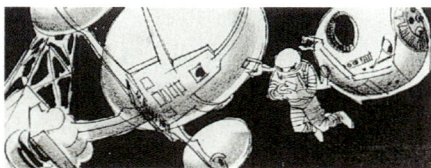

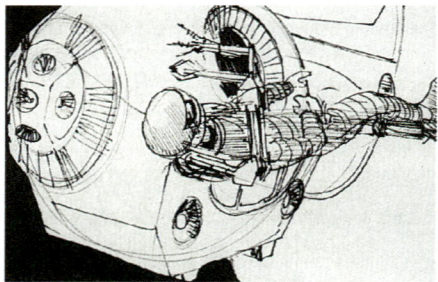

Steven Spielberg (oben) hatte schon vor Drehbeginn von «Jäger des verlorenen Schatzes» ein klares Bild, wie sein Film am Ende aussehen sollte. Nach seinen Vorstellungen entwarf Norman Reynolds Szenenbilder, Miniaturen und Kulissen

Fleischgewordene Alpträume: Michael Seymour setzte bei Ridley Scotts «Alien» die nekrophil-düsteren Bilder des Schweizer Künstlers H.R. Giger (unten mit Alien-Ei) in dreidimensionale Requisiten um. Für die Killer-Kreatur und dessen Umfeld erhielt Giger den Oscar

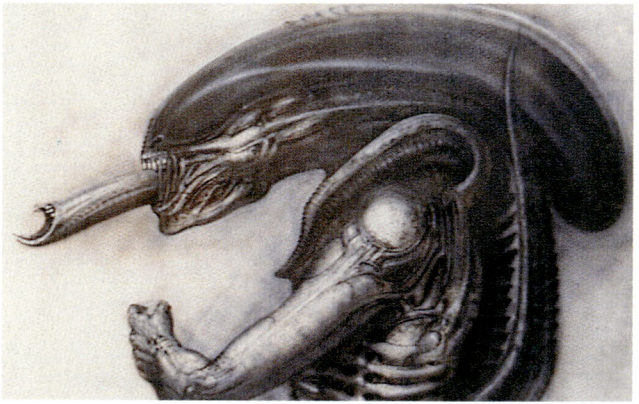

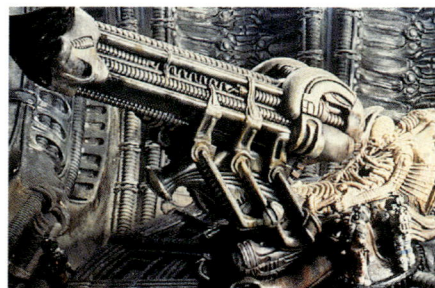

Horner entwickelte zusammen mit Autor Thornton Wilder und Regisseur Jed Harris das Konzept der leeren Bühne für die Uraufführung von «Our Town». Die Darsteller spielten ohne Kulissen, nur mit Requisiten. Für die Filmversion wurde Horner nach Hollywood geholt. Regisseur Sam Wood konnte mit seinen Ideen allerdings nichts anfangen. Horner wurde entlassen und durch den berühmten William Cameron Menzies ersetzt. Menzies war jedoch von Horners Skizzen begeistert und sorgte dafür, daß auch Horners Name im Vorspann auftauchte.

Nach dem Lesen des Drehbuchs diskutiert Lawrence G. Paull das Konzept des Films mit dem Regisseur. Auch der Kostümbildner wird früh in die grundlegende Diskussion mit einbezogen. Visuelle Künstler wie Regisseur Ridley Scott, mit dem Paull an «Blade Runner» zusammenarbeitete, bringen sehr konkrete Vorstellungen für den Look des Films mit. Andere lassen dem Designer freie Hand und konzentrieren sich lieber auf die Darsteller. «Sobald die Proben und Dreharbeiten beginnen,

Gotham City im Bau: Unter der Leitung des Produktionsdesigners Anton Furst (oben) errichtete Miniaturbauer Derek Meddings (links) die Schluchten der «Batman»-Metropole

hat der Regisseur anderes im Sinn», sagt Patrizia von Brandenstein. «Meine Probleme müssen mit ihm also in der Vorbereitungsphase geklärt worden sein. Während der Dreharbeiten halte ich mich an den Produktionsmanager, der für den reibungslosen Ablauf zuständig ist.»

Ridley Scott ist in dieser Hinsicht sicher kein typischer Regisseur. Er hielt sich während der Arbeit an «Blade Runner» am liebsten in der Ausstattungsabteilung auf – zwischen ihm und Lawrence G. Paull entwickelte sich ein regelrechter Wettbewerb der Entwürfe nach dem Motto: Wer kann es besser?

Akribische Genauigkeit: Mit 17 Gehilfen arbeitete Anton Furst seine Entwürfe für «Batman» in weniger als drei Monaten zum kompletten Set-Design aus. Russischer Konstruktivismus und italienischer Futurismus verschmelzen zu einem surrealen Stil eigener Prägung

Aber auch der Produzent hat ein Wörtchen mitzureden. Ihm gegenüber verantwortet der Produktionsdesigner das Budget: Die Kunst des Designers ist es, dem Film einen spezifischen Look innerhalb eines abgesprochenen Budgets zu verpassen.

Das Budget spielt eine wesentliche Rolle, wenn entschieden werden muß, ob an Originalschauplätzen oder im Studio gedreht wird. Regisseur Sidney Lumet definiert die für ihn wesentlichen Kriterien: «Heutzutage kann man kaum noch erkennen, ob eine Szene am Originalschauplatz oder im Studio gedreht worden ist. Zwei Punkte sind bei einer solchen Entscheidung ausschlaggebend: Wenn ich an einem Set mehr als zwei Tage drehen muß, ist es meist wirtschaftlicher, im Studio zu arbeiten, weil der Stab, den man am Set braucht, so groß ist. Außerdem spielt es eine wichtige Rolle, ob am Set herausnehmbare Wände (Wild walls) benötigt werden, damit sich die Kamera Bewegungen erlauben kann, die in einem engen realen Raum nicht möglich sind. Wenn das der Fall ist, kann man die Szene nur im Studio drehen.»

Ein interessanter Kompromiß ergab sich bei der Planung von «Dog Day Afternoon» (Hundstage, 1975). Die Haupthandlung findet in einer Bank und direkt davor statt. Lumet wollte aber wegen des visuell reibungslosen Übergangs nicht das eine im Studio und das andere an einem Originalschauplatz drehen. Die ideale Lösung bot ein leerstehendes Lagerhaus, das an einer geeigneten Straße lag. Im Lagerhaus wurde die Bank nachgebaut und erlaubte so alle nötigen Kamerabewegungen – inklusive der beweglichen Wände.

«Der Film scheint mir die perfekte Zusammenarbeit aller meiner Interessen. Ich bin fasziniert von Technik, Kunst, Theater und davon, eine neue Welt zu erschaffen. Im Film kann ich meine eigene Realität konstruieren, den Horizont der Möglichkeiten erweitern»

Anton Furst
verwandelte Bob
Kanes Comicstadt
Gotham City in die
düstere Mega-
Kulisse für Tim
Burtons Super-
helden-Drama
«Batman»

«Wichtig für die Ausstattung ist: Man muß wissen, ob man etwas am vorgegebenen Set verändert oder nicht», sagt Polly Platt. «Denn manchmal ist eine Auffassung à la ‹Ich weiß, wie man es besser machen kann› völlig verkehrt. Die Billard-Halle in ‹The Last Picture Show› (Die letzte Vorstellung) befand sich so, wie sie im Film zu sehen ist, in dem texanischen Ort, in dem wir drehten. Sie war einfach perfekt. Ich habe nicht mal die Fenster geputzt.»

Für den Zuschauer bildet eine gelungene Ausstattung die kaum bewußt wahrgenommene Basis für ein überzeugendes Kinoerlebnis. Aber auch die Darsteller bekommen von den Mitarbeitern der Ausstattungsabteilung wertvolle Hilfe. «Mein großartiger Requisiteur bereitete immer Briefe vor, die wirklich an den Rollennamen adressiert waren», erzählt Sidney Lumet. «Die Papiere auf einem Schreibtisch hatten tatsächlich mit der Filmfigur und seinem Beruf zu tun. Wenn ein Schauspieler in einer Konferenz einen Aktenordner öffnete, handelten die Akten wirklich von dem Thema, um das es ging. Solche Details helfen den Darstellern ganz erheblich bei ihrer Konzentration. Auf diese Weise versetzt er sich in eine reale Welt, die nicht nur auf den Seiten des Drehbuchs existiert.»

Wie ein visuelles Konzept aussehen kann, beschreibt Sidney Lumet an konkreten Filmen: In «The Verdict» (The Verdict – Die Wahrheit und nichts als die Wahrheit, 1982) zeigt er nur alte Gebäude und dunkle Büros, die von den warmen Farben der braunen Holztäfelung geprägt sind. Für «Daniel» (Daniel, 1983) entwickelte er den Kontrast zwischen den Gegenwartsszenen, die in kühlen Blautönen gehalten sind, und den Flashback-Szenen, in denen warme Farben dominieren. «Prince of the City» (Prince of the City, 1981) handelt von der fortschreitenden Isolierung der korrupten Hauptfigur. Anfangs zeigt Lumet in allen Szenen einen geschäftigen Hintergrund, Autoverkehr mit entsprechendem Lärm, Komparsen mit abwechslungsreichen Kostümen. Gegen Ende wird der Hintergrund immer stiller, einfacher, auch einfarbiger – ein subtiler, bewußt kaum wahrnehmbarer Stil, der die Situation des Helden nachdrücklich veranschaulicht.

Rothaut steht auf
Turnschuh – für
das zauberhafte
Abenteuer «Der
Indianer im Küchen-
schrank» entwarf
Leslie McDonald
das Kinderzimmer,
in dem sich ein zum
Leben erweckter
Spielzeugindianer
zurechtfinden muß.
Die Designerin
gestaltete auch
«Forrest Gump»
und «Bugsy» mit

Die Aufnahmen des Jungen Omri (Hal Scandino) und seines kleinen Freundes wurden von den ILM-Tricksern perfekt kombiniert. Kaum zu glauben, daß die Requisiten, auf denen der Cherokee Little Bear (Litefoot) herumklettert, im Maßstab 24 : 1 konstruiert wurden — der Turnschuh hatte etwa die Größe eines Kleinbusses

Feuchtbiotop: Das Atoll, das Trimaran und die übrigen Treibgut-Konstruktionen von «Waterworld» entstanden nach Ideen von Dennis Gassner, der eine Welt ohne Festland annähernd glaubhaft entwarf. Regisseur Kevin Reynolds bestand darauf, daß die Kulissen seines Endzeitabenteuers in Originalgröße errichtet wurden. Er verzichtete auf Miniaturen – und trieb so die Produktionskosten des Films gewaltig in die Höhe

Aber auch «kein Stil» kann stilvoll sein. Lumet berichtet: «Bei bestimmten Filmen strebe ich ganz bewußt ein stilistisches Durcheinander an. In ‹Q & A› (Tödliche Fragen, 1988) und in ‹Hundstage› sollte alles rein zufällig wirken – kein Konzept, kein farblich abgestimmter Stil. In beiden Fällen sagte ich dem Ausstatter sowie dem Kostümbildner, daß sie sich vorher nicht absprechen sollten. Sets und Kleidung sollten nicht zusammenpassen. Wie es sich zufällig ergab, so sollte es später aussehen.»

Wie aber soll der Film aussehen, damit auch der Produktionsdesigner selbst zufrieden ist? Patrizia von Brandenstein erklärt: «Erfolg habe ich mit meiner Arbeit, wenn die Zuschauer die Welt als glaubwürdig akzeptieren, die ich auf die Leinwand gebracht habe.»

Ein weiteres Highlight unter den teuersten Filmen aller Zeiten: Rund 200 Millionen Dollar steckte der manische Perfektionist James Cameron in Ausstattung und Tricktechnik von «Titanic». Für den 235 Meter langen Nachbau wurde ein neues Fox-Studio mit 64-Millionen-Liter-Tank an der mexikanischen Küste errichtet (oben). Das Schiffsdeck ließ sich hydraulisch in die Vertikale bewegen (unten)

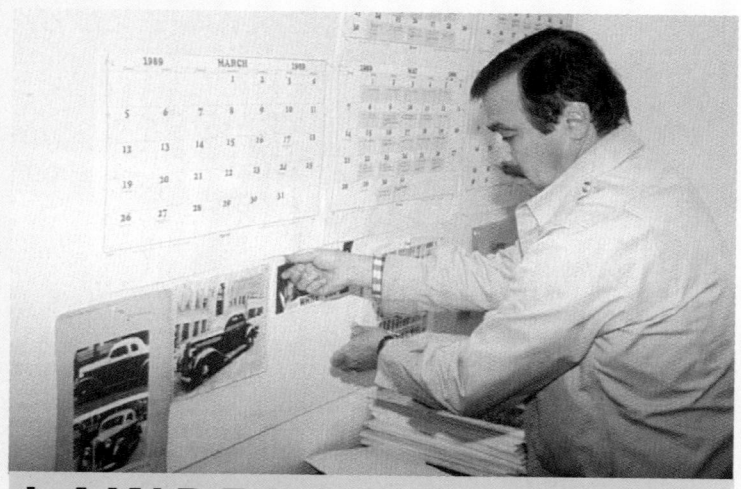

LAWRENCE G. PAULL

Durch die Wüste in die Zukunft

Bereits mit 16 Jahren träumte der in Chicago geborene und aufgewachsene Lawrence G. Paull davon, Filmdesigner zu werden. Der Film, der diesen Wunsch in ihm auslöste, war «Lawrence von Arabien» 1962, Regie: David Lean. Zuerst einmal studierte er allerdings Architektur an der University of Arizona. Mit 20 Jahren bot man ihm den Job eines Assistant art directors in einer Werbefilmfirma an, doch der Militärdienst kam ihm in die Quere. Anschließend beendete er sein Studium mit einem Abschluß in Architektur und Stadtplanung. Nach einem Lehrjahr bei einem Architekten fungierte Paull bei seinen ersten Filmen als Assistant art director («Bullitt»/Bullitt, 1968, Regie: Peter Yates, «True Grit»/Der Marshal, 1969, Regie: Henry Hathaway, «On a Clear Day You Can See Forever»/Einst kommt der Tag ..., 1970, Regie: Vincente Minnelli).

1970 gab er sein Debüt als Art-director mit «Little Fauss and Big Halsy» (Little Fauss und Big Halsy, Regie: Sidney Furie). Er entwickelte viele eigene Ideen und wurde nach einigen Jahren Produktionsdesigner. Von Paulls strenger, architektonischer Sichtweise profitieren Filme wie «W. W. and the Dixie Dance Kings» (Ein Supertyp haut auf die Pauke, 1975, Regie: John G. Avildsen), «Which Way Is Up?» (Wie geht's aufwärts?, 1977, Regie: Michael Schultz), «Blue Collar» (Blue Collar, 1978, Regie: Paul Schrader), «In God We Trust» (Dreist und gottesfürchtig, 1980, Regie: Marty Feldman),

«Project X» (Project X, Regie: Jonathan Kaplan), und «American Flyers» (Die Sieger – American Flyers, 1985, Regie: John Badham).

Für «Blade Runner» (Blade Runner, 1982, Regie: Ridley Scott) wird er für den Oscar nominiert und gewinnt den britischen Academy Award.

1985 gestaltete er den erfolgreichen Film «Back to the Future» (Zurück in die Zukunft), was ihm seine zweite Nominierung der British Academy of Film and Television Arts einbrachte. Für «Zukunft»-Regisseur Robert Zemeckis hatte er im Jahr zuvor bereits «Romancing the Stone» (Auf der Suche nach dem grünen Diamanten) entworfen.

Inzwischen ist Lawrence G. Paull einer der meistgefragten Production designer der Branche. Neuere Filme sind Eddie Murphys «Harlem Nights» (Harlem Nights, 1989), «City Slickers» (City Slickers – Die Großstadthelden, 1991, Regie: Ron Underwood), «Unlawful Entry» (Fatale Begierde, 1992, Regie: Jonathan Kaplan), «Memoirs of an Invisible Man» (Jagd auf einen Unsichtbaren, 1992, Regie: John Carpenter), «Born Yesterday» (Born Yesterday – Blondinen küßt man nicht, 1993, Regie: Luis Mandoki), «Another Stakeout» (Die Abservierer, 1993, Regie: John Badham), «Naked Gun 33 1/3: The Final Insult» (Die nackte Kanone 33 1/3, 1994, Regie: Peter Segal) und «Escape from L. A.» (Flucht aus L. A., 1995, Regie: John Carpenter).

Auch nachdem er für den Sci-fi-Thriller «Blade Runner» eine Oscar-Nominierung erhalten hatte, spezialisierte sich Lawrence G. Paull trotzdem auf das Design zeitgenössischer Filme (oben: «Born Yesterday», Mitte: «Jagd auf einen Unsichtbaren», unten: «Die nackte Kanone 33 1/3»)

PRODUKTIONS-DESIGN

Ein historisches Brevier

Fritz Langs «Metropolis» (oben) beeinflußte Lawrence G. Paulls Entwürfe für «Blade Runner» nachhaltig, ebenso wie die Bauten des Architekten Frank Lloyd Wright

as Cabinett des Dr. Caligari» (1919, Regie: Robert Wiene): Das Deutschland der Weimarer Republik war damals neben Paris und New York eines der Zentren künstlerischer Aktivität und Veränderung. Blieb der Städtebau vom Expressionismus weitgehend unberührt, so prägte dieser Stil die zeitgenössische Malerei, Bildhauerei und Bühnenausstattung ganz entscheidend. Die drei Maler Walter Reimann, Herrmann Warm und Walter Röhrig schufen für das Meisterwerk des deutschen Stummfilms, «Das Cabinett des Dr. Caligari», ein theaterartiges, klaustrophobisches Dekor, das in seinen stilisiert spitzen Winkeln, schrägen Kanten und starken Schwarzweißkontrasten die zerrissene Seele des wahnsinnigen Protagonisten widerspiegelte.

«L'Inhumaine» (Die Unmenschliche, Frankreich 1924, Regie: Marcel L'Herbier) war einer der extremsten Filme, in denen die moderne Stilrichtung zur Geltung kam. Der Film wurde von den Künstlern gestaltet, die ein Jahr später auf der Pariser Ausstellung der Internationalen Dekorativen Künste die Avantgarde des Designs darstellten: Mallet Stevens (Außenkulissen), Fernand Léger (Labor des Maschinenzeitalters), Pierre Chareau (Möbel), René Lalique, Jean Puiforcat und Jean Luce (dekorative Objekte). Die stilisierten Interieurs sind das Werk zweier Set designer, die später Regisseure wurden: Claude Autant-Lara und Alberto Cavalcanti.

«Metropolis» (1927, Regie: Fritz Lang): Das grandiose Ufa-Design-Trio Otto Hunte, Erich Kettelhut und Karl Vollbrecht schufen Fritz Langs berühmtesten Film in den Neubabelsberger Studios bei Berlin. Dieser Prototyp des Science-fiction-Films drückte die ganze Magie und Romantik aus, die sich die meisten visionären Architekten und Theoretiker unter einer futuristischen Stadtlandschaft vorstellten. Kesselhuts Entwürfe waren das Ergebnis eines vollen Jahres detaillierter Recherche. Im Zentrum seines Designs steht ein gigantischer Turm, 150 Stockwerke hoch und von einer runden Landeplattform für Hubschrauber gekrönt. Mit dem Schüfftan-Spiegeltrick wurden Modelle mit Aufnahmen der Akteure kombiniert.

«Intolerance» (Intoleranz, 1916, Regie: David W. Griffith): Walter L. Hall entwarf die monumentalen Sets für diesen Film, von denen besonders die Kulissen von Babylon in die Filmgeschichte eingingen. Hall selbst war extrem zurückhaltend und geheimnisumwittert, und er tauchte nie in einem Abspann auf. Nur Griffith' Kameramann Karl Brown ist es zu verdanken, daß Halls Mitarbeit überhaupt bekannt ist; jahrelang schrieb man die Entwürfe Griffith selbst zu. Laut Brown war Hall besessen von der Perspektive, was ihm den Spitznamen «Spec-Hall» einbrachte. Er verband große künstlerische Vorstellungskraft mit der Akkuratesse eines erstklassigen Architekten.

«Foolish Wives» (Närrische Weiber, 1920) war der Beginn der Zusammenarbeit zwischen Erich von Stroheim und seinem Art-director Richard Day. Und gleich in seinem ersten Film schuf Day mit seiner detailgetreuen Rekonstruktion des Spielcasinos von Monte Carlo eine großartige Kulisse. Neben das Casino baute er wie in Monte Carlo die Fassaden des Hotel de France und des Café de Paris. Von Stroheim verlangte ein mediterranes Panorama, und so schleppten bis zu 75 Arbeiter monatelang Berge von Bauholz von Los Angeles nach Point Lopus, dem Drehort am Pazific. Nicht nur die Entfernung war ein Problem: Nach vier Wochen Arbeit wurde fast der ganze Set von einem Sturm zerstört, und man mußte mühsam von vorn anfangen.

Day entwarf alle weiteren Von-Stroheim-Filme: «The Merry-Go-Round» (1923), «Greed» (Gier, 1923–1925), «The Merry Widow» (Die lustige Witwe, 1926) und «Queen Kelly» (Queen Kelly, 1928). Bereits in «Gier» verfremdete er seine durch die Natur vorgegebenen Sets. Der Realismus der Drehorte in San Francisco und Oakland war ein Maßstab für alle folgenden Filme unter freiem Himmel.

Richard Day ging 1929 zu MGM, und in Cedric Gibbons' Ausstattungsabteilung war er maßgeblich für den Einfluß der modernen Architektur im Hollywood-Film verantwortlich. Bauhaus und Art déco waren die auffälligsten Stilelemente. In «The Kiss» (Der Kuß, 1929, Regie: Jacques Feyder) sitzen Greta Garbo und Anders Randolf an einem großen Jugendstiltisch und sprechen kein Wort miteinander. Day ignorierte dabei das klassische Gestaltungsprinzip, das breite Balken auf schlanken Sockeln vorschrieb, und setzte auf die dicken Tischbeine eine durch die Beleuchtung nahezu unsichtbare Glasplatte. Unter Cedric Gibbons' Leitung wurden die MGM-Sets zu den populärsten und elegantesten der 30er Jahre, von der harten Eleganz des Penthouse für die Garbo («Susan Lenox: Her Fall and Rise»/Susan Lenox, 1931, Regie: R. Z. Leonard) bis zur komfortablen Wärme des Charles-Hauses in «After the Thin Man» (Dünner Mann 2. Fall, 1936, Regie: W. S. van Dyke). In diesem Film ließ er sich von dem legendären amerikanischen Architekten Frank Lloyd Wright inspirieren, der auch später für «Blade Runner» (Blade Runner) von großem Einfluß war.

Gibbons, der wie ein Star in seiner Duesenberg-Limousine ins Studio fuhr und bei der Arbeit stets frisch gewaschene Handschuhe trug, war mit der exotischen Schauspielerin Dolores Del Rio verheiratet und lebte in einem selbstentworfenen Haus in Los Angeles. Er wurde für 39 Oscars no-

Orson Welles' «Citizen Kane» wurde von Van Nest Polglase und Perry Ferguson ausgestattet

Bei historischen Stoffen achten die Designer auf die angemessene Ausstattung. In George Cukors «Vier Schwestern» agieren Katharine Hepburn und Douglas Montgomery in einem der Viktorianik präzise nachempfundenen Interieur

William Cameron Menzies «komponierte» regelrecht seine Kulissen. Das Dekor von «Vom Winde verweht» (hier das Verwundetenlager in Atlanta) gilt bis heute als Paradebeispiel für Timing, Perspektive, Licht und Ausstattung

für die Umsetzung des Romans dramatisch genug war. Für diesen Film bekam er den sechsten von sieben Oscars (elf Nominierungen).

Der Film «Citizen Kane» (Citizen Kane, 1941, Regie: Orson Welles) führt als Ausstatter den Chef der RKO-Ausstattungsabteilung Van Nest Polglase auf. Der Designer der Astaire-Rogers-Musicals, aber auch von «The Last Days of Pompeii» (Der Untergang von Pompeji, 1935, Regie: Merian C. Cooper, Ernest Schoedsack) und «The Hunchback of Notre Dame» (Der Glöckner von Notre-Dame, 1939, Regie: William Dieterle), leitete eine kleine, großartige Truppe, allen voran der Ausstatter Perry Ferguson. Was er selbst konkret zu den Designs beisteuerte, ist bis heute nicht bekannt.

«Vom Winde verweht» (1939, Regie: Victor Fleming), der Inbegriff des Hollywood-Films, wurde von William Cameron Menzies entworfen, dem Dramatiker unter den Production designern. Sein Sinn für Timing, Perspektive, Komposition und Licht sollte seine Aufzeichnungen zu Lehrbüchern für Regisseure und Cutter machen. 1936 wurde er nach England eingeladen und schuf die futuristische Welt für den Film «Things to Come» (Was kommen wird) nach H. G. Wells, bei dem er selbst Regie führte und zusammen mit Vincent Korda die Kulissen entwarf.

Regisseur Akira Kurosawas Einsatz von Szenerie und Kulissen ist einzigartig. Seine Sets wurden von nur zwei Ausstattern gestaltet. «Rashomon» (Rashomon, 1950) und «Sichinin no samurai» (Die sieben Samurai, 1954) wurden von So Matsuyama entworfen. Diese «Jidaigeki» oder «wahren Historienfilme» sind dem amerikanischen Western (Seibugeki) nachempfunden. Kurosawa weiß, daß nichts so spannend wirkt wie purer Realismus. Das trifft auch auf den Historienfilm zu, dessen Realität oftmals längst in Vergessenheit geraten ist. Matsuyamas Assistent, Yoshiro Muraki, entwarf «Kumonosu-djo» (Das Schloß im Spinnwebwald, 1957), «Kaksuhi toride no sanakunin» (Die verborgene Festung, 1958) und die meisten der darauffolgenden Kurosawa-Filme, einschließlich «Kagemusha» (1980).

Der italienische Neorealismus hatte 1948 mit Vittorio De Sicas «Ladri di bicclette»(Fahrraddiebe) die Verwendung von Drehorten in freier Natur verändert. Ausstatter Antonino Traverso trug wesentlich zur Verklärung der Straßenszenen bei. Federico Fellinis Produktionsdesigner Raffaello Tolfo und Mario Ravesco schufen in «Lo sceicco blanco» (Der weiße Scheich, 1952) und «La strada» (Das Lied der Straße, 1954) die Fellini-Welt: Jahrmärkte, Attraktionen und wehmütige Kindheitserinnerungen. Sein poetischer Realismus wurde oft nachgeahmt, aber nie erreicht.

Die englische Produktionsfirma Hammer führte 1958 mit «The Horror of Dracula» (Dracula, Regie: Terence Fisher) ihr eigenes Genre in die Filmgeschichte ein. Ihre häufig mit dem Gespann Christopher Lee/Peter Cushing besetzten «Hammer-

miniert und gewann elfmal. Bis 1954 war er Chefausstatter bei MGM. Die Sets, die er bevorzugte, waren dem MGM-Image entsprechend riesig und prächtig, manchmal auch mit düsterem Einschlag.

Richard Days Vorstellungen orientierten sich mehr an der Realität. Er war sehr am Dokumentarfilm interessiert, sein Vorbild war Pare Lorenz, ein Pionier dieser Filmgattung. Dessen Ideen ließ er in Filme wie «Dead End» (Sackgasse, 1937, Regie: William Wyler) und besonders «On the Waterfront» (Die Faust im Nacken, 1954, Regie: Elia Kazan) einfließen. In der Tennessee-Williams-Verfilmung «A Streetcar named Desire» (Endstation Sehnsucht, 1951, Regie: Elia Kazan) zog Day Dreharbeiten im Studio vor, nachdem er bei der Motivsuche in New Orleans keinen Schauplatz fand, der

Horror»-Filme zeichneten sich durch das opulente, viktorianische Production design von Bernard Robinson aus, der durch zahlreiche Rotakzente die Lieblingsfarbe des Blutfürsten im Dekor durchscheinen ließ. Die amerikanische Antwort auf diese Stilrichtung ließ nicht lange auf sich warten: Der König der B-Filme, Roger Corman, erfüllte sich mit seinen Edgar-Allan-Poe-Verfilmungen den Wunsch nach spannender Umsetzung amerikanischer Literatur. Die Bauten von Daniel Haller («House of Usher»/Die Verfluchten, 1960) und Robert Jones («The Masque of the Red Death»/Satanas – Das Schloß der blutigen Bestie, 1964) waren mit solcher Effektivität und Sparsamkeit gestaltet, daß die Sets mindestens dreimal so teuer wirkten, wie sie wirklich waren.

Ende der 80er Jahre wurde die vollständige Fassung von David Leans Epos «Lawrence of Arabia» (Lawrence von Arabien, 1962) restauriert. Sie bestätigt den Einfluß, den seine Filme auf die Entwicklung des Production design hatten. Produktionsdesigner John Box und sein Ausstatter John Stoll lassen mit ihren exotischen Sets die mehr als drei Stunden wie im Fluge vergehen.

«Die letzte Vorstellung», 1971: Polly Platt schuf in Peter Bogdanovichs Verfilmung des Larry-McMurtry-Romans ein traurig-nostalgisches Porträt amerikanischer Kleinstädte. Die windschiefen, hölzernen Häuser und die sandigen Straßen, über die Tumbleweeds (Wüstensträucher) wehen, scheinen in ihrer eigenen Zeit zu leben. Sie wirken wie stumme Zeugen menschlicher Tragödien, die sich in dem kleinen texanischen Nest der 50er Jahre abspielen. Besonders eindrucksvoll ist die Tristesse des allgemeinen Treffpunkts: die Billardhalle von Sam, dem Löwen (Ben Johnson).

Der Italiener Dean Tavoularis wurde mit seinem großartigen Design für «The Godfather I, II» (Der Pate 1 und 2, 1972, 1974) zu Francis Ford Coppolas Hauptausstatter und zu einem der wichtigsten Production designer der 70er und 80er Jahre. Seine Exteriors und Innenentwürfe für das Little Italy im New York der 30er bis 70er Jahre gestaltete er mit unerreichter Authentizität. Er entwarf ebenfalls Raymond Chandlers stimmungsvolles Los Angeles für «Farewell My Lovely» (Fahr zur Hölle, Liebling, 1975, Regie: Dick Richards) und die Epoche von «Tucker: The Man and his Dream» (Tucker, 1988, Regie: Francis Ford Coppola), der Geschichte des amerikanischen Auto-Innovateurs der 40er Jahre.

«Chinatown» (Chinatown, 1974): Roman Polanskis brutales Melodram spiegelt wie kaum ein anderer Film die 30er Jahre, die von Korruption und Machtkämpfen geprägt waren. Richard Sylbert läßt die Jugenderinnerungen des Drehbuchautors Robert Towne durch die Orangefilter von Kameramann John A. Alonso zu beklemmend schönen Bildern werden.

«Dead Ringers» (Die Unzertrennlichen, 1988):

Die klinisch kühl erzählte Geschichte des Verfalls der beiden Zwillingsgynäkologen Elliot und Beverly Mantle, wurde vom Horror-Meister David Cronenberg inszeniert. Das stark stilisierte High-Tech-Design von Carol Spier trägt wesentlich zur Stimmung des Phantastisch-Realen bei. Die Privaträume und die Klinik sind in blauen und grünen Farbtönen gehalten, was eine gewollte Treibhaus-Atmosphäre entstehen läßt. Die beiden Brüder wollen sich künstlich mit Wasser umgeben, ein Lebenselement, das dem Menschen vor langer Zeit verlorengegangen ist und von dem man sagt, daß der Sexualakt nur «entworfen» worden sei, um dieses behagliche Gefühl zu wiederholen. Die feuerroten Arztkittel unterstreichen das Ritual.

Der Production designer Lawrence G. Paull zeichnet für die Gebäude und Straßen in «Blade Runner» verantwortlich. Er ließ sich von verschiedenen Architekturstilen inspirieren, besonders beeinflußte ihn jedoch Frank Lloyd Wright. Er machte Plastikabdrücke der Außenquader an Wrights Maya-Häusern und benutzte sie für die aufgrund des Cinemascope-Verfahrens bewußt niedrig gehaltenen grottenartigen Innenräume von Deckards (Harrison Ford) Wohnung. Wrights Ennis-Brown-House in den Hollywood Hills diente dabei als Außenkulisse. Doug Trumbull war für die Miniaturen der Pyramiden und der Stadtlandschaft sowie für die Special-effects zuständig. Der Industriedesigner Syd Mead steuerte die High-Tech-Geräte und einige Autoentwürfe bei und war wesentlich an den Armaturen von Deckards Küche beteiligt. Ridley Scott, der die Ideen für die Pyramidentürme hatte, ließ sich von zwei Filmen anregen: «Citizen Kane» (1941) und «Eraserhead» (Eraserhead, 1972 – 77, Regie: David Lynch). Der französische Cartoonist Moebius muß hier ebenfalls als Ideenlieferant erwähnt werden. Die runde Hubschrauberlandefläche auf der Pyramide des Polizeipräsidiums ist Paulls Huldigung an Fritz Langs «Metropolis».

Wie ein Spiegel der zerrissenen Seele des Hauptakteurs wirken die Bauten des Stummfilmmeisterwerks «Das Cabinett des Dr. Caligari» (1919). Die verwinkelten, kontrastreichen Konstruktionen wurden von den zeitgenössischen Malern Walter Reimann, Hermann Warm und Walter Röhrig erstellt

Groß, größer, Bond –
für die Verfolgungs-
jagd durch die
Altstadt St.
Petersburgs in
«Golden Eye»
entstanden auf
einem Freigelände in
Watford bei London
Kopien ganzer
Straßenzüge unter
der Leitung von
Peter Lamont. Bond-
Mime Pierce
Brosnan durfte dann
die historischen
Bauten ganz nach
Plan mit einem
Panzer demolieren

Das GoldenEye-Design

St. Petersburg –
von einem Aufrührer
durchgeschüttelt

Weil im traditionellen Bond-Studio Pinewood bei London nicht genügend Kapizitäten zur Verfügung standen, verlegte man die Dreharbeiten nach Leavesden in eine nicht mehr benutzte Flugzeugfabrik nebst Flugplatz, die Rolls-Royce gehört. Das Gelände wurde nur gemietet, aber Rolls Royce gestattete auch bauliche Veränderungen, die für ein Filmstudio Voraussetzung waren. Der jetzt nutzbare Raum umfaßte rund 400 000 Quadratmeter – soviel wie ganz Pinewood.

Fraglos war Produktionsdesigner Peter Lamont vom Nachbau der St. Petersburger Straßenzüge am meisten herausgefordert:

In ihnen findet die spektakuläre Panzerjagd statt. Zwar wurden Teile dieser Sequenz vor Ort in St. Petersburg gedreht. Doch der Panzer schlägt eine Bresche der Zerstörung durch die ehrwürdige Zarenstadt, die man dem Original wahrlich nicht zumuten konnte. 175 Arbeiter waren sechs Wochen mit diesem Straßennachbau beschäftigt. Hundert Kilometer Gerüste hielten die Häuserfassaden, die sich über einen Hektar erstreckten. In die Straßen stellten Lamonts Mitarbeiter russische Telefonhäuschen, Standbilder, Werbetafeln und Straßenschilder. Die Sollbruchstellen in den Mauern wurden mit Thermalit-Blöcken in Form von Ziegelsteinen präpariert, damit beim Durchbruch des Panzers nicht Gipsstücke, sondern Ziegel durch die Luft flogen. Eine der gewaltigen Fassaden konstruierte Lamont auf Rollen. Durch einfaches Verschieben konnte die Crew eine Straße länger machen oder ihr ein ganz anderes Gesicht geben, indem man eine Hintergrundkulisse austauschte.

Ian Sharp, Regisseur des zweiten Drehteams, stürzte sich mit Begeisterung in die Demolierung des falschen St. Petersburg: „Jeder Junge träumt davon, was wir tatsächlich tun dürfen – mit lebensgroßen Spielzeugen!"

Peter Lamont plante die Verfolgungsszene mit seinen Art-directors Andrew Ackland-Snow und Charles Lee anhand von Storyboards und Modellen minutiös vor

Maßstabgetreu bastelten die Designer Figuren, Fahrzeuge und Gebäude aus Pappe. In ihrer Denk-schmiede in London erstellten sie eine Art dreidimensio-nales Storyboard, an das sich der Regisseur Martin Campbell halten mußte

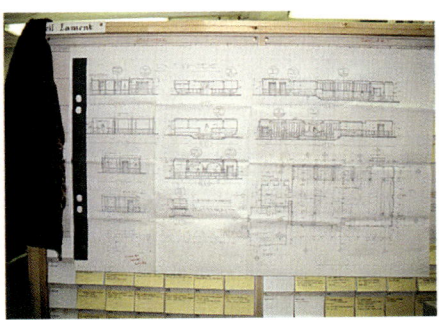

Das Traditionsstudio Pinewood war für die brachiale Stadtrundfahrt zu klein. Deshalb lagerte man den Set auf das stillgelegte Flugfeld von Leavesden bei Watford aus

Sorgfältig wird die russische Reiterstatue erst aufgebockt und eine Einstellung später am Torweg befestigt

Drei Panzer kamen
bei der Szene zum
Einsatz. Um ihre
Geschwindigkeit zu
erhöhen, waren
unter dem Aufbau
Räder angebracht;
die Ketten sind nur
Tarnung

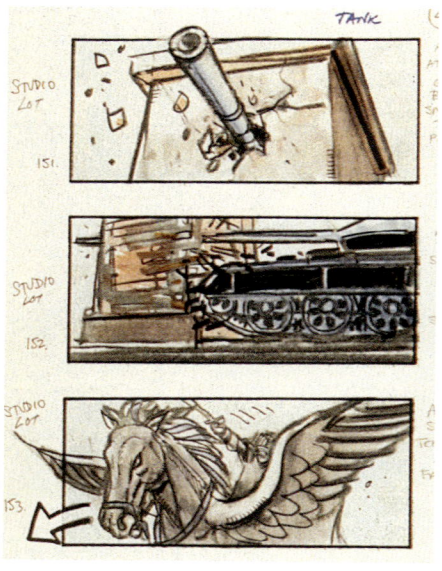

Zerstörung mit
Konzept: Nach Peter
Lamonts Vorgaben
zeichneten Martin
Asbury und Syd Cain
die Storyboards.

Shot by shot und
Stück für Stück wird
das nachgebaute
St. Petersburg in
Schutt und Asche
gelegt

Auch Sibiriens Eiswüste entstand in einer Halle im Londoner Vorort Watford, ebenso wie die Kontrollstation des Killer-Satelliten und das geheime Schaltzentrum der Schurken. Peter Lamont ließ sich bei der Basis von der NASA-Zentrale in Houston beeinflussen

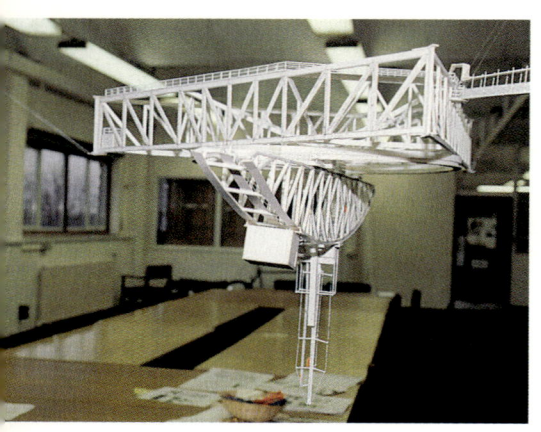

Viele verschiedene Tricks waren nötig, um Lamonts Vorstellungen des künstlichen Vulkansees vollständig umzusetzen: Derek Meddings baute die Miniaturen, die Schauspieler Pierce Brosnan und Sean Bean fechten das finale Duell auf fragmentarischen Requisiten vor einer Green screen oder auf Teilkulissen aus. Der ganze Set sagt aus: Nur ein Bond-Bösewicht kann eine derart extravagant getarnte Zentrale befehligen

Tickets
und
T-Shirts

Marketing

Niemand wird gezwungen, ins Kino zu gehen. Also müssen die Verleiher uns überzeugen, daß es sich lohnt: Stars prangen auf Plakatwänden und in Schlagzeilen, Filmfiguren erobern die Spielzeugregale und Textilien. Damit alles rechtzeitig zur Verfügung steht, beginnt das Marketing oft schon, sobald das Studio grünes Licht für die Produktion gegeben hat.

Marketing

Plakate allein
sind nicht genug

meier-Trends aus Rom war Pietro Franciscis «Le fatiche di Ercole» (Die unglaublichen Abenteuer des Herkules) mit Mister Universum Steve Reeves in der Titelrolle. Selbst die Amerikaner wurden wenig später auf den ebenso billig wie phantasievoll heruntergekurbelten Streifen aufmerksam, vor allem Produzent Joseph E. Levine. «Ben Hur» (Ben Hur) war damals in aller Munde, und Levine witterte seine Chance, einfach weil es unter den Antikfilmen bisher keinen Titel mit dem Heldennamen Herkules gegeben hatte. «Jedes Kind kennt Herkules, den stärksten Mann der Welt», sagt Levine. «Das allein reichte mir, um nach Italien zu fliegen und den Film anzusehen. Er war grausig. Also habe ich ihn gekauft.»

Die Geräusche waren asynchron, und auch die Stimme des Amerikaners Steve Reeves empfand Levine als viel zu fistelig für einen Halbgott – er mußte nachsynchronisiert werden. Doch Levine spürte das Genre-Potential, den Massenappeal des Stoffs. Und er empfand das Marketing einer solchen Billigklamotte als Herausforderung. Für die US-Rechte bezahlte Levine den Italienern 125 000 Dollar. Und dann investierte er 1 156 000 Dollar in die Werbekampagne. «Ganz großer Bahnhof» war angesagt: Er lud alle wichtigen Kinobesitzer zu einer Lunch-Gala ins Waldorf-Astoria-Hotel ein – 1200 Gäste. Alle warteten darauf, daß Levine mit dem laut Kritik «einsamen kleinen Italo-Import» empfindlich auf die Nase fallen würde. Doch der Film explodierte an der Kinokasse, so wie die schwarze Bombenattrappe, die Levine jedem Gast als Einladung geschickt hatte, es wirksam suggeriert hatte. «Glauben Sie mir: Wichtig ist, den Titel des Films in die Zeitungen zu bekommen, Aufmerksamkeit zu erregen – der Film darf nicht auf Gummisohlen in die Kinos schleichen.»

Der Trick bestand darin, das Bizepsepos auf dem Höhepunkt der Kampagne flächendeckend in 600 Kinos gleichzeitig zu starten und damit viele Zuschauer gleich am ersten Wochenende zu erreichen. Mit dem Box-office-Ergebnis von fünf Millionen Dollar vervierfachte Levine seine Investition. Die Branche war wie vom Donner gerührt – und die heute selbstverständliche

Die Werbetrommel rühren: Hauptdarsteller Val Kilmer und Regisseur Joel Schumacher stellten sich bei der deutschen Premierenfeier von «Batman Forever» der Presse. Aufmerksamkeit ist alles. Das Comicabenteuer wurde international ein Riesenhit

Die Italiener hoben 1957 ein neues Genre aus der Taufe: den Sandalenfilm, in dem etliche Bodybuilder ihre Mimik auf das Muskelspiel beschränkten. Cinecittà wollte mit dieser billigen Variante auf Hollywoods Historienfilmwelle mitreiten, die mit gigantischem Aufwand das Ausstattungskino der 50er Jahre dominierte («Quo Vadis?»/ Quo vadis?, «The Robe/Das Gewand, «The Ten Commandments»/Die zehn Gebote). Auslöser des immens populären Kraft-

Marketing-Methode des Massenstarts war geboren.

Zum Glück gibt es Filme, die ein solches Marketing-Engagement auch tatsächlich verdienen. Dennoch bewahrheitet sich immer wieder die These, daß selbst der beste Film im Kino versauern muß, wenn die Öffentlichkeit nichts von ihm erfährt. Ausgeklügelte Werbestrategien sind untrennbar mit dem Massenmedium Film verbunden.

Im Laufe der Jahrzehnte hat sich die Marktanalyse im Vorfeld großer Filmprojekte intensiviert. «Das ist einerseits gut, weil man das Feedback des Publikums testen kann, bevor der Film in die Kinos kommt», meint Produzent Roger Corman. «Man findet auf diese Weise heraus, was ankommt und was nicht. Andererseits kann diese Recherche auch hinderlich sein, da sie nicht unbedingt dazu beiträgt, etwas Neues zu wagen. Denn wer etwas ganz Wildes oder Extravagantes vorhat, erfährt aus der Marktforschung höchstwahrscheinlich, daß das Risiko eines Fehlschlags hoch ist. Am einfachsten ist es, der Marktforschung exakt zu folgen. Doch tatsächlich lohnt es sich manchmal, mutig gegen die Forschung anzugehen. Generell kann man allerdings sagen, daß sich die intensivere Marktforschung der letzten Jahre ausgezahlt hat.»

Die umfassendste Methode wird nur von den großen Studios eingesetzt, die entsprechende Mittel zur Verfügung haben. Sie entwerfen drei, vier, für große Filme sogar zehn unterschiedliche Werbekampagnen und treten damit an die Öffentlichkeit: In den Kinos werden die in der Schlange wartenden Leute interviewt und zu den verschiedenen Vorschlägen nach ihrer Meinung gefragt. Solche demographischen Umfragen werden aber auch in Einkaufszentren, Schulen und Unis durchgeführt, je nachdem, welches Zielpublikum angepeilt wird. In einem speziellen Preview-Kino in Hollywood zeigt das Studio einem geladenen Publikum eine Auswahl von Trailern und TV-Spots, die dann anhand von Fragebogen bewertet werden.

Kleinere Studios verlassen sich auf die in den USA seit langem üblichen Voraufführungen (sneak preview). Rechtzeitig vor dem offiziellen Start wird der Film in ausgewählten Kinos gezeigt und die Reaktion des Publikums genau beobachtet. «Man kann den Film dann umschneiden, wenn der Lacher nicht an der richtigen Stelle kommt», sagt Roger Corman. «Die großen Studios führen in solch einem Problemfall nicht nur Schnittveränderungen durch, sondern drehen sogar Teile des Filmes neu. Ein gutes Beispiel hierfür ist die großangelegte Neuverfilmung meines Films ‹Little Shop of Horrors› (Der kleine Horrorladen). Ein wichtiger Teil meines Konzepts und des Musicals, das auf dem Film basiert, war das Ende: Die Pflanze frißt den Helden Seymour. Ich wollte damals mal etwas Neues ausprobieren und bat meinen Drehbuchautor Chuck Griffith um diese böse Schlußpointe. Für das Remake war ursprünglich dasselbe Ende vorgesehen, aber nach einigen Previews entschied man, daß das Publikum ein Happy-End vorzog, und drehte eine neue Sequenz nach, in der Seymour die Pflanze vernichtet. Ich persönlich glaube, daß das ein Fehler war. Ein Teil der Originalität ging verloren, weil man sich zu sklavisch an die Marktforschung hielt. Ansonsten mag ich den Film.»

Mehr denn je wird auch der Kinomarkt in Deutschland von Hollywoods Dynamik beeinflußt. Vor 20 Jahren waren es in der Regel sechs Monate, die man zwischen US-Start und deutschem Kinostart einplante, also etwa die Frist zwischen den wichtigen Wochenenden im heißen amerikanischen Kinosommer und den kassenträchtigen deutschen Weihnachtsstarts. Eine solche Zeitspanne ließ eine sorgfältige Analyse des US-Einspiels zu, aber auch eine ausreichende Frist für die Synchronisation.

Dieser behäbige Rhythmus hat sich nicht zuletzt durch die Internationalisierung der Medien zu einem oft hektischen Stakkato gesteigert. «Wir versuchen, so schnell wie möglich an den US-Start anzuschließen», sagt Christoph Liedke, Marketing-Chef bei Warner Bros. Deutschland. «Denn das amerikanische Medienecho reicht bis nach Deutschland, und es wäre unpraktisch, dieses Echo ungenutzt verhallen zu lassen und dann Monate später von vorn anzufangen.» Leider bedeutet die Angleichung der Starttermine nicht automatisch, daß die Vorbereitungszeit früher einsetzen kann. Selbst die amerikanischen Marktstrategen

haben häufig nicht genügend Informationen über den Film, um eine Kampagne in aller Ruhe zu entwerfen. Noch schwerer fällt es da den deutschen Kollegen, eine amerikanische Werbestrategie für den hiesigen Markt zu modifizieren, wenn es sie noch gar nicht gibt. Erhebliche Probleme wirft auch die Synchronisation auf, zumal wenn – wie häufig – der Start in beiden Ländern praktisch zeitgleich erfolgt. Dann muß an den deutschen Dialogen schon gefeilt werden, bevor eine endgültige Schnittfassung des Originals überhaupt verfügbar ist.

Zum Glück gibt es jedoch zunehmend auch den umgekehrten Weg. «Spürbar ist der Trend, Kampagnen längerfristig zu planen», sagt Liedke, «weil wir immer öfter mit Partnern wie zum Beispiel McDonald's zusammenarbeiten. Die planen länger im

voraus, ein halbes oder sogar ein Jahr reichen da manchmal nicht aus.» Die Struktur dieser kinofernen Wirtschaftsbranchen zwingt einfach zu einer Vorbereitung, die allen Beteiligten gerecht wird. Beispiel: Schon eineinhalb Jahre vor dem Kinostart von Ivan Reitmans Zeichentrick-Abenteuer «Spacejam» leitete Warner Bros. die Vorbereitungsphase ein, denn es ging darum, mit Markenartiklern und großen Ketten zusammen zu promoten. McDonald's könnte vielleicht ein speziell auf den Film zugeschnittenes Menü anbieten. Häufig geht es um an die Filmhelden gekoppelte Spielzeugartikel, die rechtzeitig zum Filmstart in den Regalen der Fachgeschäfte und Kaufhäuser liegen müssen. Liedke: «Aufgrund einer originellen Filmidee entwickeln wir auch neue Produkte zusammen mit einem Markenartikler. Der Urheber, also der Produzent, verkauft dann Lizenzen an die Hersteller der Merchan-

Warner Bros. Deutschland nahm 1995 erstmals einen «kleinen» nationalen Film in ihr Programm auf: «Der Totmacher» wurde mit einer großangelegten Kampagne beworben, Warner und die beteiligten Künstler eröffneten das Drama in acht Städten: Hauptdarsteller Götz George, Warner-Chef Wilfried Geike, Regisseur Romuald Karmakar, Darsteller Pierre Frankh, Produzent Thomas Schühly und Marketing-Chef Christoph Liedke (von links)

dising-Produkte. Die müssen aber erst einmal entwickelt werden, was einen gewissen Vorlauf braucht. Und wenn die Prototypen dann vorliegen, muß der Urheber sie wiederum genehmigen.»

Üblicherweise reicht ein Major-Studio, das grünes Licht für eine Großproduktion gibt, gleichzeitig Ideen an potentielle Merchandising-Partner weiter. Häufig läuft es aber auch umgekehrt: «Das ist ein gegenseitiges Geben und Nehmen», erklärt Liedke. «Bei großen Filmereignissen, unserem ‹Batman› oder auch einem neuen Disney-Zeichentrickfilm, braucht nur die Produktionsabsicht bekanntzuwerden, und schon kommen diese Unternehmen auf die Produzenten zu.»

Filmverleiher sind abhängig von den Gewohnheiten der Kinogänger, die sich von Land zu Land unterscheiden. In den USA gelten traditionell die ersten Tage der dreimonatigen Sommerferien als wichtigste Kinostarttermine. Denn trotz des guten Wetters gehen die Amerikaner im Sommer begeistert ins Kino. In Deutschland spricht man dagegen vom Sommerloch, weil sonnenhungrige Zuschauer das Kino in der warmen Jahreszeit meiden. Seit allerdings Komiker-As Otto Waalkes gegen jede Regel seine Filme im Juli startet und auch Kinomuffel in die kühlen Säle lockt, mehren sich die Fälle, die das alte Klischee untergraben. 1995 war einer der Spitzenreiter «While You Were Sleeping» (Während du schliefst) – ein Sommerstart. «Ein Grund war sicher die mangelnde Konkurrenz, vielleicht weil die anderen Angst vor dem Sommerloch hatten», meint Christoph Liedke.

Um die sommerliche Kinoflaute endgültig in eine kontinuierliche Brise zu verwandeln, konzipierten die großen Verleiher in ungewohnter Einigkeit für den Sommer 1996 eine gemeinsame Aktion: Attraktive amerikanische Kinoknüller wurden in strategischen Abständen über die Sommerwochen verteilt und von einer großangelegten Öffentlichkeitskampagne begleitet. Jeder Film wurde mit dem Label «Sommerhit: Kino» versehen, und etliche Merchandising-Aktionen begleiteten die Kampagne, um den Zuschauern klarzumachen, daß das Kino zumindest in der wachsenden Zahl von Multiplexen hierzulande ebenso

attraktiv ist wie in den USA – durch die Klimaanlage, die nicht zuletzt temperaturmäßig willkommene Zuflucht vor stickigen Sommernächten bietet.

Bestimmte Sachzwänge werden vom jeweiligen Projekt selbst vorgegeben: «Wann startet der Film in Amerika, wann steht uns frühestens ausreichend Material zur Verfügung, um das Marketing zu planen?» muß sich Christoph Liedke bei jedem Titel fragen. «Dann gibt es Termine, die jahreszeitlich bedingt besser oder schlechter für Kinostarts geeignet sind: Einen großen Zeichentrickfilm, der sich als Weihnachtsfilm anbietet, plaziere ich natürlich im November. Traditionell sind Januar, Februar, das Frühjahr (Ostern), der Herbst mit den Herbstferien starke Kinomonate.»

Zusätzlich muß man bedenken: Was wird dem Publikum gleichzeitig an Freizeitkonkurrenz geboten? Einen großen Action-Film wie Schwarzeneggers «Eraser» startete Warner Bros. im August 1996 – nach den Sommerferien, und nach dem Ende der Olympischen Spiele. «Golden-Eye», herausgebracht von United International Pictures, war auf dem Termin nach Weihnachten 1995 clever plaziert: Praktisch ohne Konkurrenz konnte er als «erster» Film des neuen Jahres den Januar und Februar «abräumen».

Wichtig für jedes Marketing-Team ist also, die anderen Verleiher zu beobachten und Starttermine, soweit möglich, mit ihnen abzustimmen. «Es bringt nichts, zum Beispiel einen Schwarzenegger und einen Stallone, womöglich mit ähnlicher Handlung, innerhalb von zwei Wochen oder gar am selben Wochenende zu starten», sagt Liedke. «Damit sie sich nicht kannibalisieren, muß ein gewisser zeitlicher Abstand gewahrt bleiben.» Ein möglichst langfristig angesetzter Termin hat Vorteile – dann ist man mit diesem Titel der erste im Markt. Liedke: «Aber wie reagiere ich als Mitbewerber darauf? Glaube ich einfach mal, daß dieser Termin bleibt? Er kann ja jederzeit wieder verschoben werden. Oder spekuliere ich darauf, daß mein Film vielleicht noch stärker ist und setze ihn einfach eine Woche davor an? Es kommt in seltenen

Großer Bahnhof für «Batman Forever»: Die Deutschland-Premiere wurde im August 1995 in der Wandelhalle des Hamburger Haupt-bahnhofs von Presse und Prominenz gefeiert

Fällen auch vor, daß man derartige Filme wirklich direkt gegeneinander antreten läßt. Möglichkeiten gibt es viele. Doch im Interesse aller Mitbewerber setzt sich die Vernunft häufig durch, auch wenn es natürlich kein offizielles Absprachegremium gibt.»

Bei einem großen deutschen Start, also beispielsweise «Batman Forever» (Batman Forever), läuft der Film in 350 bis 400 Kinos. Selbst bei dieser Kopienzahl gibt es die Option, noch aufzustocken. Disneys «Pocahontas» (Pocahontas) lief zum Beispiel mit bis zu 600 Kopien, der bislang erfolgreichste Film der Kinogeschichte «Titanic» (Titanic) lief 1998 mit 837 Kopien. Mit wieviel Kopien ein Kinoeinsatz geplant wird, hängt von einer Reihe Faktoren ab: Nägel mit Köpfen kann man bei der Planung erst machen, wenn eine interne Vorführung des fertigen Films möglich ist. Doch die Weichen werden bereits gestellt, sobald die Inhaltsangabe und vor allem die Besetzung bekannt sind. «Wir sagen den Amerikanern dann, in welcher Form wir uns den deutschen Einsatz vorstellen,» sagt Liedke. «Bei den US-Filmen spielt logischerweise das Einspielergebnis dort eine entscheidende Rolle. Daran überprüfen wir unsere Voreinschätzung noch einmal neu. Auch wenn das Publikum und die Presse oft anders reagieren als in Deutschland, hat beides für uns doch Signalwirkung.»

Ein sehr «kleiner» Warner-Start umfaßt rund 20 Kopien. In diesem Fall suchen Liedke und seine Mitarbeiter die Kinos, in der Regel Filmkunstkinos, sehr genau aus. «Der Totmacher» war für Warner Bros. 1995 ein Vorstoß auf neues Terrain: Deutsche Filme hatte es im Verleih bisher nicht gegeben. Aber auch das ungewöhnliche künstlerische Konzept des Regisseurs Romuald Karmakar stellte im üblicherweise kommerziell ausgerichteten Warner-Programm eine ungewohnte Herausforderung dar: «Wir haben den Film in 23 Kinos gestartet. Unsere Hoffnung erfüllte sich, und wir konnten die Zahl dann ausbauen – auf über 70 Kopien.» Der deutsche Warner-Chef Willi Geike will sein Engagement für deutsche Filmemacher weiter ausbauen und hat inzwischen mit Dennis Satins «Nur aus Liebe» auch seinen ersten Film selbst coproduziert.

Daß die deutsche Presse den US-Giganten wegen des «Totmachers» angriff, empfindet man im Hause Warner als unfair: «Kein deutscher Verleiher wollte den Film ins Programm nehmen», stellt Christoph Liedke klar, «denn niemand konnte voraussehen, ob er im Kino ankommt: Zwei Stunden lang drei Männer in einem Raum, von denen zwei unentwegt reden; kein traditionelles Drehbuch, sondern die Verfilmung eines gerichtlichen Protokolls. Wir haben dann zugegriffen (und das ist entscheidend), bevor Götz George den Dar-stellerpreis in Venedig bekam. Da war plötzlich das Interesse dar, und man warf Warner Bros. vor, jetzt auch noch mit deutschen Filmen das Geld nach Amerika zu tragen. Wir hier bei Warner Bros. in Hamburg sind aber nicht ausschließlich auf US-Produktionen ausgerichtet, und uns liegt durchaus am deutschen Film. Wir haben uns bei unserer Kampagne auch nicht auf das Geld der Verleihförderung verlassen, sondern erheblich mehr investiert.»

Zum Beispiel in die Plakatkampagne: Die Plakate kleben immer in Zehn-Tage-Rhythmen, sogenannten Dekaden, an den Litfaßsäulen. Die erste Dekade zeigte ein Vorplakat, auf dem Götz George zu sehen war und nur der Spruch «Der Totmacher kommt». In der zweiten Dekade wurde das «normale» Filmplakat mit allen üblichen Informationen geschaltet. Dieses Plakat war Monatssieger der Städtereklame. Das Konzept hat sich bewährt: Der Film entwickelte sich zum Medienereignis, 400 000 Zuschauer haben ihn gesehen, und er hat am Ende sogar etwas Gewinn gemacht.

Ob ein Film ein Erfolg wird, weiß der Verleiher aufgrund der Einspielergebnisse nach dem ersten Wochenende. Je nach Film sind die Erwartungen gestaffelt. Als Traumziel jedes Verleihers nennt Liedke 1000 Zuschauer pro Kopie und Wochenende. Bei vorsichtigen Starts mit wenigen Kopien hofft man natürlich auf einen guten Durchschnitt der einzelnen Kopie. Denn die Zuschauer, die den Film sehen, müssen sich auf wenige Kinos konzentrieren. Am Montag können nicht nur die Verleiher, sondern auch die Kinobesitzer anhand der Umsatzergebnisse absehen, ob der Film vielleicht ein großes Potential birgt - in diesem Moment wird entschieden, eventuell die Kopienzahl am folgenden Donnerstag zu erhöhen.

Nicht immer kann der Verleih all die Kinos mieten, die er für seinen Film vorgesehen hat. «Zunächst bemühen wir uns um die Anzahl, die wir anstreben», sagt Christoph Liedke. «Aber man wünscht sich natürlich auch spezielle Kinos und muß das mit den Vorstellungen der Kinobetreiber und denen der Mitbewerber in Einklang

Verschiedene Plakatmotive kündigten überall den Kinostart des dritten Abenteuers des dunklen Ritters an. Neben diesem Poster aller Hauptdarsteller gab es auch Einzelporträts der Helden und Schurken

bringen. Die grundsätzliche Terminierung läuft recht langfristig. Dafür ist unser Vertriebsleiter in der Zentrale zuständig, der mit den Filialen in Düsseldorf, Hamburg, Frankfurt, Berlin und München zusammenarbeitet. Die regionalen Mitarbeiter dort sprechen direkt mit den Kinobetreibern über die Filme. Letztlich kann erst am Montag vor dem Start über das Kino (und in Multiplexen über den einzelnen Saal) entschieden werden. Denn erst dann weiß man, was das Wochenende gebracht hat. Wenn der Bond in Saal 1 ein tolles Ergebnis bringt, hat der folgende Film es schwer, in Saal 1 hineinzukommen. Erst wenn der Zuschauerstrom abflaut, ist der Kinobetreiber bereit, den nächsten großen Film hineinzunehmen.»

Zweimal im Jahr gibt der Verleih seine Staffel bekannt, das heißt, im Frühjahr und im Herbst wird das Verleihprogramm mit den aktualisierten und mit neuen Titeln veröffentlicht. Die Kinobesitzer interessieren sich daraufhin für bestimmte einzelne Filme, aber es ist durchaus auch üblich, staffelweise zu mieten.

Marktstrategisch sind auch die Überlegungen zum deutschen Titel von großer Bedeutung. Denn so gern man Originaltitel für das deutsche Plakat übernimmt – die Verständlichkeit ist das oberste Gebot: Jeder potentielle Zuschauer muß aufgrund des Titels ohne viele Fragezeichen sofort verstehen, was ihn beim Kinobesuch erwartet. «Warner Bros. in Hollywood legt den Originaltitel fest und fragt uns gleichzeitig, ob wir mit dieser Originalform etwas anfangen können», beschreibt Liedke das Verfahren. «Ist das der Fall, sind wir natürlich glücklich. Man kann auch das Original belassen und dann einen deutschen Untertitel dazusetzen, der eine gewisse Einordnung des Films für deutsche Zuschauer zuläßt. Manchmal funktionieren Originaltitel in den USA gut, benutzen jedoch unbekannte Vokabeln, die nicht mal deutschen Anglisten geläufig sind. In diesem Fall müssen wir eine verständliche deutsche Form finden, und über Titelvorschläge wird im ganzen Haus diskutiert, selbst die Grafiker sind angesprochen. Wenn alles nichts fruchtet, greifen wir schon mal auf Profi-Texter zurück, die wir zu diesem Zweck mit allen möglichen Informationen über den Film ausstatten. Ein Beispiel: Wir haben uns mit Sigourney Weavers ‹Copycat› schwergetan. In den USA ist das ein geläufiger Begriff für ‹Nachahmer›, ‹Plagiator›, aber bei uns kennt niemand diesen Ausdruck. Der Zuschauer muß den Titel aber verstehen, denn falsche Assoziationen in Richtung ‹Aristocats› wollen wir bei einem Thriller in jedem Fall vermeiden. Die wörtlichen Übersetzungen von ‹Copycat› klingen eindeutig nicht wie ein guter Kinotitel, und so haben wir schließlich Profis gefragt. Wir einigten uns auf einen Kompromiß, ‹Copykill›, um deutlich zu machen, daß es um Morde geht, wobei das übernommene Element ‹Copy› natürlich auch im Deutschen eingeführt ist.»

Wie intensiv und in welcher Hierarchie traditionelle Werbeelemente wie TV-Spots, Plakate, Anzeigen oder Radio-Spots in der Marketing-Strategie eingesetzt werden, hängt immer vom Film selbst ab. Man unterscheidet grundsätzlich mehrere Ansätze: Die klassische Kampagne nutzt gekaufte Werbezeit im Fernsehen, dazu Plakatierungen und Anzeigen, um auf den Filmstart hinzuweisen. Das war zum Beispiel bei «Ace Ventura – Jetzt wird's wild» der Fall. «Bei ‹Copykill› sind wir verstärkt in die Print-Medien gegangen, haben sogar im *Stern*, *Spiegel* und *Focus* Vierfarb-Anzeigen geschaltet, was ungewöhnlich ist», sagt Liedke. «Übrigens freuen wir uns natürlich auch, wenn die Deutsche Städtereklame unsere Plakate auszeichnet: Der Juli-Sieger 1995 war ‹Batman Forever› mit dem Riddler-Motiv.»

Bei einem Film wie «Batman Forever» ist der Ansatz etwas anders. In diesem Fall setzen Warner Bros. nur zu einem geringen Teil auf traditionelle Werbung, dafür um so mehr auf die Merchandising-Partner. Früher wurde sehr viel mit Giveaways geworben, also mit T-Shirts etc., die verschenkt wurden. «Beim ersten ‹Batman› hatte man schließlich das Gefühl, das sei der ‹Film zum T-Shirt›», erinnert sich Liedke. Heute entwickelt man eher Produkte zum Film, die dann in Lizenz verkauft werden. Im Fall von «Batman Forever» waren das vor allem Action-Toys, das Videospiel, der Soundtrack und ein Comic. Diese Artikel werden zum Filmstart im Handel angeboten und in den Läden der verschiedenen Branchen mit den Filmplakaten beworben, so daß eine enge wechselseitige Werbewirkung entsteht.

Ein weiterer Ansatz ist, weniger auf traditionelle Werbung zu setzen, dafür aber vor dem Filmstart verstärkt mit der Presse zusammenzuarbeiten: Die Stars oder Regisseure werden eingeflogen, sie geben Interviews, und eine große Premierenfeier sorgt für Öffentlichkeit. «Ein Star wie Dustin Hoffman ist an sich schon ein Medienereignis, und er kam für ‹Outbreak› (Outbreak – Lautlose Killer) nach Deutschland», berichtet Liedke. «Dann hatten wir zusätzlich das Glück, daß der ‹Outbreak›-Regisseur Wolfgang Petersen ein Deutscher und hierzulande ebenfalls ein Star ist – auch er konnte für Pressearbeit vor Ort gewonnen werden. Daß das Thema Virusinfektion gerade zu dieser Zeit brandaktuell wurde, haben wir natürlich nicht gesteuert, aber es hat dem Film wahrscheinlich zusätzlich genützt.»

Was Hollywoods Top-Filmen nützt, kann sich auch bei künstlerisch ambitionierten Kabinettstücken wie «Der Totmacher» bewähren. Das hat die erfolgreiche PR-Arbeit des Warner-Teams gezeigt: «Wir sind durch ganz Deutschland gezogen, um mit unserem Star Götz George in acht Städten Kinopremieren im besten traditionellen Sinne zu veranstalten. Amerikanische Stars stehen in diesem Umfang nicht zur Verfügung, aber eine große Premierenfeier, das hat 1995 gezeigt, stößt beim Publikum auf gewaltige Resonanz. Wir haben übers Jahr fünf große Filme mit solchen Premieren gestartet, und das Interesse der Öffentlichkeit nahm ständig zu. Während anfangs bei ‹Outbreak› ein paar Dutzend Fans vor dem Kino auf Dustin Hoffman warteten, mußten schließlich ganze Straßenzüge gesperrt werden, als Stallone seinen ‹Assassins› (Assassins – Die Killer) vorstellte. Die größte Premiere haben wir mit ‹Batman Forever› auf einem gigantischen Fest im Hamburger Hauptbahnhof gefeiert. Das war ein Ereignis, das nur mit der Open-air-Premiere von Disneys ‹Pocahontas› im Münchener Olympia-Stadion vergleichbar ist.»

Wie schätzt Liedke die Bedeutung leibhaftig anwesender Stars für das Marketing ein? «Sie sind einfach unbezahlbar. Klassische Premieren haben immer gezeigt: Das Phänomen Kino ist untrennbar mit den Stars verbunden. Das Publikum will sie erleben, und unsere Erfahrungen in jüngster Vergangenheit haben das wieder bestätigt. Das Interesse und die Begeisterung, die durch den Starbesuch vor Ort in Deutschland ausgelöst werden, könnte man mit keiner noch so intensiven Werbekampagne wecken.»

Den amerikanischen Stars ist diese Tatsache seit langem vertraut – sie wissen längst, daß Besuche in Übersee, Premieren und an-

Das «Riddler»-Motiv von «Batman Forever» gewann im Juli 1995 den Monatspreis der Deutschen Städtereklame – Jim Carrey grimassierte unübersehbar

strengende Interviewtermine fester Bestandteil ihrer Arbeit sind. «Deutsche Darsteller müssen wir zum Teil erst davon überzeugen, daß ihr Job nicht mit der letzten Klappe beendet ist,» erzählt Liedke. «Als wir Götz George baten, mit dem ‹Totmacher› auf eine umfangreiche Deutschland-Tour zu gehen, sagte er zunächst: ‹Wieso, für ‹Schtonk› habe ich ganze zwei Interviews gegeben, und der lief doch prächtig!› Wir haben ihm dann klarmachen können, daß der ‹Totmacher› auch pressemäßig ein völlig anderes Kaliber hat und intensiver Premierenarbeit bedurfte. George machte mit, und das Resultat war ein schöner Erfolg. Inzwischen hat er sich bei uns für unsere ‹behutsame› Kampagne bedankt, als er den Bayerischen Filmpreis entgegennahm.»

Drehorte

Kino zum Anfassen:
Filmschauplätze
sind die beste
Werbung für
Tourismus

Zugegeben, Utahs rote Felsen wollen wir alle einmal durchstreifen, um das Marlboro-Gefühl am eigenen Leib zu spüren. Aber letztlich gäbe es den Marlboro-Mann nicht, hätte John Ford das Monument Valley nicht für den Western entdeckt. Heute pilgern die Fans nach Moab in Utah, weil dort der Eingang zum Arches National Park liegt, wo Thelma und Louise den Cop in den Kofferraum sperrten und wo River Phoenix als Boyscout Indiana Jones unter dem Double Arch einen Schatz fand.

Auch der Schauplatz des spektakulären Finales von «Thelma & Louise» (Thelma & Louise) ist nicht weit: jenes Kliff, über das die beiden in die Ewigkeit brausen, liegt unterhalb des Dead Horse Point im gleichnamigen State Park, ebenfalls von Moab bequem zu erreichen. Es heißt, daß besonders Frauen hierher pilgern.

Immer schon hat es die Zuschauer fasziniert, die Drehorte zu besuchen, die sie aus ihren Lieblingsfilmen kennen. Seit die ausführlichen Nachspann-Daten auch die Locations relativ genau angeben, hat sich aufgrund dieser Tatsache ein regelrechter Tourismus entwickelt. Oft erlebt man nach Abzug der Filmcrew die Schauplätze sehr viel nüchterner, weil eben gerade die Leinwand und die Stars einen Drehort interessant machen. Dennoch: Die Flüchtigkeit des Kinovergnügens, der reine Augenschmaus genügt den meisten nicht. Die Merchandising-Industrie lebt davon, daß Kinder mit ihren Helden im Kinderzimmer weiterspielen oder sie zumindest auf dem T-Shirt mit sich herumtragen wollen. Und auch die Drehorte geben uns das Gefühl, daß wir etwas anfassen können, was so wenig faßbar ist – irgendwie betreten wir geheiligten Boden.

William Gordon, der diesem Thema ein ganzes Buch gewidmet hat, staunt: «Einige der Schauplätze sind inzwischen beliebter

Das Marlboro-Country erleben: Das Monument Valley an der Grenze zwischen Utah und Arizona wurde von Regisseur John Ford für den Film entdeckt. Für Location-Touristen im Südwesten der USA führt kein Weg daran vorbei

Alles für Baseball geben, wie Kevin Costner: In «Feld der Träume» pflügte er seinen Mais unter, um ein Baseball-Feld anzulegen. Heute pilgern Tausende Fans mit Bat und Fanghandschuh ins verschlafene Dyersville, Iowa – just to play ball

Stöhnen wie Meg Ryan: In «Harry und Sally» täuschte sie im Restaurant «Katz' Deli» ihrem Filmpartner Billy Crystal lautstark einen Orgasmus vor. Seit 1988 haben hier viele Frauen den Caesar's Salad bestellt

als echte historische Sehenswürdigkeiten, zum Beispiel der Bull & Finch Pub in Boston, in dem die Serie ‹Cheers› (Cheers) spielt.» Gordon hat an die 1000 Film- und TV-Locations ausfindig gemacht, auch das Restaurant Katz' Deli, in dem Meg Ryan in «When Harry Met Sally» (Harry und Sally) ihren Orgasmus-Auftritt hatte, und das Burger Island Diner in San Francisco, in dem Dirty Harry sein akustisches Markenzeichen grunzte: «Go ahead, make my day!»

Eingefleischte Fans bestehen darauf, in genau jener Suite im Beverly Wilshire Hotel zu wohnen, in der Julia Roberts als «Pretty Woman» (Pretty Woman) residierte. Die Einheimischen werden häufig von dem plötzlichen Ansturm der Kinofreaks regelrecht überrannt, wie am Lake Lure in den Blue Mountains von North Carolina, wo 1987 «Dirty Dancing» (Dirty Dancing) gedreht wurde. «Man muß das schon als Wallfahrt nach Lake Lure bezeichnen», staunt Bill Arnold, der in North Carolina behördlicherseits für Dreharbeiten zuständig ist. «Die Leute strömten aus Japan, aus Kanada und Europa her, ganz zu schweigen von unseren Landsleuten.» Findige Unternehmer zogen sogar Tanzshows für die Touristen auf. Seitdem North Carolina durch sein Studio in Wilmington und niedrige Kosten viele Produzenten anzieht, werden immer mehr Örtlichkeiten auch für die Fans interessant: Nicht weit vom Lake Lure, in Dillsboro, wurde das denkwürdige Zugunglück für «The Fugitive» (Auf der Flucht) inszeniert, und der Chimney Rock bei Asheville, der praktisch über dem Lake Lure liegt, verzeichnete einen Besucherzuwachs von 70 Prozent, nachdem 1992 «The Last of the Mohicans» (Der letzte Mohikaner) in die Kinos kam.

Ähnlich ergeht es der kleinen Stadt Beaufort an der Küste von South Carolina. An die 100 000 Touristen besuchen das Städtchen mit dem historischen Stadtkern pro Jahr – weil wir es alle bereits kennen, sei es aus «Something to Talk About» (Power of Love) mit Julia Roberts oder aus «Forrest Gump» (Forrest Gump): Er landete dort seine Krabben an. Aber auch «The Big Chill» (Der große Frust), «The Prince of Tides» (Herr der Gezeiten), die neue Version

von «The Jungle Book» (Das Dschungelbuch) und Sharon Stones Projekt «The Last Dance» entstanden hier. Immer wenn es um den historischen Süden der USA geht, muß das benachbarte Charleston herhalten: Die Fans kommen, weil hier die Miniserie «Scarlett» (Scarlett) und vor zehn Jahren der Dauerbrenner «North and South» (Fackeln im Sturm) mit Patrick Swayze gedreht wurden.

Meist entwickelt sich der Hunger der Location-Pilger ungesteuert und unerwartet, denn wer hätte geglaubt, das Macaulay-Culkin-Freaks nach Winnetka in Illinois strömen würden, um ein Foto von dem Haus zu knipsen, das 1990 als Kevins Heim in «Home Alone» (Kevin – Allein zu Haus)

Residieren wie Richard Gere: Romantische Momente erhoffen viele in der Suite des Beverly Wilshire Hotels in Los Angeles, wo der schöne Richard der «Pretty Woman» Julia Roberts einen folgenschweren Handel anbot

Fahren wie Geena Davis und Susan Sarandon: Mit einem alten Cabrio durchkreuzen besonders gern Frauen den Arches National Park in Utah – auf der Suche nach dem «Thelma & Louise»-Feeling. Den Sprung über die Klippe unterhalb des Dead Horse Point wagt aber kaum eine

diente? «Jede Minute fahren zwei Autos vorbei», weiß Suzy Kellett vom Filmbüro in Illinois zu berichten, «immer noch rufen die Leute an, um die Adresse zu erfahren. Dabei ist es wirklich nur ein völlig normales zweistöckiges Klinkerhaus.»

Nicht zu vergessen Forrest Gumps Parkbank: Es ist anscheinend völlig egal, daß die Bank im Historischen Museum in Savannah, Georgia, eine im Film nicht verwendete Kopie ist, die vom Paramount-Studio zu diesem Zweck gestiftet wurde – trotzdem drängeln sich die Massen im Museum en-

ger als das Konfekt in Gumps Pralinenschachtel. Demnächst soll es dort sogar zwei Bänke geben: die neue ist nicht wie die erste aus Plastik, sondern aus solidem Beton und Holz, sie soll vor einem Hintergrundfoto aus dem Film aufgestellt werden. «Die Leute wollen sich unbedingt auf der Bank fotografieren lassen», weiß Bob McAlister, die rechte Hand von Savannah-Bürgermeisterin Susan Weiner. Ihm hat sie zu verdanken, daß der Film dort gedreht wurde und daß die Bänke jetzt für den Nachruhm sorgen. Es gibt 300 weitere Bän-

ke in der Stadt, die genausogut für Gumps Philosophen-Ecke doubeln könnten. «Aber die Touristen wollen eben glauben, daß sie auf der ‹echten› sitzen», lacht McAlister.

Manchmal promoten Filme einen Tourismusbereich, der mit den Dreharbeiten konkret gar nichts zu tun hatte: «City Slikkers» (City Slickers – Die Großstadt-Helden) entstand in Colorado und New Mexico, aber durch den Film wurden Urlaubsbuchungen auf Western-Ranches in Montana, Wyoming und South Dakota angekurbelt. «Die Leute rufen an und erkundigen sich nach ‹City Slickers›-Ferienmöglichkeiten, und dasselbe passierte nach ‹The River Wild› (Am wilden Fluß): jetzt wollen alle Wildwasser-Fahrten machen», kommentiert Lonie Steimac, in Montana für Film-PR zuständig. Eine ähnliche Begeisterung löste Robert Redfords «A River Runs Through It» (Aus der Mitte entspringt ein Fluß) bei Hobby-Anglern aus.

Niemand war überrascht, daß nach «Jurassic Park» (Jurassic Park) der Run auf Dinosaurierknochen einsetzte. Der Anfang des Films spielt im fiktiven Snakewater in Montana, aber die Fans erscheinen alsbald am Drehort Egg Mountain, um in einem Tipi zu übernachten und mit den Wissenschaftlern nach Überresten zu buddeln. Im Dinosaur National Monument, dem auf der Grenze zwischen Utah und Colorado gelegenenen Park, stiegen die Besucherzahlen nach Start des Mega-Hits um 75 Prozent an.

Das nostalgische, im Staat Maine angesiedelte Familiendrama «On Golden Pond» (Am goldenen See) mit Katharine Hepburn, Henry und Jane Fonda wurde schon Anfang der 80er Jahre gedreht. Dennoch tauchen nach jeder TV-Wiederholung erinnerungsselige Fans am Squam Lake in Holderness, New Hampshire, auf, denn dort war der Schauplatz des Films. Dieses Schicksal teilt jetzt auch der Valley of Fire State Park im südlichen Nevada bei Las Vegas, seit dort Teile von «Star Trek: Generations» (Star Trek – Treffen der Generationen) entstanden. «Die Trekkies kommen hierher, als ob sie den heiligen Gral suchen», findet Bob Hirsch vom Nevada-Filmbüro, «denn sie glauben nun mal, daß Captain Kirk hier gestorben ist.»

Auch die Jahre seit dem Start von Kevin Costners «Field of Dreams» (Feld der

Eingeschneit wie Macaulay Culkin: Winnetka, Illinois, hat nur eine Attraktion, denn hier war «Kevin – Allein zu Haus».

Sitzen wie Tom Hanks: Eine Kopie der «Forrest Gump»-Parkbank steht in Savannah, Georgia

Pirschen wie Daniel Day-Lewis: Die jüngste Adaption von James Fenimore Coopers «Der letzte Mohikaner» wurde in Asheville, North Carolina, gedreht

Träume 1979) haben der Begeisterung des Publikums keinen Dämpfer aufsetzen können: Der Baseball-Schrein in dem Nest Dyersville, Iowa, erwartet jährlich über 50000 Besucher – und es werden immer mehr. Vor Ort geben die Pilger nicht nur Geld für Souvenirs aus – sie wollen auch Baseball spielen. Und das können sie: Wer gerade da ist, macht einfach mit. Und Baseball-Jünger, die es bis nach Dyersville geschafft haben, werden sich dieser Tage wohl kaum das Madison County im Zentrum von Iowa entgehen lassen, wo man die sechs «Bridges of Madison County» (Die Brücken am Fluß) dreidimensional erleben kann. Das Farmhaus, in dem Meryl Streep und Clint Eastwood sich liebten, war vorher eine heruntergekommene Ruine und jedermann ein Dorn im Auge. Heute kann es gegen Entgelt besichtigt werden.

Adressen des Nachruhms
Wallfahrtsorte, die das Kino kreierte

- **Forrest Gump** (Forrest Gump): Savannah History Museum, Georgia; Beaufort, South Carolina
- **Something to Talk About** (Power of Love), **The Prince of Tides** (Herr der Gezeiten), **The Big Chill** (Der große Frust), **The Jungle Book** (Das Dschungelbuch): Beaufort, South Carolina
- Miniserien **Scarlett** (Scarlett), **North and South** (Fackeln im Sturm): Charleston, South Carolina
- **The Last of the Mohicans** (Der letzte Mohikaner): Asheville, North Carolina
- **Dirty Dancing** (Dirty Dancing): Lake Lure bei Asheville, North Carolina
- **The Fugitive** (Auf der Flucht): Dillsboro, North Carolina
- **Wolf** (Wolf), **Age of Innocence** (Zeit der Unschuld): Old Westbury Gardens, New York
- **On Golden Pond** (Am goldenen See): Squam Lake, Holderness, New Hampshire
- Serie **Cheers** (Cheers): Bull & Finch Pub, Boston, Massachusetts
- **Field of Dreams** (Feld der Träume): Dyersville, Iowa
- **Bridges of Madison County** (Die Brücken am Fluß): Madison County, Iowa
- **Ferris Bueller's Day Off** (Ferris macht blau): The Art Institute, Chicago
- **Blues Brothers** (Blues Brothers): Die Straßenunterführung Lower Wacker Drive, Chicago
- Serie **Twin Peaks** (Das Geheimnis von Twin Peaks): North Bend, Washington State
- **Jurassic Park** (Jurassic Park): Egg Mountain, Montana
- **Dances with Wolves** (Der mit dem Wolf tanzt): «Fort Hays»-Set zwischen Rapid City und Mount Rushmore, South Dakota, Grubl-Ranch bei Rapid City
- **Close Encounters of the Third Kind** (Unheimliche Begegnung der dritten Art): Devil's Tower, Wyoming
- **Thelma & Louise** (Thelma & Louise): Arches National Park und Dead Horse Point State Park, Utah
- **Stagecoach** (Ringo), **Fort Apache** (Bis zum letzten Mann), **The Searchers** (Der schwarze Falke): Monument Valley, Utah
- Serie **Bonanza** (Bonanza): Ponderosa Ranch bei Carson City am Lake Tahoe, Nevada
- **Star Trek: Generations** (Star Trek – Treffen der Generationen): Valley of Fire State Park, Nevada
- Serie **Dallas** (Dallas): Southfork Ranch, Parker, Texas, bei Dallas
- **Paris, Texas:** (Paris, Texas): Paris, Texas, nordöstlich von Dallas
- Serie **Happy Days** (Happy Days): Arnold's Drive-in, Los Angeles, California
- **Some Like It Hot** (Manche mögen's heiß): Hotel Del Coronado, San Diego, California
- **Top Gun** (Top Gun – Sie fürchten weder Tod noch Teufel): Kansas City Barbecue, San Diego, California
- **The Night of the Iguana** (Die Nacht des Leguan): Puerto Vallarta an der mexikanischen Pazifikküste
- **Babe** (Ein Schweinchen namens Babe): Das 800-Seelen-Nest in Robertson, New South Wales, Australien
- **The Field** (Das Feld): Leenaun, Connemara, Irland
- **The Quiet Man** (Der Sieger): Cong, Connemara, Irland
- **Tess** (Tess): Locronan bei Quimper, Bretagne, Frankreich
- **Per un pugno di dollari** (Für eine Handvoll Dollar): Almería, Süd-Spanien
- **Help** (Hi-Hi-Hilfe): Skiort Obertauern, Österreich
- **Der Schatz im Silbersee, Winnetou I – III:** Nationalpark Plitvitzer Seen, Plitvicka Jezera zwischen Zagreb und Zadar, Kroatien 1994

Kinos der Zukunft

Größer, lauter, schärfer, breiter –
High-Tech regiert den Kinosaal

nokultur. Unter gläsernen Kuppeln, gewagten Stahlkonstruktionen und anderen architektonischen Wunderleistungen wird vorgeführt, was den geneigten Kinogänger in gar nicht allzu ferner Zukunft erwartet: Kino als perfekte Gefühlsimitation.

Es ist ein ebenso gewagter wie hehrer Anspruch, den Generaldirektor Daniele Bulliard für seinen Erlebnispark erhebt. Die Präsentation «der audiovisuellen Welt des dritten Jahrtausends» soll den Besucher zum Zeugen der Filmrevolution machen. Nachdem bislang nur die Franzosen und durchreisende Spanier die Wunder von Forschung und Technik unter die Lupe genommen hatten, entdecken nun auch zunehmend Touristen aus dem nördlichen Europa den Freizeitspaß für sich. Zwischen den in Vergnügungsparks üblichen Kinderkarussellen, Spielwiesen und Erfrischungsständen bestaunen sie die mit 800 qm größte Leinwand der Welt, lassen sich von computergesteuerten Hydraulik-Sitzen zum Takt der Bilder rütteln, tauchen mit Flüssigkristallbrillen in die bunte 3-D-Welt der Ozeane oder genießen im Cinéma Circulaire ein Rundum-Blickfeld von 360 Grad.

Als neuester Publikumsmagnet dient jetzt außerdem der erste dreidimensionale Spielfilm im revolutionären IMAX-Format, projiziert auf eine 600 qm groß Leinwand. Wer bei 3 D nun noch an Pappbrillen und verwischt-psychedelisches Farbenspiel denkt, wird durch «Wings of Courage» eines Besseren belehrt. Mit einer infrarotgesteuerten Brille aus flüssigem LCD-Kristall, die die menschliche Linse 25mal pro Sekunde öffnet und schließt, torpediert der Abenteuerfilm raumgreifend das menschliche Gleichgewichtsempfinden. Während sich der Zuschauer unter sprotzenden Flugzeugen duckt und mit den Hauptdarstellern Craig Sheffner, Val Kilmer und Elizabeth McGovern an einer Tafel speist, kreist stolz die Kamera durch das Geschehen.

«IMAX 3 D ist nicht nur größer, sondern atemberaubend real», schwärmt Regisseur Jean-Jacques Annaud («Der Name der Rose», «Der Bär»). «Da es aufgrund der riesigen, halbkugelförmigen Leinwand keinen Bildausschnitt gibt, hat man den Eindruck, sich mitten im Bild, im Raum zu befinden.

Das Futuroscope bietet nicht nur architektonische Wunderleistungen: In dem französischen Erlebnispark bei Poitier erhält der Besucher einen Einblick in die zukünftige Entwicklung des Kinos. Mit dem guten alten Lichtspielhaus haben diese High-Tech-Paläste allerdings nichts mehr gemein. Multiplex heißt das Stichwort – und verspricht die perfekt gestylte Erlebniswelt

Die Kinos der Zukunft liegen in Poitier – Departement Vienne, France. Hier, auf halber Strecke von Paris nach Bordeaux, zwischen sanft geschwungenen Hügeln und verschlafenen Dörfern, wurde die lange herrschende Domäne Landwirtschaft 1987 von einer neuen Haupteinnahmequelle abgelöst – der Investition in die Zukunft. Im Futuroscope, einer Mischung aus Vergnügungspark und wissenschaftlicher Forschungsstätte regiert der High-Tech der Ki-

ten Live Action aufzunehmen, hat die Filmcrew 39 Drehtage gebraucht. Aufgrund der Technik dauert die Drehzeit mindestens doppelt so lang wie bei herkömmlichen Produktionen. In die 3-D-Kamera werden jeweils zwei Filmrollen parallel eingelegt, die durch zwei Linsen (ihr Abstand gleicht dem eines menschlichen Augenpaares) gleichzeitig belichtet werden. Da das Material nur für drei Minuten reicht und das Nachladen eine gute Stunde dauert, schaffte Annaud höchstens vier Szenen pro Tag. Zudem müssen für die schwer bewegliche Kamera für jede Einstellung Schienen verlegt werden, denn auch nur die geringste Verwackelung ist auf der Großleinwand deutlich zu sehen. «Um beispielsweise einen Film wie ‹Total Recall› auf diesem Format zu drehen», vermutet Produzent und Drehbuchautor Andrew Gellis, «brauchte man rund fünf Jahre.»

Allen Schwierigkeiten zum Trotz sehen nicht nur das Futuroscope und Jean-Jaques Annaud in IMAX das Kino der Zukunft. Weltweit sprießen immer neue Säle aus dem Boden, die dieses System, zehnmal größer als das herkömmliche 35-Millimeter-Bildformat, auf riesigen computergesteuerten Projektoren abspielen können. Gegründet wurde die kanadische IMAX Cooperation in den späten Sechzigern von den drei Filmemachern Graeme Ferguson, Roman Kroitor und Robert Kerr. Aus den damals drei Projektoren, die ihr Bild simultan auf drei Leinwände warfen, wurde im Laufe des technischen Fortschritts ein Projektor, eine Leinwand (mindestens 400 qm) und eine speziell entworfene Sechskanal-Tonanlage, die auf allen Plätzen glasklaren Raumklang verspricht – denn schließlich soll nicht nur das Auge voll auf seine Kosten kommen, sondern auch das Ohr.

Das Kino selbst als Spezialeffekt. Auch FX-Experte Douglas Trumbull, er entwarf die galaktischen Tricks für «2001: A Space Odyssey» (2001 – Odyssee im Weltraum),

Im futuristisch gestylten Kinemax (oben) sorgt das IMAX-Projektionssystem für das absolute Filmerlebnis. Damit die Zuschauer nach der Vorführung den Saal verlassen können, wird die 600 qm große Leinwand nach oben gefahren

Die Zeichnung (rechts) bietet einen Einblick in das IMAX-System des Tapis Magique im Futuroscope: Eine vor und eine unter den Sitzreihen installierte Leinwand vermittelt dem Zuschauer das Gefühl zu schweben

Dieses Format ermöglicht uns ein völlig neues Kino.» Ein Kino, das an Aufwendigkeit und Kostenintesität allerdings auch seinesgleichen sucht. Um zwanzig Minu-

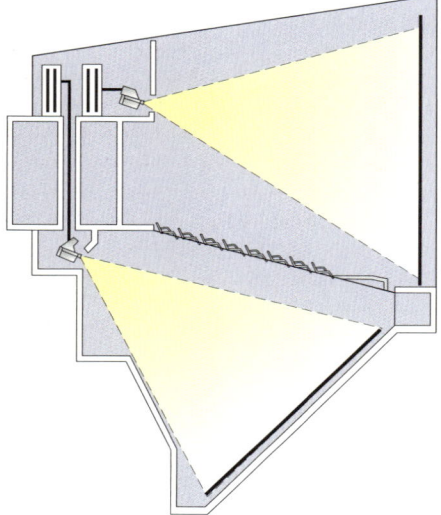

sah darin die einzige Möglichkeit, die magische Anziehungskraft des Kinos langfristig bewahren zu können. Ende der Sechziger erfand er das Showscan-Aufnahmeverfahren im 65-Millimeter-Format, das an Lichtintensität und Abbildungsschärfe bis heute unerreicht ist, dessen Einführung jedoch von den Kinobetreibern damals aus Kostengründen blockiert wurde und das Trumbull schließlich an IMAX verkaufte. Schon vor vielen Jahren prophezeite er: «Je mehr Freizeitmöglichkeiten an einem Punkt angeboten werden – IMAX, IMAX Dome, Showscan, 3 D, Simulation Rides – desto mehr Leute werden kommen.»

Heute wird seine Einstellung von vielen geteilt: Mit Investitionen in Milliardenhöhe zeigen viele Kinobetreiber ihre Bereitschaft, der Technik einen immer größeren Platz einzuräumen. Riesige Leinwände, toller Sound, Sitzkomfort wie zu Hause auf dem Sofa und frisches Popcorn für alle: Multiplex nennt sich der Stoff, aus dem die Träume von Besitzern und Besuchern sind. Gläserne Paläste, die neben zahlreichen Kinosälen nicht unter 300 Plätzen auch ga-

stronomische und kulturelle Attraktionen bieten, sollen der Furcht der Betreiber vor Bevölkerungsrückgang und Privatfernsehen endlich ein Ende setzen. Und die Rechnung scheint aufzugehen: Zwischen 1990 und 1995 wuchs das jährliche Publikum von 102,5 auf 124,5 Millionen. Ein Boom, der primär auf die gigantischen Vergnügungstempel zurückzuführen ist. Daß der Kinobesuch in diesen amerikanisch dimensionierten Zerstreuungsmaschinerien schnell zur Nebensache wird und nur noch als Aufhänger für das abendfüllende Freizeitprogramm dient, stört die Multiplex-Mogule weniger: Ausstellungsflächen, Shopping malls, Cafés und Kneipen bringen meist einen größeren Gewinn, als die betriebenen Kinos.

Befürchtungen kleiner und mittelständischer Kinobesitzer, durch die mächtigen Dienstleistungstempel vom Markt gedrängt zu werden, bestätigen sich bislang nur regional: Während Warner Cinema in Gelsenkirchen binnen nur weniger Monate die Existenz von neun Kinobesitzern zerstörte, wirkt sich Flebbes Cinemaxx in

Multiplex-Kinos, wie hier das Cinemaxx in Hannover, bieten dem Besucher neben großzügiger Raumgestaltung, hochtechnisierten Vorführsälen und riesigen Leinwänden auch Shopping malls und gastronomische Attraktionen

Aufsicht

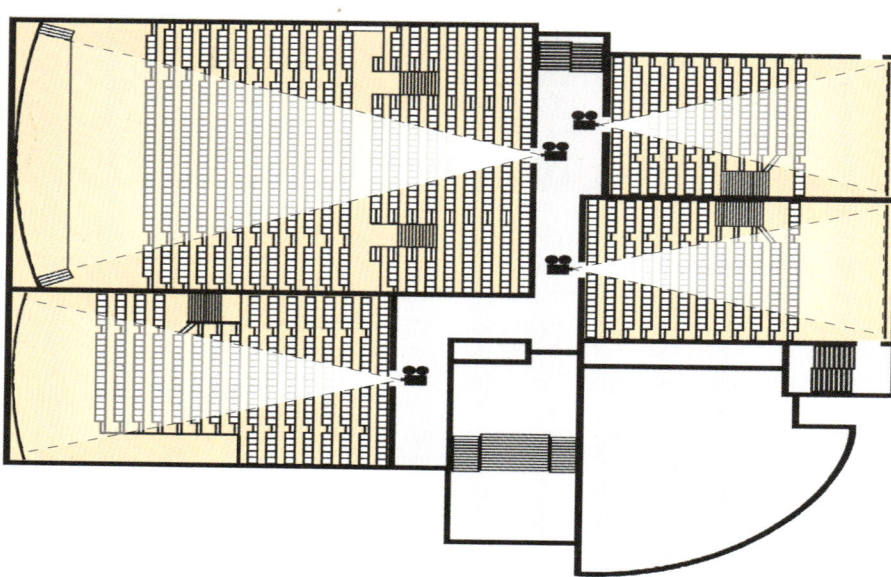

Querschnitt

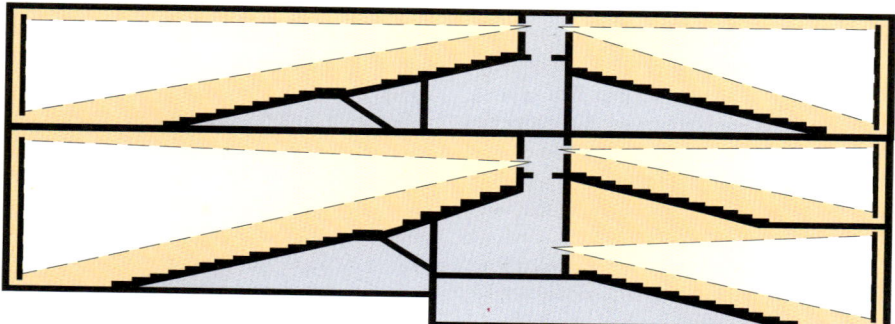

Hannover eher stimulierend auf die Lichtspielhausszene aus. Untersuchungen ergaben außerdem, daß die Neugierde der Zuschauer auf ein neu errichtetes Multiplex unter den «Kleinen» zunächst für einige Aufregung sorgt, der Neuling nach 13 bis 18 Monaten jedoch seinen Höhepunkt erreicht hat und die Besucherzahlen sich wieder relativieren.

Auf Multiplex-Paläste, die Filme im IMAX-Format zeigen, wird der technischgesinnte Kinofan hierzulande allerdings noch warten müssen. Sie bleiben die seltene Ausnahme. Obwohl niemand in der Branche daran zweifelt, daß sich IMAX nach dem Aufbau einer funktionierenden Vertriebs-Infrastruktur durchsetzen wird, läßt die Kostenfrage selbst die mutigsten Mogule an Vorsicht denken. Die Installation eines IMAX-Saals mit all seinen technischen Raffinessen kostet gut achtmal soviel wie der Bau eines normalen Kinos. Doch das kann sich ändern.

In welche Richtung der milliardenschwere Ehrgeiz der Kino-Branche letztlich führen wird, läßt auch die schaurigsten Vermutungen zu. Denn wer seine Zukunft nicht im durchorganisierten Herden-Freizeitspaß sieht, dürfte bis zur Jahrtausendwende auf verlorenem Posten stehen. Das «kleine» Kino von nebenan, das es wagt, neben dem gewinnintensiven Mainstream auch mal ein kulturell anspruchsvolleres Programm zu fahren, ist zwar noch nicht ausgestorben, aber neue wurden in den letzten Jahren keine gebaut. Eines zeigt sich jedenfalls glasklar: Trotz aller Unkenrufe bleibt die Kinobranche, nicht zuletzt wegen ihres Glaubens an die Wunder der Technik, ein blühendes Geschäft, seit über hundert Jahren und nahezu unbeschädigt von Fernsehen und heimischen Multimedia-Stationen. Wer also wissen will, was ihn erwartet, sollte dem Futuroscope auf jeden Fall einen Besuch abstatten. Denn was dort präsentiert wird, ist längst keine Utopie mehr – sondern lediglich eine Frage der Zeit. Die Kinos der Zukunft liegen in Poitier, Departement Vienne, France.

Multiplex – das Kino der kommenden Generation: In Stahl und Glas designte Paläste, wie das Cinemaxx in Hannover machen das Lichtspielhaus zum Vergnügungstempel.

Langweilige Fernsehabende können Sie sich sparen. Welcher Film sich lohnt steht in TV Spielfilm.

TV SPIELFILM Online: www.tvspielfilm.de

 Wir wünschen spannende Unterhaltung.

Nahaufnahme – die großen Regisseure der Gegenwart

Nahaufnahme zeigt dicht und genau Leben und Werk zeitgenössischer Regisseure, die in den letzten drei Jahrzehnten Filmgeschichte gemacht haben. Eine Fülle von Selbstzeugnissen und ausgesuchten Fotos öffnen einen lebendigen Zugang zu den modernen Filmklassikern. Besprechungen aus *Variety*, dem maßgeblichen Blatt der Filmbranche, schaffen mit ihren kompletten Filmografien dokumentarische Klarheit.

Die ersten vier Bände von *Nahaufnahme* erscheinen im November 98.

«*Francis Ford Coppola* warf, wenn er vor Wut schreien wollte, mit einem Oscar. Er hatte fünf Stück davon und war 35 Jahre alt. Damals war er die Zukunft von Hollywood … *George Lucas* konnte nicht mit Fremden reden, und fremd waren alle außer Coppola und seiner Frau. *Martin Scorsese* trug ein Amulett um den Hals, um das Böse fernzuhalten, und böse war alles, bis auf ein paar Filme und seine Eltern. Und dann war da noch *Steven Spielberg*. Der schaute dauernd Fernsehen, nahm keine Drogen und behielt, wenn er mal ein Mädchen kennenlernte, im Bett die Socken an. Das Komische ist nur, daß heute, 25 Jahre später, die Jungs mit den Kontaktschwierigkeiten und der Angst und den Socken im Bett die Könige von Hollywood sind.» *Der Spiegel*

Ronald Bergan
Nahaufnahme:
Francis Ford Coppola
rororo 60652
DM 16,90/öS 123,-/sFr 16,-

Chris Salewicz
Nahaufnahme:
George Lucas
rororo 60593
DM 16,90/öS 123,-/sFr 16,-

Andy Dougan
Nahaufnahme:
Martin Scorsese
rororo 60563
DM 16,90/öS 123,-/sFr 16,-

George Perry
Nahaufnahme:
Steven Spielberg
rororo 60564
DM 16,90/öS 123,-/sFr 16,-

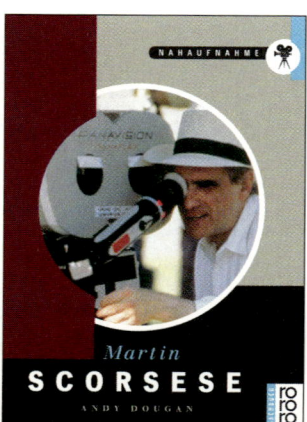

rororo film

Lexikon des Internationalen Films Filmjahr 1997

Das komplette Angebot in Kino, Fernsehen und auf Video
rororo 60567
DM 26,90/öS 196,-/sFr 25,-
Ergänzungsbände 1995 und 1996
(16518 und 16525)
je DM 26,90/öS 196,-/sFr 25,-

Vorhang auf – Film ab!

Rowohlt präsentiert eine Produktion mit der Crème de la crème des Films: mit Sylvester Stallone, Isabelle Adjani, Woody Allen, Quentin Tarantino, Sergej Eisenstein, Julia Roberts, Federico Fellini, Madonna, Billy Wilder, Marilyn Monroe u. v. a. 6810 Gramm schwer und absolut unverzichtbar: das aktuelle Kompendium des internationalen Films.

Lexikon des Internationalen Films

Das komplette Angebot in Kino, Fernsehen und auf Video (bis 1994)
Kassette mit 10 Bänden
Großformat
rororo 16357
DM 198,- /öS 1445,-/sFr 176,-

Hans-Michael Bock (Hg.) Lexikon Filmschauspieler International

Band A–K: rororo 16523
Band L–Z: rororo 16524
je DM 26,90/öS 196,-/sFr 25,-

James Monaco Film verstehen

rororo 60576
DM 29,90/öS 218,-/sFr 27,50

Dreamland Ltd.!

Sexy, kühl, draufgängerisch, elegant … Das zweibändige Lexikon mit mehr als 1000 Artikeln zu Stars & Sternchen des internationalen Films. Kompakte, informative Porträts der Leinwandgrößen dieses Jahrhunderts von A wie Fred Astaire bis Z wie Mai Zetterling.

Basiswissen für Cineasten:

James Monacos Standardwerk ist nach wie vor der ultimative Reiseführer durch die Filmgalaxis.